Dirk Kaiser

Finanzintermediation durch Banken und Versicherungen

Dirk Kaiser

Finanzintermediation durch Banken und Versicherungen

Die theoretischen Grundlagen der Bankassurance

GABLER

Bibliografische Information Der Deutschen Bibliothek
Die Deutsche Bibliothek verzeichnet diese Publikation in der Deutschen Nationalbibliografie;
detaillierte bibliografische Daten sind im Internet über <http://dnb.ddb.de> abrufbar.

Prof. Dr. Dirk Kaiser lehrt Betriebswirtschaftslehre, insbesondere Finanzmanagement, Banken und
Versicherungen an der Fachhochschule Bochum. Zuvor war er mehrere Jahre primär in der
Kreditwirtschaft tätig und betreute Mandate bei Versicherungsunternehmen.

1. Auflage März 2006

Alle Rechte vorbehalten
© Betriebswirtschaftlicher Verlag Dr. Th. Gabler | GWV Fachverlage GmbH, Wiesbaden 2006

Lektorat: Jutta Hauser-Fahr / Walburga Himmel

Der Gabler Verlag ist ein Unternehmen von Springer Science+Business Media.
www.gabler.de

Umschlaggestaltung: Ulrike Weigel, www.CorporateDesignGroup.de
Druck und buchbinderische Verarbeitung: Strauss Offsetdruck, Mörlenbach
Gedruckt auf säurefreiem und chlorfrei gebleichtem Papier
Printed in Germany

ISBN-10 3-8349-0089-3
ISBN-13 978-3-8349-0089-0

Vorwort

Die Theorie der Finanzintermediation entwickelt sich zu einem der klassischen Gebiete der Wirtschaftstheorie. Erscheint sie auf den Stundenplänen der wirtschaftswissenschaftlichen Ausbildung oder in den Gliederungsübersichten integrativ angelegter Lehrveranstaltungen, brauchen deren Organisatoren heute kaum mehr Sorge zu haben, hier nur kurzfristig irgendeinem Zeitgeist zu dienen. Kreditinstitute und Versicherungsunternehmen sind die beiden Prototypen des Finanzintermediärs, die die deutsche Rechtsordnung (ähnlich wie viele andere) dem Markt für Finanzdienstleistungen als ordnungspolitischen Rahmen zur Verfügung stellt. Verschiedene jüngere Entwicklungen auf diesem Markt, die sich von der losen Kooperation zwischen Kreditinstituten und Versicherungsunternehmen bis hin zum Zusammenschluss von Branchenriesen unter dem Dach einer Holdinggesellschaft erstrecken, werfen auf das Thema „Bankassurance" das Scheinwerferlicht der Aktualität. Schaut man nun auf die Genese dieses Fachbegriffs, so ist zu konstatieren, dass ähnliche Entwicklungen beispielsweise auch schon vor zwei Jahrzehnten (damals häufig unter der Überschrift „Allfinanz") die für Unternehmensentwicklung zuständigen Organisationseinheiten der Finanzdienstleistungsunternehmen mobilisiert hatten. Damit aber erscheint die Prognose nicht übermäßig gewagt, dass die gemeinsame Bearbeitung des Marktes für Finanzdienstleistungen durch Kreditinstitute und durch Versicherungsunternehmen auch in Zukunft ganz neue Stadien erreicht.

Die Entwicklung einer integrierten Theorie der Finanzintermediation durch Kreditinstitute und durch Versicherungsunternehmen und ihre Darstellung in Lehrbuchform lagen also schon seit einiger Zeit wissenschaftlich nahe. Aus persönlicher Sicht war bei diesem Projekt zudem Rückenwind aufgrund des glücklichen Umstandes zu spüren, dass nach meinem Wechsel aus der Kreditwirtschaft an die Fachhochschule Bochum (FHBO) die Ausarbeitung meiner beiden Lehrveranstaltungen „Finanzmanagement und Finanzdienstleistungen" und „Banken und Versicherungen" der Realisierung harrte. Diese Vorlesungsunterlagen und das Manuskript zum hier nun vorliegenden Lehrbuch konnten also pari passu entwickelt werden. Aus diesem Grunde auch gebührt mein besonderer Dank den Studentinnen und Studenten der FHBO, die durch ihre konstruktiv-kritischen Fragen die eine oder andere Denksperre während der Schriftlegung aus dem Weg räumten.

Für wertvolle und ungemein inspirierende Anregungen zu früheren Fassungen des Manuskripts danke ich weiterhin Herrn Prof. Dr. Christian Füh-

rer, Herrn Dr. jur. Michael Kostuj, Herrn Diplom-Mathematiker Rüdiger Sartingen, Herrn Diplom-Betriebswirt (FH) Jan Bluhm, Frau B. Sc. Brigitte Ahrens, Frau Kathrin Plümacher und einer sehr guten Freundin. Sämtliche Verantwortung für das Buch liegt aber selbstverständlich bei mir. Zu seiner Lektüre ist der erfolgreiche Abschluss von Lehrveranstaltungen in den Bereichen Finanzierung und Investition sicherlich förderlich, wenn auch nicht unabdingbar. Es richtet sich gleichermaßen an Studentinnen und Studenten mit entsprechender Schwerpunktlegung im wirtschaftswissenschaftlichen Studium an den Fachhochschulen und Universitäten wie auch an entsprechend vorgebildete Berufspraktiker: Kreditinstitute und Versicherungsunternehmen haben mittlerweile das Asset-Liability-Management, die Kalkulation der versicherungstechnischen Rückstellungen, die Preisfindung im Handel, das Risikocontrolling und andere Bereiche zu einem Formalisierungsgrad hin fortentwickelt, der das Abstraktionsniveau dieses Lehrbuches regelmäßig nicht unterschreitet.

Da ich mit der wirtschaftswissenschaftlichen Hochschulausbildung die Schmalenbachsche Vorstellung von der „Kunstlehre" verbinde, die ihre Absolventen mit einem nachhaltigen Fertigkeitsvorsprung wie auch mit frischem Wissensdurst in die Unternehmenspraxis entlässt, werde ich allen genannten Gruppen für Anmerkungen und Anregungen dankbar sein.

Bedanken möchte ich mich last, not least bei meinen Ansprechpartnerinnen bei der GWV Fachverlage GmbH: Im Hause Gabler fand mein Veröffentlichungsprojekt bei Frau Jutta Hauser-Fahr, der Cheflektorin für den Programmbereich Wissenschaft, ein fachkundig-offenes Ohr und exzellente Unterstützung, auch durch ihre Assistentin, Frau Walburga Himmel. Nachzutragen gilt es im Übrigen Dank an Frau Claudia Splittgerber, die mittlerweile dort den Programmbereich Wissenschaft leitet und seinerzeit bereits mein erstes Projekt professionell zur Buchform gelotst hatte.

Bochum, im Dezember 2005
Dirk Kaiser

Inhaltsverzeichnis

Abbildungsverzeichnis

Tabellenverzeichnis

Abkürzungsverzeichnis

AER	The American Economic Review
AktG	Aktiengesetz
AnlV	Verordnung über die Anlage des gebundenen Vermögens von Versicherungsunternehmen (Anlageverordnung)
BaFin	Bundesanstalt für Finanzdienstleistungsaufsicht
BauSparkG	Bausparkassengesetz
Bearb.	Bearbeitet von
BFuP	Betriebswirtschaftliche Forschung und Praxis (Zeitschrift)
BI-Variable	Binomiale Indikatorvariable
BIZ	Bank für Internationalen Zahlungsausgleich
BB	Betriebsberater (Zeitschrift)
bp	base point bzw. base points
CAPM	Capital Asset Pricing Model (Finanzmarktmodell)
DAV	Deutsche Aktuarvereinigung e.V.
DB	Der Betrieb (Zeitschrift)
DBW	Die Betriebswirtschaft (Zeitschrift)
Def.	Definition
ders.	derselbe
Einf	Einführung
EER	European Economic Review
EJ	The Economic Journal
EWR	Europäischer Wirtschaftsraum
FB	FinanzBetrieb (Zeitschrift)
FI	Finanzintermediär
GenG	Genossenschaftsgesetz
HBR	Harvard Business Review
IDW	Institut der Wirtschaftsprüfer in Deutschland e.V.
IER	International Economic Review
InsO	Insolvenzordnung
InvG	Investmentgesetz
JEL	Journal of Economic Literature
JET	The Journal of Economic Theory
JoB	Journal of Business
JoBF	Journal of Banking & Finance
JoE	Journal of Econometrics
JoF	The Journal of Finance

JoFE	Journal of Financial Economics
JoFI	Journal of Financial Intermediation
JoFQA	Journal of Financial and Quantitative Analysis
JoPA	Journal of Productivity Analysis
JoPE	The Journal of Political Economy
JoRSS	Journal of the Royal Statistical Society
KI	Kreditinstitut
KuK	Kredit und Kapital (Zeitschrift)
KWG	Kreditwesengesetz
Ml-Transformation	Monoton-lineare Transformation
MS	Management Science (Zeitschrift)
N.S.	New Series
NTFI	Neuere Theorie der Finanzintermediation
o. V.	ohne Verfasser
PfandBG	Pfandbriefgesetz
QJoE	Quarterly Journal of Economics
REStud	Review of Economic Studies
RFStud	The Review of Financial Studies
RGBl	Reichsgesetzblatt
Rn.	Randnummer
Tab.	Tabelle
VAG	Versicherungsaufsichtsgesetz
VFP	Vollständiger Finanzplan
VU	Versicherungsunternehmen
VVaG	Versicherungsverein auf Gegenseitigkeit
VVG	Versicherungsvertragsgesetz
VVW	Verlag Versicherungswirtschaft
VW	Versicherungswirtschaft (Zeitschrift)
WiSt	Wirtschaftswissenschaftliches Studium (Zeitschrift)
WISU	Wirtschaftsstudium (Zeitschrift)
WPg	Die Wirtschaftsprüfung (Zeitschrift)
ZfB	Zeitschrift für Betriebswirtschaft
ZfbF	Schmalenbachs Zeitschrift für betriebswirtschaftliche Forschung 16 (1964) usw.; bis 1963: ZfhF
ZfhF	Zeitschrift für handelswissenschaftliche Forschung 1 (1906) – 38 (1944); Zeitschrift für handelswissenschaftliche Forschung neue Folge 1 (1949) – 15 (1963); ab 1964: ZfbF
ZfgK	Zeitschrift für das gesamte Kreditwesen
ZfV	Zeitschrift für Versicherungswesen
ZVersWiss	Zeitschrift für die gesamte Versicherungswissenschaft
ZVS	Zeitschrift für Volkswirtschaft und Sozialpolitik, Neue Folge

Symbolverzeichnis

Hinweis: Das Symbolverzeichnis ist zur Erhöhung der Übersichtlichkeit in ein Verzeichnis der Symbole im engeren Sinne (Teil 1), ein Verzeichnis der Indizes an diesen Symbolen (Teil 2) und ein Verzeichnis der Ornamente an diesen Symbolen (Teil 3) unterteilt.

1. Symbole im engeren Sinne

A	Kosten der Kreditrisikoanalyse
α	Maß der Risikoeinstellung
β	Anteil an den Sichteinlagen, der gegebenenfalls prolongiert wird
B	Binomialverteilung
Cov	Kovarianzoperator
c	eine positive Konstante
d	Differenz zweier Wahrscheinlichkeitsfunktionen
D	Differenz zweier Verteilungsfunktionen
Δ	Definitionsmenge
δ	Anteil von Finanzierungsvertrag II bei Portfoliobildung
E	(ohne Index:) Erwartungswertoperator; (mit zeitlichem Laufindex t:) Zahlungsreihe von Eigenrefinanzierungsverträgen
EV	Endvermögen
e	Zahlung
f	Wahrscheinlichkeitsfunktion
F	(ohne Index:) Verteilungsfunktion; (mit zeitlichem Laufindex t:) Zahlungsreihe von Fremdrefinanzierungsverträgen
Φ	Präferenzfunktion
g	Anteil der guten Kreditnehmer an der Unternehmerschaft
γ	Anteil von Finanzierungsvertrag I bei Portfoliobildung
h	Anzahl Versicherungsnehmer aus m_3-Gruppe, die t=2 erleben
i	Laufindex für Fremdrefinanziers (i=1,…,m)
J	Anzahl an Umweltzuständen
j	Laufindex für die Umweltzustände (j=1,…,J)
K	(ohne Index:) Kapitalwertoperator; (mit zeitlichem Laufindex t:) Zahlungsreihe von Kreditportfolios
KTI	Konditionierungstransformationsindikator

k	Anzahl erfolgreich abgewickelter Kreditengagements innerhalb eines Portfolios mit Diversifikationsgrad n
LTI	Liquiditätstransformationsindikator
l	Anzahl der teilweise prolongierenden Einleger; (speziell im Zusammenhang mit Theorem 2:) eine natürliche Zahl
λ	Liquiditätspräferenz
MSS	Menge der Sprungstellen einer Verteilungsfunktion F
m	Anzahl an Fremdrefinanziers (bei KI: Anzahl an Einlegern; bei VU: Anzahl an Versicherungsnehmern)
N	Menge der Natürlichen Zahlen
n	Anzahl stochastisch unabhängiger Kredite, Diversifikationsgrad
o	Anzahl an Eigenrefinanziers
Ω	Wertemenge
p	Elementarwahrscheinlichkeit, insbesondere im Fall der ausschließlichen Kreditvergabe an gute Kreditnehmer
P	Kumulierte Wahrscheinlichkeit
q	Elementarwahrscheinlichkeit, insbesondere im Fall der ausschließlichen Kreditvergabe an schlechte Kreditnehmer
RTI	Risikotransformationsindikator
r	durchschnittlicher Zinssatz pro Periode bei langfristiger Anlage
ρ	Korrelationskoeffizient
S	Interne Subvention
s	Elementarwahrscheinlichkeit
SD	Standardabweichungsoperator
θ	prozentualer Anteil der fremden Mittel bei der Finanzierung eines Investitionsprojektes (Finanzierungsmix)
U	Risikonutzenfunktion
u	Elementarwahrscheinlichkeit
Var	Varianzoperator
v	eine beliebige Konstante
w	eine positive Konstante
x	Zahlungsmittelzuflüsse bei bestimmten Zufallsexperimenten
y	eine beliebige reellwertige Zahl
Z	Zahlungsreihe der Kapitallebensversicherung

2. Indizes

1,2,3	arabische Zahlen zur Unterscheidung; (insbesondere tiefgestellt im Zusammenhang mit der Zahl an Fremdrefinanziers m :) unterschiedliche Gruppen von Versicherungsnehmern

I, II, III	römische Zahlen zur Unterscheidung
01	(hochgestellt im Zusammenhang mit r :) einperiodiger Zinssatz zwischen den Zeitpunkten t=0 und t=1
12	(hochgestellt im Zusammenhang mit Zinssatz r :) einperiodiger Zinssatz zwischen den Zeitpunkten t=1 und t=2
02	(hochgestellt im Zusammenhang mit Zinssatz r :) durchschnittlicher Zinssatz bei einperiodig revolvierender Anlage oder Aufnahme zwischen den Zeitpunkten t=0 und t=2
d	(tiefgestellt im Zusammenhang mit Zinssatz r :) Zinssatz für ungefilterte Kreditvergabe
g	(hochgestellt im Zusammenhang mit Rückflüssen aus einem Kreditportfolio K_2 :) nur gute Kreditnehmer im Portfolio
H	(tiefgestellt im Zusammenhang mit Zinssatz r :) Habenzins
I	(tiefgestellt im Zusammenhang mit Endvermögen EV :) bei Durchführung des Investitionsprojektes
i	Laufindex für Fremdrefinanziers (i=1,…,m)
J	Anzahl an Umweltzuständen
j	Laufindex für die Umweltzustände (j=1,…,J)
k	(hochgestellt im Zusammenhang mit Fremdrefinanzierung F_0 :) kurzfristig
K	(tiefgestellt im Zusammenhang mit Zinssatz r) Kreditzins
kon	(hochgestellt im Zusammenhang mit Rückflüssen aus Kapitalanlagen K_2, Fremdrefinanzierung F_2 und Eigenrefinanzierung E_2 :) bei Konditionierungstransformation; (tiefgestellt im Zusammenhang mit Korrelationskoeffizienten ρ :) Schadenskorrelation
$krit$	(hochgestellt im Zusammenhang mit Finanzierungsmix θ :) kritischer Finanzierungsmix
l	(hochgestellt im Zusammenhang mit Fremdrefinanzierung F_0 :) langfristig
liq	(hochgestellt im Zusammenhang mit Rückflüssen aus Kreditauslagen K_2, Fremdrefinanzierung F_2 und Eigenrefinanzierung E_2 :) bei Liquiditätstransformation
m	Anzahl an Fremdrefinanziers
opt	(hochgestellt im Zusammenhang mit Auslagen K_0^k und K_0^l sowie Versicherungssumme Z :) Optimallösung bei Strategie 1
P	(tiefgestellt im Zusammenhang mit Varianz Var :) Portfolio
s	(hochgestellt im Zusammenhang mit Rückflüssen aus einem Kreditportfolio K_2 :) nur schlechte Kreditnehmer im Portfolio

S	(tiefgestellt im Zusammenhang mit Zinssatz r :) Sollzins; (tiefgestellt im Zusammenhang mit der Zahlungsreihe eines Kreditportfolios K :) größte Sprungstelle ihrer Verteilungsfunktion
t	Laufindex für die Zeit ($t=0,1,2$)
U	(tiefgestellt im Zusammenhang mit Endvermögen EV :) bei Durchführung der Unterlassensalternative
u	(hochgestellt im Zusammenhang mit Rückflüssen aus einem Kreditportfolio K_2 :) ungefiltert
v	(hochgestellt im Zusammenhang mit Fremdrefinanzierung F_t :) Kapitallebensversicherung auf den Todes- und den Erlebensfall

3. Ornamente

$*$	(hochgestellt im Zusammenhang mit Zinssatz r :) Relative Rentabilität und damit Interner Zinsfuß im stochastischen Fall
$**$	(hochgestellt im Zusammenhang mit Zinssatz r :) Relative Rentabilität und damit Interner Zinsfuß im deterministischen Fall
$\sim$	(hochgestellt:) Zufallsvariable
$\breve{}$	(hochgestellt im Zusammenhang mit Anzahl erfolgreich abgewickelter Kreditengagements k :) eine gegebene Zahl
$-$	(hochgestellt im Zusammenhang mit Zahlung e :) Schadensfälle beim Finanzier; (hochgestellt im Zusammenhang mit Anzahl erfolgreich abgewickelter Kreditengagements k :) Nullsprungstelle der Differenz d ; (hochgestellt im Zusammenhang mit der Zahlungsreihe der Fremdrefinanzierung F :) tatsächlich abgezogener Teil; (hochgestellt im Zusammenhang mit Erwarteter Relativer Rentabilität r^* :) durch Arbitragegleichgewicht im Finanzdienstleistungssektor fixierter Wert
$\wedge$	(hochgestellt im Zusammenhang mit Elementarwahrscheinlichkeit p :) schlechter Kreditnehmer, das heißt: geringe Erfolgswahrscheinlichkeit; (hochgestellt im Zusammenhang mit Zinssatz r :) erhöhter Zinssatz für schlechte Kreditnehmer; (hochgestellt im Zusammenhang mit Zahlung K_0 für Kreditportfolio im Zeitpunkt $t=0$ und Konstanten v und w :) reduzierter Wert; (hochgestellt im Zusammenhang mit der Zahlungsreihe der Fremdrefinanzierung F :) Bodensatz
$'$	(hochgestellt im Allgemeinen:) pro Kopf oder pro Kredit; (hochgestellt im Zusammenhang mit Verteilungsfunktion F :) Obergrenze der Summation

1 Fragen, die sich stellen

Warum gibt es Finanzintermediäre? Warum werden also Zahlungsmittel vielfach nicht direkt von den originären Finanziers der Volkswirtschaft zu deren originären Finanzierten geleitet, sondern indirekt über eine Institution? Und warum kennen Rechtsordnungen mit dem „Versicherungsunternehmen" und dem „Kreditinstitut" (weniger juristisch meist als „Bank" bezeichnet) zwei so grundlegend unterschiedliche Formen des idealtypischen Modells des Finanzintermediärs? Mit Hilfe des vorliegenden Lehrbuches soll es dem interessierten Leser ermöglicht werden, sich bezüglich dieser zentralen Ausgangsfragen ein vertieftes Verständnis zu erarbeiten.

1
Ausgangsfragen

Während die erste Frage durchaus schon seit längerer Zeit das Interesse der wirtschaftswissenschaftlichen Forschung weckt[1], stellt die vergleichende Theorie der Finanzintermediation durch Kreditinstitute und durch Versicherungsunternehmen eher Terra incognita dar. Der Blick auf die Praxis aber zeigt, dass der Finanzdienstleistungssektor insgesamt fast schon mit einer gewissen Regelmäßigkeit Projekte für ein gemeinsames strategisches Vorgehen von Banken und Versicherungsunternehmen entwickelt. Betrachtet man beispielsweise die Entwicklung in Deutschland in den letzten Jahrzehnten, kommt man zwar um die Feststellung nicht umhin, dass einige dieser Projekte erst einmal wieder bei den To-Do-Punkten für die nächsten Jahre abgelegt wurden und manche auch eine scharfe Kurskorrektur erfuhren. Eine Vielzahl von Projekten wurde aber auch geradlinig vorangetrieben, sodass die involvierten Unternehmen heute in Form von Kooperationen oder Konzernen jeweils im Team auf dem Markt für Finanzdienstleistungen aufgestellt sind.[2] Letzteres gilt für jede der in Deutschland jeweils so charakteristischen drei Säulen in Kreditwirtschaft und Versicherungsbranche, also sowohl bei den Privaten als auch bei den Öffentlich-rechtlichen als auch bei den Genossenschaften bzw. Versicherungsvereinen auf Gegenseitigkeit. Während die Vorhaben beispielsweise in den 80er und 90er Jahren des letzten Jahrhunderts häufig mit der Überschrift „Allfinanz" versehen waren[3], wird mittlerweile vielfach von „Bankassekuranz" oder neudeutsch „Bankassurance" gesprochen. Dieses gemeinsame strategische Vorgehen von Versicherungsunternehmen und Kreditinstituten ist die erste Beobachtung, die eine gründliche Auseinandersetzung mit unseren Ausgangsfragen motiviert.

2
Motivation:
Bankassurance,
BaFin,
demographische
Veränderungen

---

[1] Vgl. Rn. 122-132.
[2] Vgl. Deutsche Bundesbank (2005), S. 40-48.
[3] Gies (1990), S. 1.

Kreditinstitute[4] und Versicherungsunternehmen[5] repräsentieren historisch jeweils auf selbstständigen Pfaden gewachsenes Geschäft mit eigenen Kulturen, Strukturen und Hoheitlichen Aufsichtssystemen. Die aufsichtsrechtlichen Abläufe hatten cum grano salis bei den Kreditinstituten die angemessene Ausstattung mit Eigenkapital und die Sicherung der Liquidität als wesentliche Ausgangsbasis (erstes Kreditwesengesetz von 1934)[6], bei den Versicherungsunternehmen hingegen die Kapitalveranlagung zur Bedeckung versicherungstechnischer Rückstellungen (erstes Versicherungsaufsichtsgesetz von 1901)[7]. Eine wesentliche Konsequenz ist, dass sich auch bei engster wirtschaftlicher Verzahnung ein gemeinsames strategisches Vorgehen von Kreditinstituten und Versicherungsunternehmen heute nur auf der Basis von mindestens zwei rechtlich selbstständigen Unternehmen verwirklichen lässt.[8] Für die Aufbauorganisation der Hoheitlichen Aufsicht über Finanzintermediäre gilt Sinngemäßes hingegen nicht mehr: Im Jahre 2002 wurden das Bundesaufsichtsamt für das Kreditwesen und das Bundesaufsichtsamt für das Versicherungswesen (sowie ferner das Bundesaufsichtsamt für den Wertpapierhandel) aus der allgemeinen Bundesverwaltung herausgelöst und in einer übergreifenden Anstalt des öffentlichen Rechts, der Bundesanstalt für Finanzdienstleistungsaufsicht (BaFin), zusammengeführt.[9] Dies ist die zweite Beobachtung, die eine vergleichende Analyse der Finanzintermediation durch Versicherungsunternehmen und Kreditinstitute motiviert.

Und schließlich – dies ist die dritte Beobachtung – wird in vielen Ländern Mitteleuropas die demographische Struktur in den nächsten Jahrzehnten von grundlegenden Veränderungen gekennzeichnet sein. Eurostat rechnet für das Eurogebiet damit, dass der Altersquotient, also die Relation der über 65-Jährigen zu den 15- bis 64-Jährigen, von rund 25 % im Jahr 2000 über rund 36 % im Jahr 2025 auf über 50 % im Jahr 2050 ansteigen wird.[10] Damit bedarf das System der umlagefinanzierten gesetzlichen Rentenversicherung einer geeigneten Flankierung. Es wurde bereits durch ein kapitalgedecktes System ergänzt, das – wenn auch staatlich gefördert – auf individueller Vorsorge basiert. Zertifizierungsfähig sind hierbei bestimmte Verträge, die sowohl von Versicherungsunternehmen als auch von Kreditinstituten (einschließlich Kapitalanlagegesellschaften) angeboten werden können.[11] Damit treten zumindest im Bereich der Altersvorsorge bestimmte Finanzdienstleis-

---

4   Vgl. Pohl (1976), insb. S. 6-114.
5   Vgl. Koch (2001), S. 5-9.
6   Vgl. Fischer [Boos/Fischer/Schulte-Mattler] (2004), Einf, Rn. 7.
7   Vgl. Greve (2001), S. 284.
8   Vgl. Müller (1990), insbesondere S. 21, sowie ergänzend Kuntze (1990).
9   Vgl. Deutsche Bundesbank (2003), S. 155.
10   Vgl. Europäische Zentralbank (2003), S. 45f.
11   Vgl. Präve (2001), S. 800.

tungen der Versicherungsunternehmen und der Kreditinstitute in ein engeres Substitutionsverhältnis zueinander.

Für Inhalt und Methode des Buches ergibt sich folgender Überblick:

3
Überblick

■ Die sich in den (gemeinsam den Hauptteil bildenden) Kapiteln 2 bis 5 anschließende Untersuchung ist auf eine Beantwortung der neben Rn. 1 formulierten Explorationsfragen ausgerichtet.

■ Kapitel 2 und Kapitel 3 beziehen sich auf Tauschverträge. In Kapitel 2 wird zunächst ein allgemeines theoretisches Gerüst für Tauschverträge errichtet, die sich anhand ihrer zeitlichen Ausgestaltung in Kassaverträge, Finanzierungsverträge und Terminverträge untergliedern lassen. Kapitel 3 stellt eine spezielle Theorie der Finanzierungsverträge dar, die insbesondere der Frage nachgeht, welche Entscheidungskriterien ein rational handelnder Finanzier seiner Investitionsentscheidung in Finanzierungsverträge zugrunde legen dürfte.

■ Kapitel 4 und Kapitel 5 beziehen sich dann auf Intermediäre. Intermediationsphänomene sind sowohl bei Kassaverträgen als auch bei Finanzierungsverträgen als auch bei Terminverträgen beobachtbar, sodass in Kapitel 4 mit einer Allgemeinen Theorie der Intermediation begonnen wird. Kapitel 5 fokussiert anschließend auf das Phänomen der Finanzintermediation, wobei die Abschnitte 5.1 (Definition) und 5.2 (Charakteristische Finanzierungsverträge) die Ausgangsplattform bilden. Indirekte Finanzierung unter Zwischenschaltung von Finanzintermediären – seien es Kreditinstitute, seien es Versicherungsunternehmen – wird von den mit ihnen befassten Speziellen Betriebswirtschaftslehren – der Bankbetriebslehre bzw. der Versicherungsbetriebslehre – insbesondere mit so genannten Transformationsfunktionen begründet. Die bis dato bekannten Transformationsfunktionen werden im Lichte der in Kapitel 3 beschriebenen Entscheidungskriterien strukturiert und um weitere Funktionen ergänzt (Abschnitt 5.3). Hierbei werden Allgemeine Funktionen, die sowohl bei der Kassaintermediation als auch bei der Finanzintermediation als auch bei der Terminintermediation greifen können, von Finanzierungsspezifischen Funktionen geschieden. Einige der Finanzierungsspezifischen Funktionen werden sowohl von Kreditinstituten als auch von Versicherungsunternehmen erbracht, sodass man insofern von einem „Gemeinsamen Kern" der Finanzintermediation sprechen könnte. Was nach Abzug des Gemeinsamen Kerns von den Finanzierungsspezifischen Funktionen verbleibt, wird demgegenüber von Kreditinstituten oder von Versicherungsunternehmen realisiert. Entsprechend ist von „Charakteristischen Funktionen" die Rede. Für das Studium der modelltheoretischen Begründung dieser Funktionsstruktur (Abschnitt 5.4) könnten etwas Muße und eine gelegentliche Denkpause zu empfehlen sein.

■ In Kapitel 6 werden die erarbeiteten Antworten auf die Ausgangsfragen zusammengefasst und Schlussfolgerungen für die Theorie der Finanzintermediation gezogen.

Der Praxisbegriff „Bank" und der juristische Fachterminus „Kreditinstitut" werden in dieser Untersuchung synonym benutzt. Die deutsche Rechtsordnung bildet den rechtlichen Bezugspunkt. Kreditinstitute werden hierbei grundsätzlich als Universalbanken im Sinne von § 1 I KWG konkretisiert. Auf die besondere Bedeutung einzelner Bankgeschäfte nach § 1 I KWG wird jedoch eingegangen. Demgegenüber bleiben in Spezialgesetzen zum KWG definierte Spezialkreditinstitute, also Bausparkassen gemäß § 1 I BausparkG und Kapitalanlagegesellschaften gemäß § 6 I InvG, ebenso außen vor wie die nachträglich in das Kreditwesengesetz aufgenommenen Finanzdienstleistungsinstitute nach § 1 Ia KWG und Finanzunternehmen nach § 1 III KWG. Versicherungsunternehmen sind solche im Sinne des § 1 I VAG, wobei häufig auf Lebensversicherungsunternehmen gemäß § 8 Ia VAG abgestellt wird. Die später in das Versicherungsaufsichtsgesetz aufgenommenen Pensionsfonds nach § 1 I VAG in Verbindung mit § 112 I VAG sind hier nicht von Belang.

Methodisch vereint die Vorgehensweise der Untersuchung drei wesentliche Elemente:

1. die Füllung von in der Praxis anzutreffenden Begriffshülsen mit sinnvoll erscheinenden Definitionsinhalten;

2. die Systematisierung von Sachverhalten, insbesondere von Entscheidungssituationen;

3. die formale Modellierung der Institution des Finanzintermediärs.

Dem Leser wird die Möglichkeit gegeben, begleitend ein sich in Aufgabenform fortlaufend entwickelndes Beispiel nachzuvollziehen. Möchte er sich zunächst weniger formal mit der Materie auseinander setzen, kann er die entsprechenden Passagen auch überspringen. Hierauf wird an geeigneter Stelle im Text hingewiesen, der im Übrigen zur Erhöhung der Übersichtlichkeit mit Marginalien versehen ist. Die Randnummern (Rn.) in den Marginalien dienen auch als Grundlage für Querverweise. Werden einschlägige Kommentare zu wichtigen Gesetzeswerken zitiert, wird der „reine" Kurzbeleg um einen Zusatz in eckigen Klammern als Erinnerungsstütze ergänzt. Auf neu aufgelegte Klassiker der Wirtschaftstheorie wird sowohl mit dem Jahr der Erstauflage als auch mit dem Jahr der Neuauflage in runden Klammern Bezug genommen, um „Schalke 05"-Effekte zu vermeiden.

2 Allgemeine Theorie der Tauschverträge

2.1 Die Sichtweisen der Ordnungspolitik und der Jurisprudenz

Ausgangsproblem der nachfolgenden Untersuchung ist die ökonomische Grundfrage der Allokation von Ressourcen, unter denen zunächst die einem Menschen spezifisch, das heißt in Verbindung mit seinem individuellen Wissen und seinen individuellen Fähigkeiten gegebene Zeit und die ihm vor Aufnahme jeglicher Produktion und jeglichen Tausches zur Verfügung stehende Materie verstanden werden sollen. In der Ausgangssituation sei dieser Mensch, ein so genanntes „Wirtschaftssubjekt", allein für sich mit dieser Problemstellung befasst. In einem solchen - auch Subsistenzwirtschaft genannten - Zustand befände sich ein Wirtschaftssubjekt nolens volens, wenn es (1) keine Möglichkeiten zum Tausch seiner Ressourcen mit denen anderer Wirtschaftssubjekte hätte (nolens) oder bestehende Tauschmöglichkeiten bewusst nicht ausnutzte (volens) und (2) keinen Direktiven anderer Personen oder Personengruppen bezüglich der Verwendung seiner Ressourcen unterworfen wäre (die er nolens oder volens akzeptiert). In der Subsistenzwirtschaft entspricht die anfängliche Ausstattung mit Ressourcen den tatsächlich verwendeten. Es verbleibt dem Wirtschaftssubjekt in dieser Situation alleine die Entscheidung über einen optimalen Einsatz der gegebenen Erstausstattung. Die Voraussetzungen für ein solches Eremitendasein sind selten gegeben:

4
Ordnungs-
politische
Grundsatz-
entscheidung

- Dies gilt zunächst einmal dann, wenn Zwangsmitgliedschaft in einer Gruppe (oder auch einem „System"; s. u.) besteht und diese Gruppe ihren Mitgliedern Direktiven zur Verwendung ihrer Ressourcen erteilt. Zu denken wäre hier etwa an die in den früheren RGW-Staaten häufig vorgenommene Zuteilung eines Arbeitsplatzes bei gleichzeitigem Entzug der Option, durch Ausreise das Staatssystem zu wechseln.

- Besteht keine Zwangsmitgliedschaft, so steht das Wirtschaftssubjekt vor der Entscheidung, ob es sich mit anderen Menschen zu Gruppen zusammenschließt. Ein Beispiel ist die freie Wahlmöglichkeit für den Staat, in dem man lebt. Im Kontext dieser Untersuchung ist die Auswahl eines Arbeitsplatzes bei einem Unternehmen aber von noch höherer Relevanz. Sobald eine Gruppe entsteht, eröffnet sich ihr selbst wiederum die Möglichkeit, Entscheidungen zu treffen. Hierdurch beginnt sie, sich zur Erreichung ihrer Ziele zu steuern und wird in der Sprache der Kybernetik zu einem „System". Bei den Entscheidungen innerhalb des Systems kann es sich insbesondere um die Gestaltung der Beziehungen zu anderen Menschen oder Gruppen und um die Erteilung von Direktiven an die Mitglieder der eigenen Gruppe handeln. Direktiven sind insbesondere Anweisungen zur Verwendung von Ressourcen und können beispielsweise bei Staatssystemen die Form von Steuern oder Einberufungsbescheiden annehmen, bei Unternehmen hingegen als Arbeitszeitregelungen oder Aufträge in Erscheinung treten. Die Entscheidung eines Menschen zum Beitritt zu einem System ist also insbesondere eine Entscheidung darüber, ob er sich dessen Entscheidungen unterordnen möchte. Der Intensitätsgrad der Erteilung von Direktiven kann hierbei systemabhängig deutlich variieren.

Bei Staatssystemen ist die Frage nach dem Intensitätsgrad der Steuerung engmaschig mit der ordnungspolitischen Grundsatzentscheidung verwoben, wie weit sie ihre Bürger dezentral über die Verwendung ihrer Ressourcen entscheiden lassen und ihnen hierzu Freiheit von Direktiven und die Möglichkeit des Tausches im Wettbewerb konzedieren.[12] Eine ähnliche Entscheidung kann aber auch im Rahmen der strategischen Planung eines Unternehmens anstehen: Durch die Gewährung von Entscheidungsspielräumen können der Unternehmensführung nachgeordnete Hierarchieebenen partiell ebenfalls zu Entscheidungsträgern werden. Werden darüber hinaus Interne Verrechnungspreise eingesetzt, kann ein dicht gewebtes Direktivsystem sogar durch einen unternehmensinternen Als-ob-Wettbewerb weit gehend ersetzt werden.[13]

■ Zum Aus für die Subsistenzwirtschaft kommt es schließlich auch dann, wenn sich das Wirtschaftssubjekt im Rahmen der ihm von seinem Wirtschaftssystem eröffneten Möglichkeiten durch das Eintauschen seiner Ressourcen verbessert fühlt und entsprechend entscheidet und agiert.

Dynamisch betrachtet, also dann, wenn Entscheidungen mindestens noch einmal revidiert werden können, nehmen Entscheidungsprozesse von einzelnen Wirtschaftssubjekten wie auch von Systemen häufig die Form eines Regelkreises an. Hierbei werden bei Nichterreichung der Ziele oder bei

---

[12] Zu den klassischen Autoren der Ordnungspolitik gehört Walter Eucken. Man vgl. in diesem Zusammenhang seine berühmte Unterscheidung zwischen „Zentralverwaltungswirtschaft" und „Verkehrswirtschaft"; (1952), S. 21f. Die Zentralverwaltungswirtschaft war zwar tendenziell in den RGW-Staaten des früheren Ostblocks dominierend; vgl. Šik (1973), S. 11f. Gleichwohl zeigen auch so genannte „Marktwirtschaften" bereichsweise Elemente einer zentralen Steuerung; vgl. hierzu die ausgenommenen Wirtschaftsbereiche bei Thieme (1974), S. 15.

[13] Vgl. das Standardwerk von Schmalenbach (1947) und (1948).

Zustrom neuer Informationen die vorgegebenen Pläne zur Verwendung von Ressourcen, seltener auch die Ziele selbst, korrigiert, um sich dem eingeschwungenen Zustand der Zielerreichung weiter zu nähern. Im Folgenden wird davon ausgegangen, dass ordnungspolitisch umfangreiche Tauschfreiheit konzediert wurde und dass die Wirtschaftssubjekte grundsätzlich auch tauschen möchten.

Die Freiheit des Tausches reflektiert also eine ordnungspolitische Grundsatzentscheidung. Dies gegeben, überrascht es nicht, wenn der Staat die beidseitige Erfüllung von Tauschverträgen durch die von ihm errichtete Rechtsordnung schützt: „Pacta sunt servanda", so heißt es – Verträge sind einzuhalten. Eine ökonomische Analyse des Tauschs profitiert deshalb von einer kurzen rechtlichen Klassifizierung. Diese wiederum hat von der juristischen Gruppe der Rechtsgeschäfte auszugehen, zu der der Tausch gehört. Man betrachte hierzu folgenden Überblick:

5
Systematik der Rechtsgeschäfte

Rechtsgeschäfte im Überblick[14]

Abbildung 2-1

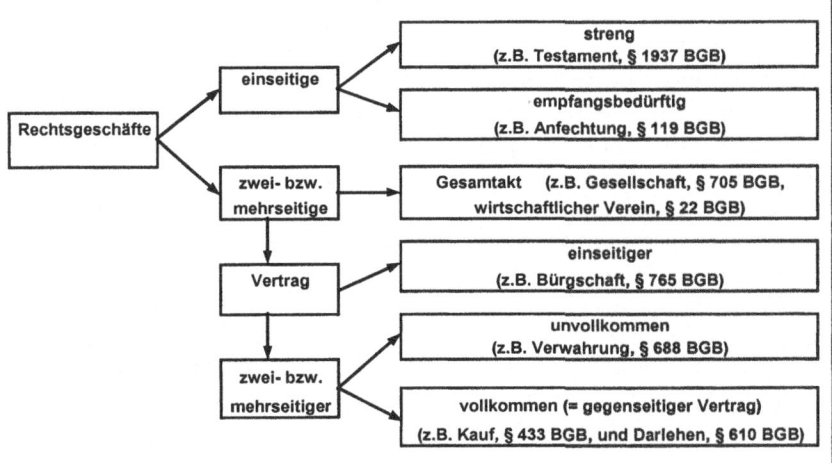

Während Rechtsgeschäfte im Allgemeinen nur eine Willenserklärung voraussetzen, bedürfen zweiseitige und mehrseitige Rechtsgeschäfte zweier bzw. mehrerer Willenserklärungen. Beim Gesamtakt, für den hier die BGB-Gesellschaft (mit ihren Sonderfällen der Offenen Handelsgesellschaft (OHG) und der Kommanditgesellschaft (KG)) und der wirtschaftliche Verein (mit

---

[14] Die Darstellung ist an das ältere Lehrbuch von Baumann (1980), S. 209, angelehnt, das insofern unverändert als aktuell angesehen werden kann.

seinen Sonderfällen der Gesellschaft mit beschränkter Haftung (GmbH), der Aktiengesellschaft (AG) und der Genossenschaft (eG)) als Beispiele zu nennen sind, sind diese Willenserklärungen gleichgerichtet zwecks gemeinsamer Zweckerreichung. Beim Vertrag hingegen korrespondieren die Willenserklärungen miteinander, sie sind wechselseitig abgestimmt, indem sich ihre Inhalte aufeinander beziehen: Das Angebot ist die eine Willenserklärung, die Annahme die andere.[15]

Geht man zur Vereinfachung davon aus, dass ein Vertrag nur aus zwei und nicht aus mehr Willenserklärungen besteht, muss gleichwohl in einseitig verpflichtende (kurz: einseitige) und zweiseitig verpflichtende (kurz: zweiseitige) Verträge unterschieden werden. Einseitige Verträge begründen Pflichten nur für eine Vertragspartei, zweiseitige Verträge für beide.[16] Als Beispiel für einen einseitigen Vertrag kann die Bürgschaft genannt werden, die zwar von beiden Parteien kontrahiert wird, in Reinform jedoch alleine den Bürgen verpflichtet. Zweiseitige Verträge wiederum sind in unvollkommene und vollkommene zu differenzieren. Beim unvollkommen zweiseitigen Vertrag entstehen für eine Seite Hauptpflichten, für die andere Seite nur Nebenpflichten. Ein Beispiel ist die Verwahrung, bei der der Verwahrer Hauptpflichten in Form der Aufbewahrung und späteren Rückgabe der Sache (beispielsweise eines Gepäckstücks) hat, der Hinterleger hingegen nur Nebenpflichten wie die Haftung für Kosten. Beim vollkommen zweiseitigen oder auch gegenseitigen Vertrag entstehen hingegen für beide Seiten Hauptpflichten. Diese Hauptpflichten korrespondieren miteinander, weil eine Hauptpflicht von der anderen abhängig ist. Dieser Sachverhalt wird als Synallagma bezeichnet und mit der Kurzformel „do ut des" erläutert.[17] Als Beispiele für gegenseitige Verträge können der Kauf und das Darlehen angeführt werden, die jeweils Tauschverträge sind. Der Tausch ist aus rechtlicher Sicht als gegenseitiger Vertrag über den Umsatz eines individuellen Wertes gegen einen anderen individuellen Wert zu qualifizieren.[18] Moderne Wirtschaftssysteme sind allerdings dadurch gekennzeichnet, dass die Gegenleistung gewöhnlich nicht in Form beliebiger individueller Werte, sondern als Zahlung mittels Geld erfolgt. Dies ist in rechtlicher Hinsicht beim Kauf der Fall.[19] Bei einem Darlehensvertrag werden hingegen sowohl die Vorleistung als auch die Gegenleistung häufig in Geldform erbracht, wobei zwischen beiden Vorgängen grundsätzlich Zeit vergeht.[20]

---

15   Vgl. Baumann (1980), S. 206.
16   Vgl. ebd., S. 211.
17   „Ich gebe, damit du gibst"; vgl. ebd., S. 21, sowie Eisenhardt (2005), Rn. 49.
18   Vgl. Putzo [Palandt] (2004), § 480, Rn. 1.
19   Vgl. ebd., § 433, Rn. 38.
20   Vgl. ebd., Einf v § 433, Rn. 2-5, sowie § 488, Rn. 1. Der zuvor in diesem Zusammenhang relevante § 607 BGB ist durch das Schuldrechtsmodernisierungsgesetz

Im Folgenden wird von einem wirtschaftlichen Tauschvertragsbegriff aus-gegangen, der insofern weiter gefasst ist als die Gruppe der vollkommen zweiseitigen (mehrseitigen) Rechtsgeschäfte des deutschen Privatrechts, als auch die klassischen Eigenfinanzierungsverträge dazu gehören sollen, die insbesondere durch Gesellschafterpositionen bei OHG, KG, GmbH und AG begründet werden. (Vor allem im Zusammenhang mit Kreditinstituten ist ferner auch die Rechtsstellung eines Genossen bei einer Eingetragenen Ge-nossenschaft relevant, was im Umkehrschluss aus § 2a I KWG folgt. Versi-cherungsunternehmen dürfen hingegen nicht in der Rechtsform der Einge-tragenen Genossenschaft gegründet werden, sondern vielmehr in der nicht ganz unähnlichen Rechtsform des Versicherungsvereins auf Gegenseitigkeit (VVaG); § 7 II VAG). Dieser wirtschaftliche Tauschvertragsbegriff umfasst also neben den vollkommen zweiseitigen Rechtsgeschäften auch bestimmte Gesamtakte.

2.2 Die Bedeutung des Faktors Zeit

Nachdem obige privatrechtliche Unterscheidung zwischen Kauf und Darle-hen bereits die systematisierende Bedeutung des Faktors Zeit für Tauschver-träge erkennen lässt, soll ihm nun noch erhöhte Beachtung geschenkt wer-den. Schon eine einfache Strukturierung eröffnet nämlich den Zugang zu einer Differenzierung der Tauschvorgänge, die sich nachfolgend als von fundamentaler Bedeutung erweisen wird. Das Phänomen der Zeit wird hier zunächst auf zwei Zeitpunkte reduziert, die mit t=0 bzw. t=2 bezeichnet werden. (Der dazwischen liegende Zeitpunkt t=1 wird später relevant.) Fer-ner wird die Nebenbedingung verhängt, dass Verträge grundsätzlich nur in der Gegenwart abgeschlossen werden können. Dann gibt es für einen qua Vertrag fixierten Austausch von Leistung und Gegenleistung grundsätzlich drei Gestaltungsmöglichkeiten:

6
Kassa
Finanzierung
Termin

---

vom 31.12.2001/1.1.2002 auf reine Sachdarlehen beschränkt worden; vgl. ebd., § 607, Rn. 1.

Definition 2-1
Kassavertrag, Finanzierungsvertrag, Terminvertrag

a) Ein Kassavertrag ist ein Tauschvertrag, bei dem Vertragsabschluss, Leistung und Gegenleistung zeitgleich in der Gegenwart (t=0) erfolgen.

b) Ein Finanzierungsvertrag ist ein Tauschvertrag, der in der Gegenwart abgeschlossen wird und durch einen zeitlichen Verzug zwischen der Erbringung der Vorleistung in der Gegenwart und der Erbringung der Gegenleistung in der Zukunft gekennzeichnet ist.

c) Ein Terminvertrag ist ein Tauschvertrag, der in der Gegenwart abgeschlossen wird und bei dem der Austausch von Leistung und Gegenleistung zeitgleich in der Zukunft erfolgt.

Der neben Rn. 5 näher erläuterte Kaufvertrag kann als einfaches Beispiel sowohl für den Kassavertrag (Austausch von Leistung und Gegenleistung jetzt) als auch für den Terminvertrag (Austausch von Leistung und Gegenleistung später) herangezogen werden. Das ebenfalls neben Rn. 5 genannte Darlehen ist demgegenüber ein Beispiel für den Finanzierungsvertrag, da bei ihm der Austausch von Vorleistung und Gegenleistung grundsätzlich zeitverzögert erfolgt. Folgende Abbildung verdeutlicht den Zusammenhang:

Abbildung 2-2 | *Gestaltungsmöglichkeiten von Tauschverträgen bezüglich der Zeit*

	t=0	t=2
Kassavertrag	**Vertragsabschluss** **Leistung** **Gegenleistung**	
Finanzierungs- **vertrag**	**Vertragsabschluss** **Vorleistung**	
		Gegenleistung
Terminvertrag	**Vertragsabschluss**	
		Leistung **Gegenleistung**

In der Praxis werden Tauschverträge häufig auch als „Tauschgeschäfte", Kassaverträge als „Kassageschäfte" und Terminverträge als „Termingeschäfte" bezeichnet. In diesem Buch sollen diese Begriffspaare jeweils synonym benutzt werden. Während der Begriff des Finanzierungsvertrages auch in der Finanzierungspraxis Usus ist, ist der an sich nahe liegende Sprachgebrauch des „Finanzierungsgeschäftes" hingegen weniger gebräuchlich und wird deshalb auch hier nicht verwendet.

Diese Abschichtung zeitlich möglicher Ausgestaltungsformen von Tauschverträgen ermöglicht auch eine trennscharfe Definition der in der betrieblichen Finanzierungslehre gängigen Konzepte Innenfinanzierung und Außenfinanzierung. Die Finanzierung eines Unternehmens durch Finanzierungsverträge wird nach heutigem Stand der Lehre häufig als Außenfinanzierung bezeichnet.[21] Als Innenfinanzierung wird demgegenüber oft der Zahlungsmittelüberschuss bezeichnet, den ein Unternehmen innerhalb des Betrieblichen Leistungsprozesses und damit jenseits der Investitionssphäre und der Außenfinanzierungssphäre erzielt. Bei Unternehmen des Handels und der Industrie (die gedanklich dem Konzept der Innenfinanzierung zugrunde liegen) basiert dieser Betriebliche Leistungsprozess auf dem Absatz von Gütern, also Waren und Dienstleistungen, die durch Kombination zuvor bezogener Faktorleistungen produziert werden.[22] Bei den bezogenen Faktorleistungen handelt es sich wiederum um Waren und Dienstleistungen. Beschaffungsseitig wie absatzseitig erfolgt dieser Austausch von Waren und Dienstleistungen gegen Zahlungsmittel idealtypisch zeitgleich, sodass sich folgende Schlussfolgerung anbietet:

7
*Innen-
finanzierung,
Außen-
finanzierung*

- Handelt es sich bei Tauschgeschäften im Rahmen des Betrieblichen Leistungsprozesses um zahlungswirksame Kassageschäfte, sind sie in der Gegenwart (t=0) innenfinanzierungswirksam.

- Handelt es sich demgegenüber bei Tauschgeschäften im Rahmen des Betrieblichen Leistungsprozesses um zahlungswirksame Termingeschäfte, sind auch sie innenfinanzierungswirksam, allerdings erst in t=2.

Selbstverständlich wird der Austausch von Waren und Dienstleistungen gegen Zahlungsmittel in der Praxis beschaffungsseitig wie absatzseitig auch zeitverzögert realisiert. Bei solchem „Einkauf auf Ziel" bzw. „Umsatz auf Ziel" werden in Reinform an sich der Innenfinanzierung zuzuordnende Geschäfte mit für die Außenfinanzierung charakteristischen Elementen durchmischt, so dass sie erst mit zeitlicher Verzögerung zahlungsmittelwirksam werden.

---

[21] Vgl. Bitz (2005), S. 6-9.
[22] Vgl. Gutenberg (1983), insbesondere S. 298-303.

2.3 Bedingte und unbedingte Tauschverträge, Konditionierung

8

Unsicherheit durch zeitliche Entwicklung

Im Gegensatz zum sich zeitgleich mit dem Vertragsabschluss bereits erfüllenden Kassavertrag besteht bei Finanzierungsverträgen und bei Terminverträgen aufgrund des zeitlichen Verzugs zwischen Vertragsabschluss und endgültiger Erfüllung Unsicherheit bezüglich der wirtschaftlichen Entwicklung der beiden Vertragsparteien sowie ihres Umfeldes.[23]

9

Bedingtheit von Finanzierungs-verträgen und Terminverträgen

Beim Finanzierungsvertrag eröffnet der Faktor Zeit die Möglichkeit, die Erbringung der Gegenleistung auf unsichere Entwicklungen oder auf spätere willentliche Entscheidungen oder auf beides zu bedingen. Die spätere willentliche Entscheidung kann ihrerseits auch von einer unsicheren Entwicklung abhängen. Beim Terminvertrag kann sogar der gesamte Austausch von Leistung und Gegenleistung von einer unsicheren Entwicklung oder einer späteren willentlichen Entscheidung abhängig gemacht werden. Solche Bedingungsstrukturen können bei beiden Vertragsarten zur Steuerung von Risiken eingesetzt werden. Hierzu einige Beispiele:

- Die Gegenleistung aus dem Finanzierungsvertrag AKTIE besteht im Fall des „Going Concern" (beim „werbenden Unternehmen", das sich in seinem Lebenszyklus irgendwo zwischen Gründung und eigenentschiedener Liquidation bzw. fremdentschiedener Insolvenz befindet) in der Zahlung einer Dividende durch die Aktiengesellschaft. Die Dividende ist zunächst bedingt auf (1) das Vorliegen eines Bilanzgewinns. Liegt ein solcher vor, bedarf es ferner (2) eines entsprechenden Gewinnverwendungsbeschlusses, also einer willentlichen Entscheidung des Systems Hauptversammlung.[24] Aus Sicht eines einzelnen Aktionärs handelt es sich beim Erwirtschaften eines Bilanzgewinns grundsätzlich um eine UNSICHERE ENTWICKLUNG BEIM GEGENLEISTENDEN aus dem Finanzierungsvertrag, also bei der Aktiengesellschaft. (Von der zwischenzeitlichen Möglichkeit der Speisung eines Bilanzgewinns aus Gewinnrücklagen und Gewinnvortrag kann man abstrahieren, da à la longue auch diese beiden Größen an den wirtschaftlichen Erfolg des Unternehmens geknüpft sind.) Gegeben einen Bilanzgewinn, stellt für ihn ferner der Gewinnverwendungsbeschluss dann eine unsichere Entwicklung dar, wenn er das System Hauptversammlung nicht beherrscht. Bedingung (1) bewirkt im Übrigen, dass die Aktiengesellschaft ihren Eigenfinanzierer gegenüber bei schlechter wirtschaftlicher Entwicklung keinem Leistungsrisiko, insbesondere keinem Insolvenzrisiko, ausgesetzt ist. Aus diesem Grunde könnte man auch sagen, es komme zu einem „Risikotransfer" von der

---

[23] Vgl. zum Problem der Unsicherheit auch Rn. 63-73.
[24] § 174 I AktG.

Aktiengesellschaft zum Aktionär (obwohl das wirtschaftliche Risiko unmittelbar natürlich das Unternehmen trifft).

■ Bei VERSICHERUNGSVERTRÄGEN ist die Gegenleistung aus dem Finanzierungsvertrag (Zahlung der Versicherungsleistung durch das Versicherungsunternehmen) auf bestimmte UNSICHERE ENTWICKLUNGEN BEIM VORLEISTENDEN in den Vertrag (Versicherungsnehmer) bedingt.[25] Diese Bedingung konkretisiert sich beispielsweise bei der Kapitallebensversicherung im Ableben des Versicherungsnehmers vor Ende der Vertragslaufzeit (Todesfallleistung) oder durch Erreichen des Ablauftermins (Erlebensfallleistung). Bei der Feuerversicherung konkretisiert sie sich derart, dass der Versicherungsnehmer durch einen Brand einen Vermögensnachteil erleidet. Durch den Abschluss des Finanzierungsvertrages „Versicherung" geht das qua Versicherungsprämie finanzierte Versicherungsunternehmen also das grundsätzliche Risiko eines Vermögenstransfers (Feuerversicherung) oder zumindest das Risiko eines dem zeitlichen Anfall und der Höhe nach unterschiedlichen Vermögenstransfers (Kapitallebensversicherung) in der Zukunft ein.[26] Aus Sicht des Versicherungsnehmers ist dieser Vermögenstransfer im Idealfall mit den wirtschaftlichen Konsequenzen des ihn bedrohenden Risikos vollständig negativ korreliert und hat dessen Höhe. Bildlich gesprochen, könnte man auch hier sagen, es komme durch den Versicherungsvertrag zu einem „Risikotransfer", nun aber vom Finanzier zum Finanzierten (obwohl Brandrisiko, Todesfallrisiko etc. beim Versicherungsnehmer natürlich unverändert bestehen bleiben).[27]

---

[25] Das zeitliche Auseinanderfallen von Leistung und Gegenleistung – und damit die Einordnung des Versicherungsvertrages als Finanzierungsvertrag – ergibt sich sehr anschaulich auch bei Farny (1992), S. 16, der von der „branchenüblichen Vorauszahlung der Prämie" spricht.

[26] Wie bereits von Mises (1949), S. 109, erkannt hat, macht deshalb aus Sicht des Versicherungsunternehmens auch nur der Abschluss einer Vielzahl solcher Versicherungsverträge Sinn, um dieses Risiko im Kollektiv zu diversifizieren oder auch „auszugleichen". Man nennt dies Risikoausgleich im Kollektiv.

[27] Dieser finanzierungstheoretische Begriff des Versicherungsvertrages weicht vom aufsichtsrechtlichen Begriff des Versicherungsgeschäftes keineswegs ab. Präve [Prölss] (2005) nennt als Tatbestandsmerkmale für letzteren:
1. Entgeltlichkeit,
2. Ungewissheit,
3. Leistungsanspruch,
4. Gleichartigkeit der Gefahr,
5. Planmäßigkeit,
6. Selbstständigkeit des Versprechens (§ 1, Rn. 35-44).
Kriterium 1 lässt klar erkennen, dass privatrechtlicher Versicherungsschutz der Vorleistung in Form von Versicherungsprämien bedarf. Kriterium 2 bringt offensichtlich die aus der Bedingtheit des Finanzierungsvertrages resultierende Ungewissheit zum Ausdruck. Kriterium 3 korrespondiert mit dem Schutz, unter den

■ Beim neben Rn. 5 bereits näher erläuterten Finanzierungsvertrag Darlehen kann die Gegenleistung aus dem Finanzierungsvertrag der Höhe und der zeitlichen Fälligkeit nach gänzlich unbedingt vereinbart werden. In zivilrechtlicher Hinsicht sind aber auch Einlagen bei Kreditinstituten als Darlehen anzusehen.[28] Sind sie jederzeit, also ohne Vereinbarung einer festen Laufzeit und einer Kündigungsfrist, fällig, handelt es sich um SICHTEINLAGEN.[29] Aus Sicht des Kreditinstitutes hängt damit die zeitliche Fälligkeit und unter Berücksichtigung des (regelmäßig allerdings sehr niedrigen) Habenzinses auch die Höhe der Gegenleistung von der Kündigung durch den Einleger ab. Insofern ist die Gegenleistung aus dem Finanzierungsvertrag Sichteinlage auf eine WILLENTLICHE ENTSCHEIDUNG DES VORLEISTENDEN in den Finanzierungsvertrag bedingt. Hierdurch wird das Kreditinstitut dem Risiko eines frühen Zahlungsmittelabzuges, also dem Liquiditätsrisiko, ausgesetzt.

■ Beim Terminvertrag KAUFOPTION AUF KUPFER ist der gesamte zukünftige Austausch in rechtlicher Hinsicht auf die WILLENTLICHE ENTSCHEIDUNG DES OPTIONSINHABERS bedingt, seine Option auszuüben. Dessen Entscheidung wird bei rationaler Verhaltensweise insbesondere von der unsicheren Entwicklung des Kupferkassapreises relativ zum im Optionsvertrag vereinbarten Basispreis und damit von Entwicklungen im Umfeld von Optionsinhaber und Stillhalter abhängen. Durch den Abschluss des bedingten Terminvertrages „Kaufoption auf Kupfer" geht der Stillhalter gegen Erhalt der Optionsprämie damit das (grundsätzlich betragsmäßig unbegrenzte) Risiko ein, Kupfer zum Erfüllungszeitpunkt zu einem hohen Kassapreis beschaffen und zum relativ niedrigen Basispreis an den Optionsinhaber liefern zu müssen. Bei einem Kupferkassapreis unterhalb des Basispreises wird ein rationaler Optionsinhaber hingegen seine Option gar nicht ausüben. Für diesen Fall sieht sich der Optionsinhaber ex ante dem (betragsmäßig begrenzten) Risiko ausgesetzt, die Optionsprämie ex post vergebens gezahlt zu haben. Die Kaufoption auf Kupfer „verteilt" die vermögensmäßigen Konsequenzen des Kupferpreisrisikos also in charakteristischer Weise auf Optionsinhaber und Stillhalter. Hierbei ist es wichtig, die Optionsprämie nicht als Leistung oder Gegenleistung des Tauschgeschäftes aufzufassen, sondern eher schon als „Eintrittskarte" in die Tauschveranstaltung.

---

die Rechtsordnung Verträge einschließlich der Finanzierungsverträge stellt: „pacta sunt servanda". Bei den Kriterien 4 und 5 geht es um den Risikoausgleich, ohne den das Versicherungsunternehmen die Unsicherheit nicht bewältigen kann. Dass diese Finanzierungsverträge gemäß Kriterium 6 unabhängig von anderen Rechtsgeschäften ausgehandelt werden, wird in dieser Untersuchung stillschweigend unterstellt. Vgl. ergänzend Braumüller (1999), S. 68f.

[28] Vgl. Füllbier [Boos/Fischer/Schulte-Mattler] (2004), § 1, Rn. 51.

[29] Vgl. ebda., § 1, Rn. 39.

■ Ein FIXGESCHÄFT IN KUPFER ist demgegenüber ein UNBEDINGTER Termin-vertrag. Er verpflichtet den Käufer, zum im Vertrag vorgesehenen Erfül-lungszeitpunkt und zum ebendort vorgesehenen Terminpreis Kupfer zu kaufen. Der Verkäufer ist spiegelbildlich verpflichtet, entsprechend zu liefern. Auch hier kommt es zu einer charakteristischen Verteilung der vermögensmäßigen Konsequenzen des Kupferpreisrisikos, die sich von der bei einer Kaufoption allerdings systematisch unterscheidet. Der Käu-fer ist dem Risiko ausgesetzt, zu einem hohen Basispreis Kupfer kaufen zu müssen, das er sich am Kassamarkt vielleicht relativ billig beschaffen könnte. Dieses Risiko ist aber dadurch betragsmäßig begrenzt, dass der Kupferkassapreis nicht negativ werden kann. Der Verkäufer ist hingegen dem Risiko ausgesetzt, dass er sich das Kupfer zu einem hohen Kassa-preis beschaffen muss, das er dann zu einem relativ niedrigen Basispreis an den Käufer zu veräußern hat. Dieses Risiko ist grundsätzlich als be-tragsmäßig unbegrenzt anzusehen, da theoretisch auch der Kupferpreis über alle Schranken wachsen kann.

Die Bedingtheit von Finanzierungsverträgen auf unsichere Entwicklungen beim Finanzier, wie sie damit für Versicherungsverträge charakteristisch ist, wird in diesem Lehrbuch im Folgenden als Konditionierung bezeichnet. Damit ergibt sich folgende Definition:

10
Konditionierung
und ihre
Strukturen

Definition 2-2
Konditionierter Finanzierungsvertrag (Versicherungsvertrag),
Finanzierungsvertrag im engeren und im weiteren Sinne

a) Ein konditionierter Finanzierungsvertrag (oder auch Versicherungsver-trag) ist ein Finanzierungsvertrag, der auf unsichere Entwicklungen beim Finanzier bedingt ist.

b) Nicht konditionierte Finanzierungsverträge werden als Finanzierungs-verträge im engeren Sinne bezeichnet.

c) Versicherungsverträge und Finanzierungsverträge im engeren Sinne bilden gemeinsam die Gruppe der Finanzierungsverträge im weiteren Sinne.

Definition 2-2 sollte eine gewisse Zurückhaltung, die einzelne Leser mögli-cherweise gegenüber einer finanzierungstheoretischen Auffassung vom Versicherungsvertrag verspüren, zu beseitigen helfen: Im „engeren Sinne" scheiden die Versicherungsverträge aus der Gruppe der Finanzierungsver-träge aus. Nachfolgende Abbildung veranschaulicht den Zusammenhang:

Abbildung 2-3 *Systematisierung von Finanzierungsverträgen nach ihrer Konditionierung*

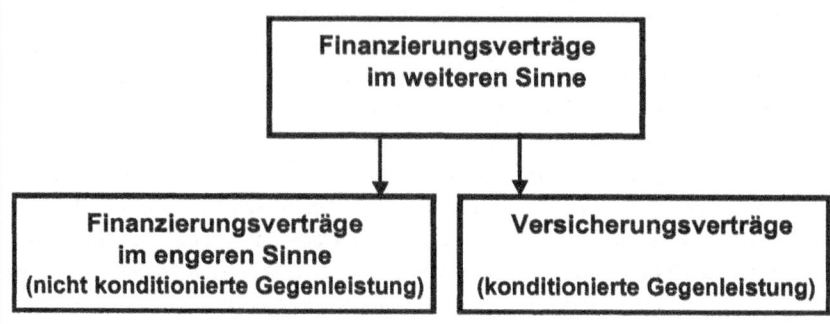

Es sei hier noch einmal betont, dass Finanzierungsverträge im engeren Sinne zwar stets unkonditioniert sind, gleichwohl aber auf unsichere Entwicklungen beim Finanzierten (Aktie), willentliche Entscheidungen beim Finanzier (Sichteinlage) und willentliche Entscheidungen beim Finanzierten (ein Kündigungsrecht hat bei der Sichteinlage auch das Kreditinstitut!) bedingt sein können.

Die Konditionierungsstrukturen der Versicherungsverträge nehmen in der versicherungsbetrieblichen Praxis unterschiedliche Formen an. Betrachten wir deshalb zur Veranschaulichung Feuerversicherung und Kapitallebensversicherung noch einmal etwas näher:

■ Im Rahmen der FEUERVERSICHERUNG sind meist folgende versicherte Gefahren bedeckt: (1) Brand, (2) Blitzschlag, (3) Explosion, (4) Flugzeugabsturz. Hierbei bezieht sich der Versicherungsschutz auf alle in der Police bezeichneten Sachen, die im Eigentum des Versicherungsnehmers stehen.[30] Nachfolgende Abbildung verdeutlicht diese Konditionierungsstruktur:

---

[30] Vgl. Ennsfellner/Gassner-Möstl (2000), S. 189-204.

Konditionierungsstruktur bei der Feuerversicherung

Abbildung 2-4

	Versicherungsnehmer
Brand (Blitzschlag, Explosion, Flugzeugabsturz)	**Zahlungseingang**
Kein Brand (kein Blitzschlag, keine Explosion, kein Flugzeugabsturz)	**Kein Zahlungseingang**

Erkennbar ist das maximal mögliche Zahlungsgefälle zwischen den beiden Fällen „Brand (...)" und „Kein Brand (...)". Alleine, wenn es brennt etc., zahlt das Versicherungsunternehmen.

■ Bei der KAPITALLEBENSVERSICHERUNG AUF DEN TODES- UND DEN ERLEBENS-FALL[31] wird bei Tod der versicherten Person, spätestens jedoch bei Ablauf der vereinbarten Versicherungsdauer, die Versicherungsleistung ausgezahlt. Sie besteht aus der vereinbarten Versicherungssumme und den jeweils aufgelaufenen Überschussanteilen (Fn. 32). Diese Konditionierungsstruktur kann man sich folgendermaßen vorstellen:

---

[31] Vgl. zur Kapitalversicherung Koch/Umann/Weigert (2002), S. 66, zur Lebensversicherung ebda., S. 74, zum Erlebensfall ebda., S. 33, zum Todesfall ebda., S. 117f.

| Abbildung 2-5 | Konditionierungsstruktur bei der Kapitallebensversicherung |

	Versicherungs-nehmer	Vom Versicherungs-vertrag Begünstigte
Ableben vor Ende der Vertrags-laufzeit	Kein Zahlungseingang	Zahlungseingang
Erleben des Endes der Vertrags-laufzeit	Zahlungseingang	Kein Zahlungseingang

Aus Sicht des Versicherungsunternehmens ist die Spannbreite der Zahlungen zwischen Todesfall und Erlebensfall hier vergleichsweise gering, sie unterscheidet sich lediglich in der Höhe der bis zum Zahlungstermin aufgelaufenen Überschussanteile[32]. Der Versicherungsnehmer wiederum wird diesen Versicherungsvertrag in der Regel dann abschließen, wenn er bestimmte Personen in beiden Fällen versorgt wissen möchte. Für die Gemeinschaft aus dem Versicherungsnehmer und den von ihm begünstigten Personen ergibt sich damit ebenfalls eine geringe Spannbreite der Zahlungen aus dem Vertrag. Neben der reinen Absicherung des Todesfallrisikos übernimmt diese Kapitallebensversicherung in der Sprache der Versicherungsbetriebslehre damit zusätzlich eine „Sparfunktion"[33]. Sie wird hierdurch unter Rentabilitätsaspekten auch gegenüber nicht konditionierten Finanzierungsverträgen attraktiv und tritt zu diesen in ein vergleichsweise enges Substitutionsverhältnis. Wegen ihrer so weit wie nur denkbar volatilen Konditionierungsstruktur wird man für die Feuerversicherung hingegen ein enges Substitutionsverhältnis zu nicht konditionierten Finanzierungsverträgen kaum unterstellen können.

---

[32] Auf das Verfahren der Überschussbeteiligung braucht hier nur sehr abstrakt eingegangen zu werden. Grundsätzlich werden der Rechnungszins und die Lebenserwartung der Versicherungsnehmer bei der Lebensversicherung so vorsichtig angesetzt, dass im Regelfall Überschüsse anfallen müssen, ohne dass dies ein Indiz für ein besonders erfolgreiches Wirtschaften des Versicherungsunternehmens wäre. Aus diesem Grunde geht die Hoheitliche Aufsicht davon aus, dass die Versicherungsnehmer an diesen Überschüssen angemessen zu beteiligen sind; vgl. Koch/Umann/Weigert (2002), S. 119.

[33] Ennsfellner/Gassner-Möstl (2000), S. 56.

Aufgrund des zeitlichen Verzugs zwischen Vertragsabschluss und endgültiger Vertragserfüllung ist sowohl für Finanzierungsverträge als auch für Terminverträge die Unsicherheit bezüglich der Entwicklung der beiden Vertragsparteien sowie ihres Umfeldes von Bedeutung. Unterschiedliche Formen von Finanzierungs- und Terminverträgen beinhalten (wie an obigen Beispielen gesehen) unterschiedliche Verteilungen der Risiken sowie der Chancen, die aus dieser Unsicherheit resultieren. Nicht nur Versicherungsverträge, sondern ein umfangreicher Katalog von Finanzierungs- und Terminverträgen gehört deshalb zum Werkzeugkasten des Risikomanagements. Selbstverständlich verfügt das Risikomanagement, insbesondere das unternehmerische, aber auch noch über andere Instrumente. Man denke nur an die vielen Ansatzpunkte im leistungswirtschaftlichen Bereich, etwa durch die Verwendung feuerfester Materialien oder die Erhöhung des Gefahrenbewusstseins.

11
Risiko-
management

Der gewerbsmäßige Abschluss bestimmter Finanzierungsverträge ist charakteristisch für bestimmte, hier als Finanzintermediäre bezeichnete Institutionen.[34] Kreditinstitute und Versicherungsunternehmen sind die beiden Prototypen des Finanzintermediärs, die die deutsche Rechtsordnung zur Verfügung stellt. § 1 I KWG definiert Kreditinstitute, indem er einen Katalog von zurzeit 12 von ihnen betreibbaren Bankgeschäften definiert. Sofern es bei diesen Bankgeschäften um den Abschluss von Finanzierungsverträgen für eigene Rechnung geht, handelt es sich durchweg um nicht konditionierte Finanzierungsverträge. § 1 I VAG setzt demgegenüber bei der Definition der Versicherungsunternehmen zu Zwecken der Hoheitlichen (also öffentlich-rechtlichen) Beaufsichtigung[35] an den von ihnen privatrechtlich abgeschlossenen Versicherungsgeschäften und damit gerade an konditionierten Finanzierungsverträgen an.

12
Definition von KI
und VU durch
charakteristische
Finanzierungs-
verträge

2.4   Primärmärkte und Sekundärmärkte

Tauschgeschäfte finden an Märkten statt. Kontrahierung, (Vor-)Leistung und Gegenleistung – diese drei nunmehr bekannten Komponenten der Tauschgeschäfte sollen im Folgenden gedanklich durchweg dem Primärmarkt als Teilsegment der Märkte für Tauschgeschäfte zugeordnet werden:

13
Primärmärkte

---

34 Vgl. hierzu ergänzend Rn. 118-121.
35 Daneben gibt es beispielsweise die Aufsicht, die charakteristisch der Aufsichtsrat einer Aktiengesellschaft ausübt; § 111 I AktG. Wir wollen deshalb zur Unterscheidung ganz bewusst von „Hoheitlicher Beaufsichtigung" oder „Hoheitlicher Aufsicht" sprechen.

Definition 2-3a
Primärmärkte

Unter Primärmärkten sollen jene Märkte verstanden werden, an denen Tauschverträge abgeschlossen sowie durch Erbringung von (Vor-)Leistung und Gegenleistung erfüllt werden.

14
Sekundärmärkte

Nach Vertragsabschluss in t=0 und vor Erbringung der Gegenleistung in t=2, zu einem gedanklichen Zeitpunkt t=1, können Finanzierungsverträge und Terminverträge – nicht aber Kassaverträge! – nun ihrerseits zum Gegenstand von Tauschvorgängen werden. Im Gegensatz zu den Primärmärkten, an denen Tauschverträge abgeschlossen und erfüllt werden, gelangen wir gedanklich zur Vorstellung von einem „sekundären" Marktsegment:

Definition 2-3b
Sekundärmärkte

Unter Sekundärmärkten sollen jene Märkte verstanden werden, an denen bereits abgeschlossene, jedoch noch nicht endgültig erfüllte Tauschverträge gehandelt werden.

Die Existenz von Sekundärmärkten gibt den ursprünglichen, also am Primärmarkt kontrahierenden Vertragsparteien von Finanzierungsverträgen und Terminverträgen die Möglichkeit, das Engagement in dem Tauschvertrag durch Ausstieg vorzeitig zu beenden, obwohl der Vertrag selbst fortbesteht. Wirtschaftssubjekten, die – nolens volens – in t=0 keine Finanzierungsverträge oder Terminverträge abgeschlossen haben, eröffnen Sekundärmärkte demgegenüber die Möglichkeit, verzögert in solche Tauschverträge einzusteigen und damit gegebenenfalls (volens) ihre Entscheidung zu revidieren.

Aufgabe 2-1

Viktor und Gerda schließen in t=0 einen Darlehensvertrag ab. Noch in t=0 leistet Viktor die vereinbarte Vorleistung in Höhe von € 10.000,00 an Gerda, die in t=2 zu folgender Gegenleistung verpflichtet ist: (1) Tilgung der Vorleistung zum Nennwert; (2) Zahlung eines festen Kreditzinses in Höhe von $r_K = 0,068$ pro Periode, wobei die in t=1 fälligen Zinsen kapitalisiert werden. (Alle bis jetzt genannten Vorgänge betreffen den Primärmarkt.)

Aufgrund neu zufließender Information entsteht für Viktor dann jedoch zwischenzeitlicher Liquiditätsbedarf, so dass er seine ursprüngliche Investitionsentscheidung revidiert und seine Forderung aus dem Darlehensvertrag in t=1 am Sekundärmarkt für € 10.720,15 verkauft. Der Marktzins am Sekundärmarkt zum Zeitpunkt t=1 sei mit r^{12} bezeichnet. (Die Hochstellung stellt keinen Exponenten dar. Sie signalisiert vielmehr, dass der Zeitraum zwischen den Zeitpunkten t=1 und t=2 abgedeckt wird.)

Wie hoch ist r^{12} ?

Lösung:

Die Höhe der ausstehenden Forderung im Zeitpunkt t=2 beträgt:

$$10.000,00 \cdot (1+0,068)^2 = 11.406,24 \qquad [\text{€}]$$

Am Sekundärmarkt wird diese Forderung im Zeitpunkt t=1 mit einer Diskontierungsrate r^{12} abgezinst. Es muss also gelten:

$$\frac{11.406,24}{1+r^{12}} = 10.720,15 \qquad [\text{€}]$$

$$\Leftrightarrow \qquad 1+r^{12} = \frac{11.406,24}{10.720,15} = 1,064$$

$$\Leftrightarrow \qquad r^{12} = 0,064$$

Wenn das Darlehen in t=0 mit 6,8% für den Zeitraum zwischen t=1 und t=2 marktgerecht verzinst war, dann sind offensichtlich zwischenzeitlich die Marktzinsen für diesen Zeitraum auf 6,4% gesunken.

Grundsätzlich scheint die Existenz von Sekundärmärkten weder bei Finanzierungsverträgen noch bei Terminverträgen davon abzuhängen, ob sie bedingt oder unbedingt abgeschlossen werden. Beispielsweise werden sowohl Forwards (das sind bestimmte unbedingte Termingeschäfte; Rn. 9) als auch Optionen (bedingtes Termingeschäft) in der Praxis fallweise an Sekundärmärkten gehandelt.[36] Und auch bei Kreditverträgen (unbedingter Finanzierungsvertrag) sowie Kapitallebensversicherungen (konditionierter Finanzierungsvertrag) werden je nach Ausgestaltung des Einzelfalles Sekundärmärkte organisiert[37], an denen die Verträge gehandelt werden. Bei Versicherungsverträgen kann der zwischenzeitliche Handel allerdings neben anderen Hindernissen auch dadurch erschwert, wenn nicht gar unmöglich gemacht werden, dass die im Vertrag fixierte Konditionierung zu einem potenziellen Erwerber nicht passt. Hat der potenzielle Erwerber einer Kapi-

**15
Sekundärmärkte
bei
Konditionierung**

---

[36] Vgl. Beike/Barckow (2002), S. 26 und 63.
[37] Bei Kreditverträgen geschieht dies beispielsweise im Wege des Factoring; vgl. Bitz (2005), S. 71-80; bei Lebensversicherungsverträgen haben sich beispielsweise bestimmte Investmentfonds auf deren Ankauf spezialisiert; vgl. Henrich (2003), S. 110.

tallebensversicherung zum Beispiel ein anderes Lebensalter oder ein anderes Geschlecht als der potenzielle Verkäufer, hat er auch eine andere versicherungsmathematische Lebenserwartung. Dies kann dazu führen, dass die zwischenzeitliche Übertragung der Forderung aus dem Versicherungsvertrag im Vertrag explizit ausgeschlossen oder zumindest nicht vorgesehen wird. Beinhaltet die Versicherungsprämie zudem, wie etwa bei der Feuerversicherung, keine Sparkomponente, macht der Handel des Versicherungsvertrages auch keinen Sinn mehr.

2.5   Zeitliche Stafflung von Leistung und Gegenleistung

16
Langfristiger
Liefervertrag

Bisher ging unser vereinfachtes Konzept des Tauschgeschäftes von jeweils einmaliger (Vor-)Leistung und Gegenleistung aus. Reserviert man den Zeitpunkt t=1 für bestimmte Phänomene wie den Handel von Tauschverträgen am Sekundärmarkt, lässt die Dreizeitpunktmodellierung dieser Untersuchung etwas anderes auch gar nicht zu. Tauschgeschäfte sind in praxi aber weder bei den (Vor-)Leistungen noch bei den Gegenleistungen auf Erscheinungsformen beschränkt, die sich jeweils nur zu einem Zeitpunkt realisieren. Eine systematische Darstellung der Tauschgeschäfte muss vielmehr auch darauf eingehen, dass sowohl Leistungen als auch Gegenleistungen zu mehreren Zeitpunkten, also zeitlich gestaffelt, erbracht werden können. Erweitern wir also vorübergehend die Modellierung der Zeit auf mehr als drei Zeitpunkte und betrachten wir beispielsweise einen langfristigen Liefervertrag, wie er etwa zwischen einer Agrargenossenschaft und einer Einzelhandelskette eine zweckmäßige Sachverhaltsgestaltung darstellen kann.

Langfristiger Liefervertrag

Abbildung 2-6

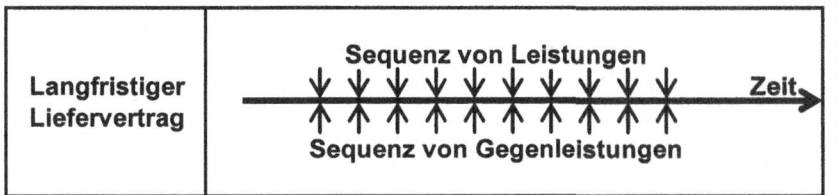

Ein solcher Liefervertrag ist ein klassischer Kaufvertrag. Die paarweise voll-zogenen Tauschvorgänge sind nicht als Einzelverträge, sondern als Teile eines größeren Ganzen anzusehen. Erfolgen sie ab dem Zeitpunkt t=1, be-wirkt die zeitliche Stafflung eine Vielzahl von Tauschvorgängen in der Zu-kunft, also eine Kadenz von Termintauschvorgängen. Wird zudem bereits in t=0 getauscht, beinhaltet der langfristige Liefervertrag ferner noch einen Kassatausch und ist dann bereits nicht mehr eindeutig einer der beiden Kategorien „Kassavertrag" und „Terminvertrag" des Dreizeitpunktmodells zuzuordnen. Werden die einzelnen Tauschvorgänge schließlich noch mit Lieferantenkredit durchmischt (liegen korrespondierende Pfeilspitzen also nicht mehr genau aufeinander), beinhaltet der langfristige Liefervertrag gleichzeitig Elemente des Kassavertrages, des Finanzierungsvertrages und des Terminvertrages.

Trotz zeitlicher Stafflung sowohl der Vorleistung als auch der Gegenleistung sind von Versicherungsunternehmen kontrahierte Rentenversiche-rungsverträge[38] hingegen eindeutig den Finanzierungsverträgen (im weite-ren Sinne) zuzuordnen. (Auf den Fall der Gesetzlichen Rentenversicherung durch die Sozialversicherungsträger wird hier nicht eingegangen. Hier gilt das VAG gemäß § 1 II VAG nur bereichsweise.) Sieht man vom Fall der Ein-malprämie ab, folgt bei der privaten Rentenversicherung nämlich eine Se-quenz von Versicherungsleistungen in Form regelmäßiger Rentenzahlungen zeitlich einer Sequenz von Zahlungen von Versicherungsprämien eindeutig nach:

*17
Renten-
versicherung*

---

[38] Vgl. Koch/Umann/Weigert (2002), S. 103f.

Abbildung 2-7	*Rentenversicherung im Erlebensfall*

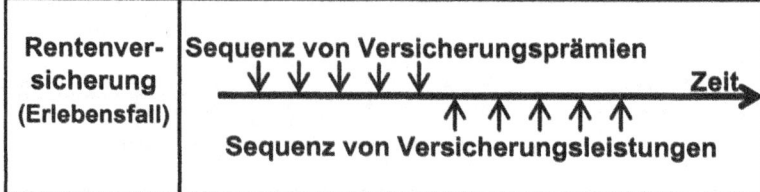

18
Interest Rate
Swaps

Industrieobligationen, neudeutsch auch als „Corporate Bonds" bezeichnet, sind Inhaberschuldverschreibungen, die vom Handel und von der Industrie emittiert werden und als vertragliche Gegenleistung neben einer oder mehreren Tilgungszahlungen regelmäßig eine zeitliche Staffel an Zinszahlungen beinhalten. Beim festverzinslichen Typ der Industrieobligation („Straight Bond") sind die Zinszahlungen vertraglich fixiert, beim variabel verzinslichen Typ („Floating Rate Note") variieren sie hingegen. Letzteres wird meist durch Anbindung an einen Referenzzins wie EURIBOR vertraglich realisiert, dessen Verlauf die Zinszahlungen zeitlich verzögert und unter Aufschlag von Spreads folgen. Trotz zeitlicher Stafflung der Gegenleistung handelt es sich bei den Industrieobligationen eindeutig um Finanzierungsverträge.

Neben dem Eintauschen des gesamten Finanzierungsvertrages am Sekundärmarkt ist es mittlerweile auch möglich, nur die Zinsstaffel zum Gegenstand eines sekundären Tauschvorganges zu machen.[39] In diesem Zusammenhang hat sich der Terminus „Zinsstrip" als Bezeichnung für die Zinsstaffel eingebürgert. Werden nun feste Zinsstrips gegen variable getauscht, haben sich für solche, allerdings nicht nur für solche Tauschgeschäfte die Bezeichnungen Interest Rate Swap[40] und Zinsswap etabliert. Diese Geschäfte führen damit zu einer ganzen Folge von Termintauschvorgängen, bei denen die Vertragspartner zu bestimmten Zeitpunkten ihre Zinszahlungen „swappen". (Praktisch werden diese Tauschvorgänge zur Vereinfachung meist durch Saldierung der Zinsen und Zahlung alleine der Salden glattgestellt.) Hierbei ist es wichtig festzustellen, dass diese Folge von Termintauschvorgängen nicht aus einem Terminvertrag am Primärmarkt resultiert, sondern (1) aus einem Tausch am Sekundärmarkt für Finanzierungsverträge und (2) der Tatsache, dass diese Finanzierungsverträge zeitlich gestaffelte Gegenleistungen vorsehen. Anschaulich gesprochen gibt es also nicht nur einen „Gebrauchtwagenmarkt" für Finanzierungsverträge, sondern auch einen „Markt für gebrauchte Ersatzteile" aus Finanzierungsverträgen. Vor

---

[39] Vgl. Deutsche Bundesbank (2000), S. 35f. und 73f.
[40] Vgl. Beike/Barckow (2002), S. 36-43.

diesem Hintergrund ist die häufig anzutreffende Sichtweise, dass Futures (das sind Fixgeschäfte), Optionen und Swaps gemeinsam die Gruppe der so genannten „Derivate" bilden[41], zumindest erläuterungsbedürftig. Zwischen Interest Rate Swaps einerseits (Sekundärmarkt für Finanzierungsverträge) und Futures sowie Optionen andererseits (Primärmarkt für Terminverträge) besteht aus vertragstheoretischer Sicht ein grundlegender Unterschied.

2.6 Die Kontrahierung von Tauschverträgen als allgemeines Entscheidungsproblem

Eine Theorie des Tausches liegt in Form der Allgemeinen Gleichgewichtstheorie vor. In der von Léon Walras (Sohn des ebenfalls bekannten Ökonomen Auguste Walras) ausgearbeiteten frühen Version taucht allerdings der Faktor Zeit explizit kaum auf: Sämtliches ökonomisches Geschehen wie etwa die Ermittlung von Preisen durch den „Walrasianischen Auktionator" und der Tausch zu diesen Preisen finden zu einem bestimmten Zeitpunkt statt.[42] Auch andere von Walras implizit oder explizit getroffene Annahmen sind sehr restriktiv. So haben die in dieser Welt handelnden Personen keine Marktmacht und betrachten deshalb die vom Auktionator ermittelten Preise als gegebene Konstanten. Der Auktionator wiederum ist über sämtliche preisrelevanten Faktoren vollkommen informiert, sodass die von ihm ausgerufenen Preise tatsächlich den Markt räumen und zu einem Gleichgewicht führen können. Sämtliche für dieses Gleichgewicht erforderlichen Transaktionen, also gleichermaßen die Weitergabe von Informationen wie auch die eigentlichen Tauschvorgänge lassen sich zudem friktionslos, das heißt frei von Transaktionskosten durchführen.

19
Allgemeine
Gleichgewichts-
theorie;
Walrasianisches
Paradigma

Dieses Walrasianische Paradigma hat gewichtige Implikationen. Aufgrund des vollkommenen Informationsstandes ist etwa die Absicherung des Tausches durch Verträge nicht erforderlich. Erst recht macht die von uns neben Rn. 6 getroffene Unterscheidung von Kassaverträgen, Finanzierungsverträgen und Terminverträgen in dieser Einzeitpunktwelt keinen Sinn. Tausch vollzieht sich ferner direkt, für indirekten Tausch mit Hilfe von Zahlungsmitteln, also Geld, gibt es keinen Grund. Und Finanzintermediäre (wie die von uns noch näher zu untersuchenden Kreditinstitute und Versicherungsunternehmen) haben in dieser Theoriewelt keinen Platz, sie wären redundant. Die Zeit und ferner auch die Unsicherheit wurden mittlerweile in die

---

[41] Vgl. Thieme (1995), S. 95.
[42] Vgl. Walras (1874/1988), insbesondere S. 70.

Allgemeine Gleichgewichtstheorie integriert. Hierzu griff Gerard Debreu[43] die ursprünglich von John R. Hicks vorgetragene Idee auf, dass man zukünftige Güter grundsätzlich auch heute schon handeln kann.[44] Indem heute nicht nur heutiger Weizen, sondern auch Zukunftsweizen, ja sogar Zukunftsweizen für einen von vielen möglichen Zuständen der Welt gehandelt wird, kann die Walrasianische Analyse auch bei mehreren Modellzeitpunkten aufrecht erhalten werden.[45] Die Ökonomie wird hierbei allerdings wiederum in der Form zum Gleichgewicht gebracht, dass zu nur einem Zeitpunkt alle zukünftigen und unsicheren Entwicklungen bereits in das aktuelle Preissystem eingehen. Damit lassen sich nun zwar Kassatransaktionen, Finanzierungstransaktionen und Termintransaktionen in der Allgemeinen Gleichgewichtstheorie unterscheiden, es bleibt aber bei einer statischen Analyse, bei der beispielsweise für nachträglich zufließende Informationen, Sekundärmärkte, Entscheidungsrevision, Geld und Finanzintermediäre kein Platz ist. Zudem expliziert sie kaum Handlungsempfehlungen, auf die Individuen ihre Kontrahierungsentscheidungen beim Tausch gründen könnten.

Es überrascht vor diesem Hintergrund nicht, dass sich die Entwicklung der Wirtschaftstheorie in weiten Bereichen mittlerweile vom Walrasianischen Paradigma abgekoppelt hat und insbesondere die spezielle Bedeutung der Faktoren Information (oder auch „Wissen"[46]) und Transaktionskosten[47] berücksichtigt. Während sich damit die von ihr getroffenen Annahmen zweifellos der Realität annähern, geschieht dies jedoch um den Preis, dass sie sich von einer integrativen Erklärung des Abschlusses von Kassaverträgen, Finanzierungsverträgen und Terminverträgen weit entfernt hat. Hält man sich nur einmal vor Augen, wie unterschiedlich etwa die Risiken bei Abschluss eines Finanzierungsvertrages und eines Terminvertrages sind, so überrascht dies nicht. Wer in einen Finanzierungsvertrag vorleistet, sieht sich beispielsweise dem charakteristischen Risiko ausgesetzt, dass die Gegenleistung nicht erbracht wird, wenn die entsprechende Adresse ausfällt. Bei einem Terminvertrag bewirkt der Ausfall einer Adresse hingegen charakteristisch, dass man sich an anderer Stelle mit der Gegenleistung eindecken muss, die eigene Leistung jedoch nicht verloren ist. Zudem ruft alleine schon die Vielzahl der in der Finanzierungstheorie mittlerweile betrachteten Einzelprobleme nach einer Begrenzung der Analyse. Auch deshalb werden wir uns im Folgenden auf Finanzierungsverträge beschränken und eine spezielle Theorie dieser Verträge erfassen, ordnen und entwickeln.

---

[43] Vgl. Debreu (1959), S. 28-102.
[44] Vgl. Hicks (1939), S. 116.
[45] Vgl. Debreu (1959), S. 98f.
[46] Vgl. Hayek (1937/1952), S. 65.
[47] Vgl. Coase (1937), S. 390f.

3 Spezielle Theorie der Finanzierungsverträge

3.1 Eigenfinanzierung und Fremdfinanzierung

In der einschlägigen wirtschaftswissenschaftlichen Literatur wie auch in der Praxis ist die Kategorisierung von Finanzierungsverträgen im engeren Sinne (Rn. 10) in „Eigenfinanzierung" und „Fremdfinanzierung" oder ähnlich lautende Begriffspaare seit längerem weitestgehend etabliert.[48] Hierbei haben sich im Laufe der Zeit verschiedene Abgrenzungskriterien zwischen beiden Typen herauskristallisiert, und zwar insbesondere[49]: (1) die laufenden Zahlungen an den Finanzier; (2) der an den Finanzier gehende Rückzahlungsbetrag; (3) die dem Finanzier zustehenden Verfügungs- und Informationsrechte; (4) die Rechtsstellung des Finanziers im Insolvenzverfahren. Eine so weit wie möglich hinsichtlich dieser vier Kriterien fixierte Rechtsposition, die minimal an der Streubreite der Chancen und Risiken des Unternehmens wie auch an den Verfügungs- und Informationsrechten teilnimmt, könnte man als Idealtypus der Fremdfinanzierung bezeichnen. Für den Idealtypus der Eigenfinanzierung gilt gerade das Gegenteil. Er partizipiert weitestmöglich an der Volatilität der unternehmerischen Chancen und Risiken sowie an den Verfügungs- und Informationsrechten. Zwischen diesen Idealtypen gibt es finanzierungspraktisch eine Vielzahl von Mischformen, für die sich fallweise auch die Bezeichung Mezzaninefinanzierung etabliert hat. Besteht Interesse daran, Finanzierungsverträge eindeutig der Eigenfinanzierung oder der Fremdfinanzierung zuzuordnen, muss aus dem Katalog der Abgrenzungskriterien jedoch eines herausgegriffen werden.

20
Eigen- und Fremd-finanzierung: Idealtypen

Bei der letztinstanzlichen Abgrenzung zwischen Eigenfinanzierung und Fremdfinanzierung gibt es kein zwingendes Argument für ein bestimmtes Kriterium. Hier wird vorgeschlagen, aus Gründen der Praktikabilität die Insolvenz heranzuziehen, da zu diesem Kriterium die Insolvenzordnung und eine dichte Rechtsprechung zur Verfügung stehen. Entsprechend ergibt sich die folgende Definition:

21
Insolvenz letztinstanzliches Abgrenzungs-kriterium

---

[48] Vgl. Swoboda (1981), S. 18.
[49] Vgl. Bitz (2005), S. 10f.

> **Definition 3-1**
> **Eigenfinanzierung und Fremdfinanzierung**
>
> 1. Unter Fremdfinanzierung werden solche Finanzierungsverträge im engeren Sinne verstanden, die in der Insolvenz zur Anspruchsgruppe der Gläubiger gehören.
>
> 2. Unter Eigenfinanzierung werden solche Finanzierungsverträge im engeren Sinne verstanden, die in der Insolvenz nicht zur Anspruchsgruppe der Gläubiger gehören und die, wenn überhaupt, erst nach Befriedigung der Gläubiger bedient werden.

22
Gläubigerstatus der Forderung aus Versicherungsvertrag

Forderungen, die direkt auf einem Versicherungsvertrag beruhen und für die zusätzlich Rückstellungen gemäß § 66 Ia VAG gebildet worden sind, sind in der Insolvenz nicht auf die Stellung eines gewöhnlichen Gläubigers reduziert, sie haben vielmehr nach § 77a I VAG bei der Befriedigung aus den Werten des Sicherungsvermögens sogar Vorrang vor den Forderungen aller übrigen Insolvenzgläubiger.[50] Überträgt man Definition 3-1 auch auf Versicherungsverträge, sind sie eindeutig als Fremdfinanzierung zu qualifizieren.

23
Sondergesetze für Finanzierungsverträge

Wir hatten gesehen (Rn. 5), dass der Kassavertrag mit dem Rechtsinstitut Kauf im Wesentlichen im Bürgerlichen Gesetzbuch geregelt ist. Setzt man an obiger Abgrenzung von Eigenfinanzierung und Fremdfinanzierung an, lässt sich erkennen, dass die Rechtsordnung bei Finanzierungsverträgen tendenziell auf mehr Gesetze zurückgreift als bei Kassaverträgen:

- Fremdfinanzierung wird in der Grundform des Darlehens vom Bürgerlichen Gesetzbuch definiert. Ergänzend ist aber auch die Insolvenzordnung von großer Bedeutung, die die Ansprüche aus Fremdfinanzierungsverträgen gegenüber erfolglosen Unternehmen operationalisiert.

- Eigenfinanzierung in Form von Anteilen an OHG und KG wird basierend auf den Regelungen des Bürgerlichen Gesetzbuches zur Gesellschaft in den §§ 105-160 HGB (OHG) bzw. §§ 105-160, 161-177a HGB (KG) detaillierter geregelt. Anteile an GmbH und AG greifen neben den Regelungen des Bürgerlichen Gesetzbuches zum Verein sogar auf eigene Gesetze, nämlich das Gesetz betreffend die Gesellschaften mit beschränkter Haftung (GmbHG) und das Aktiengesetz (AktG), zurück. Bei einer Genossenschaft handelt es sich ebenfalls um einen Verein. Die Rechtsstellung des Genossen wird ergänzend im Gesetz betreffend die Erwerbs- und Wirtschaftsgenossenschaften (GenG) geregelt. Während Kreditinstitute in der Rechtsform der eingetragenen Genossenschaft gegründet werden dürfen (was im Umkehrschluss aus § 2a I KWG folgt),

---

[50] Vgl. Weigel [Prölls] (2005), § 77a, Rn. 4.

steht diese Versicherungsunternehmen nicht offen. Diese können vielmehr gemäß § 7 I VAG in der Rechtsform des Versicherungsvereins auf Gegenseitigkeit gegründet werden. Dieser wird ergänzend in den §§ 15-53b VAG geregelt.

Eine Erklärung für die tendenziell höhere gesetzliche Regelungsdichte bei Finanzierungsverträgen gegenüber Kassaverträgen liegt auf der Hand: Die besonderen Risiken, die aus dem zeitlichen Auseinanderfallen von Vorleistung und Gegenleistung resultieren (Rn. 63).

3.2 Degeneration der Gegenleistung beim Geld

Banknoten verbrieften in früheren Zeiten einen Anspruch auf spätere Gegenleistung in Form einer Tilgung zum Nennwert, nicht jedoch auf irgendeine Verzinsung. Vorzuleisten war hierfür gerade der Nennwert. Besagte Banknoten sind deshalb als Finanzierungsverträge im Sinne der Definition 2-1b) (Rn. 6) zu qualifizieren. Konkret handelte es sich um eine auf den Inhaber lautende, verbriefte schuldrechtliche Verpflichtung.[51] Mit der Aufhebung aller Einlösevorschriften ist dieser mittlerweile nur noch von staatlichen Stellen emittierte „Finanzierungsvertrag" allerdings auf interessante Weise degeneriert: Banknoten sind heutzutage keine Wertpapiere mehr, sondern reine Geldzeichen, die beim Emittenten niemals fällig werden.[52] Die Nachfrage nach Geld kann damit in einer modernen Geldtauschwirtschaft - von der wir in diesem Lehrbuch ausgehen wollen - nicht mehr mit der Aussicht auf Einlösung am Primärmarkt, sondern alleine mit der Aussicht auf Eintauschen am Sekundärmarkt erklärt werden. Ein solch vollständiges Fehlen einer Beendigungsperspektive für den Vorleistenden am Primärmarkt ist alleine beim Geld zu beobachten.

24
Weggefallene Gegenleistung am Primärmarkt

Bei Kassaverträgen dient Geld seinerseits heute in modernen Geldtauschwirtschaften als Medium für die Bereitstellung der Leistung oder der Gegenleistung. Der Tausch vollzieht sich hier nach dem Muster „Ware (oder Dienstleistung) gegen Geld". Anders verhält es sich bei Finanzierungsverträgen. Hier dient Geld im Regelfall als Medium der Bereitstellung von Vorleistung und Gegenleistung, sodass dieser zeitverzögerte Tausch nach dem Muster „Geld gegen Geld" abläuft. Dies ist ein beachtliches Phänomen, weil damit eine moderne Geldtauschwirtschaft nicht alleine den indirekten Tausch von Waren und Dienstleistungen zu gleichen Zeitpunkten mittels

25
Geld als Medium in anderen Tauschverträgen

---

51 Vgl. Goldschmidt (1864), S. 1224, in Verbindung mit Hahn (1990), S. 76.
52 Vgl. Hahn (1990), S. 75f.

Geld impliziert, sondern auch den Tausch von Geld zu verschiedenen Zeitpunkten mittels Finanzierungsverträgen.[53] Ähnlich wie bei Kassaverträgen vollzieht sich auch bei Terminverträgen der Tausch häufig nach dem Muster „Ware (oder Dienstleistung) gegen Geld". Allerdings wird beispielsweise ein Terminkauf von Kupfer häufig nicht durch die physische Lieferung des Kupfers an den Terminkäufer abgewickelt, sondern durch die Zahlung der Differenz zwischen dem zur Erfüllung gültigen Kupferkassapreis und dem im Terminvertrag vereinbarten Basispreis. Das Kupfer selbst kann sich der Terminkäufer dann bei den üblichen Bezugsquellen beschaffen. Es kommt also zu einer Arbeitsteilung zwischen Terminbörse und Kassahandel.

26
Gekoppelte Tauschverträge

Nicht nur der „degenerierte" Finanzierungsvertrag Geld kommt als Medium der Bereitstellung von (Vor-)Leistung oder Gegenleistung bei Tauschgeschäften in Frage. Termingeschäfte können beispielsweise auch das Tauschmuster „Finanzierungsvertrag gegen Geld" annehmen. Dies ist etwa beim Devisentermingeschäft der Fall. Handelt es sich um ein Fixgeschäft, verpflichtet sich der Verkäufer, den Finanzierungsvertrag „Sichteinlage in fremder Währung" gegen einen im Voraus bestimmten Geldbetrag an den Käufer zu liefern. Tauschverträge können also miteinander gekoppelt werden.

27
Status Quo der Geldtheorie

Für den aktuellen Stand der Geldtheorie[54] scheint im Kontext dieses Lehrbuches von besonderer Bedeutung, dass sie „Liquidität" vielfach als eine 0-1-Eigenschaft auffasst, die alleine dem (degenerierten) Finanzierungsvertrag Geld anhaftet, nicht jedoch als eine abgestufte Eigenschaft beliebiger Finanzierungsverträge.[55] Dass der Liquiditätsbegriff in unserer Untersuchung neben Rn. 79-86 einer tiefer gehenden Betrachtung unterzogen wird, ließe sich daher auch geldtheoretisch motivieren.

---

[53] Eher feuilletonistisch sei an dieser Stelle auf die etwas unglückliche Begriffsbildung „Geldmarkt" hingewiesen. Wenn der Kochtopfmarkt der Markt ist, an dem Kochtöpfe gegen Geld eingetauscht werden, dann liegt der Schluss nahe, dass der Geldmarkt der Markt ist, an dem Geld gegen Geld getauscht wird – ohne den ausdrücklichen Hinweis, dass hierbei eine zeitliche Verwerfung zwischen Geldvorleistung und Geldgegenleistung, also ein Finanzierungsvertrag vorliegt, ein eher überraschender Vorgang.

[54] Für einen Überblick vgl. Thieme (1993).

[55] Explizit ist dieser Standpunkt schon früh zu finden, etwa bei Keynes (1936), S. 166, bei Marschak (1938), S. 323, und auch immer noch bei Hicks (1962), S. 791. Ähnlich sieht es oftmals auch die neben Rn. 126 näher beschriebene Neuere Theorie der Finanzintermediation; vgl. Dewatripont/Tirole (1993), S. 103.

3.3 Die Investition in Finanzierungsverträge als spezielles Entscheidungsproblem

3.3.1 Der Status Quo der Investitionstheorie

Finanzierungsverträge sind durch ein zeitliches Auseinanderfallen von Vorleistung und Gegenleistung gekennzeichnet. Definieren wir - wie vielfach üblich - eine Investition als einen Prozess, der zu unterschiedlichen Zeitpunkten zu Auszahlungen und Einzahlungen führt, wobei die erste Zahlung aus Sicht des Investors eine Auszahlung ist[56], dann fällt die in Form von Geld erbrachte Vorleistung in einen Finanzierungsvertrag hierunter. Leistungen und Gegenleistungen im Zusammenhang mit Kassaverträgen und Terminverträgen sind hingegen keine Investitionen.

28
Vorleistung ist
Investition

Die Auswahl aus pekuniären Vorleistungen in verschiedene Finanzierungsverträge ist damit eine Investitionsentscheidung. Unter der Investitionstheorie kann eine normative Wissenschaft verstanden werden, die Regeln formuliert und begründet, wann eine oder mehrere Investitionen vorteilhaft sind.[57] Die nachfolgenden investitionstheoretischen Passagen sind zunächst allgemeiner Natur. Sie gehen dann mehr und mehr auf die spezielle Frage ein, welche Beiträge die Investitionstheorie speziell zur Fundierung von Investitionsentscheidungen in Finanzierungsverträge aktuell leisten kann.

Parallel zur Entwicklung ihres Fachgebietes hat die Investitionstheorie diverse Szenarien für Investitionsentscheidungen herausgearbeitet, und zwar bezüglich folgender Alternativenpaare:

29
Szenarien für
Investitions-
entscheidungen

1. Auseinanderfallen vs. Deckungsgleichheit von Sollzins und Habenzins (Vollkommenheitsgrad der Finanzmärkte),
2. Sicherheit vs. Unsicherheit,
3. Einzelinvestitionsentscheidungen vs. Investitionsprogrammentscheidungen,
4. Freiheit vs. Anwesenheit von Rationierungsphänomenen (nochmals Vollkommenheitsgrad der Finanzmärkte),
5. Vernachlässigung vs. Berücksichtigung von Steuern.

Der nachfolgende Überblick über die wichtigsten Entwicklungslinien der Investitionstheorie orientiert sich an eben diesen fünf Alternativenpaaren. Sollte der Leser Bedarf an einer vertieften, insbesondere formalen Darstellung haben, wird er um etwas Geduld gebeten (Rn. 53-86).

---

[56] Sinngemäß bei Kruschwitz (2005), S. 4.
[57] Ähnlich Hax (1993), S. 9.

3.3.1.1 Auseinanderfallen vs. Deckungsgleichheit von Sollzins und Habenzins (Vollkommenheitsgrad der Finanzmärkte)

Die Auswahl einer Optimalalternative aus einem Katalog durchführbarer Investitionsprojekte wollen wir als Einzelinvestitionsentscheidung bezeichnen. Bereits sie erfordert den Vergleich von Zahlungsreihen[58]. Zahlungsreihen sind mehrdimensionale Größen oder Vektoren. Deren Vergleich ist allein schon in mathematischer Hinsicht ein komplexes Problem. Wesentlich einfacher zu beurteilen wäre der Sachverhalt, wenn man die mehrdimensionalen Zahlungsreihen auf eindimensionale Größen, also auf Skalare, reduzierte, indem man alle ihre Elemente auf einen bestimmten Zeitpunkt bezieht. Die Skalare könnten dann am Zahlenstrahl unmittelbar miteinander verglichen werden und wären so auch einer Optimierung zugänglich.

Damit jedoch stellt sich die Frage nach der Wahl der zeitlichen Bewegungsrichtung. Wie sich nun aber die Existenz der Entscheidungsträger von der Vergangenheit über die Gegenwart in die Zukunft bewegt, so macht im Allgemeinen auch nur die Übersetzung von Zahlungsgrößen in Richtung Zukunft Sinn (in der Sprache unseres Modells gesprochen: von t=0 in Richtung t=2). Das einfache Beispiel des Kontoauszuges, den wir von unserer Bank ja auch nur für die vergangenen drei Monate hochgerechnet auf den Quartalsultimo erhalten, macht dies deutlich. Die Unmöglichkeit, am Quartalsultimo einen Kontoauszug für die kommenden drei Monate zu erhalten, würde man intuitiv vielleicht mit der Unsicherheit der anfallenden Zahlungen begründen. Dieses Argument trifft aber nicht alleine den Kern. Selbst dann, wenn alle Elemente der Zahlungsreihe mit Sicherheit prognostizierbar sind, wird nämlich erst durch die Vorwärtsrechnung über die Zeit klar, in welchen Perioden Zahlungsmitteldefizite und in welchen Zahlungsmittelüberschüsse anfallen und wie hoch diese jeweils sind. Dies ist von entscheidender Bedeutung, weil im Allgemeinen jeweils unterschiedliche Zinssätze zur Anwendung kommen, welche im Wirtschaftsleben auch als „Sollzinsen" bzw. „Habenzinsen" bezeichnet werden. Die Höhe des zu einem bestimmten Zeitpunkt anfallenden Zahlungsmittelsaldos und der jeweils anzuwendende Zins wirken sich aber wiederum auch auf den nächsten Zeitpunkt der Rechnung aus usw. Aufgrund des Abweichens des Sollzinses vom Habenzins kommt es zu einem komplexen intertemporalen Zusammenhang. Er ist ohne Hilfsmittel im Allgemeinen nur durch die erwähnte Vorwärtsrechnung der einzelnen Elemente der Zahlungsreihe unter expliziter Berücksichtigung aller Anlage- und Aufnahmeaktivitäten abzubilden. Hilfsmittel hierbei wie etwa Computer entziehen die Rechnung schnell einem breiten Verständnis.

---

[58] Vgl. Boulding (1936), S. 196.

Die Vorwärtsrechnung endet sinnvoll dann, wenn auch die Zahlungsreihe des am längsten laufenden Investitionsprojektes keine weiteren Elemente mehr aufweist (in unserer einfachen Modellwelt also in t=2). Das derart erstellte Rechenwerk bezeichnet die Investitionstheorie häufig als Vollständigen Finanzplan, seinen finalen Saldo als Endvermögen.[59] Dieses ist ein Skalar. Auswahlentscheidungen aus sicheren Zahlungsreihen lassen sich also in Anlehnung an das konkrete Wirtschaftsleben durchaus sinnvoll nach dem Kriterium der Endvermögensmaximierung treffen.

Das soeben beschriebene Auseinanderfallen von Sollzins und Habenzins stellt eine Unvollkommenheit des Finanzmarktes dar, für die in der Theoriewelt des Walrasianischen Paradigmas kein Platz ist. Notwendige, wenn auch nicht hinreichende Bedingung für die Vollkommenheit des Finanzmarktes ist vielmehr die Gleichheit beider Größen.[60] Solche Vollkommenen Finanzmärkte eröffnen der Investitionsrechnung neue Perspektiven.

*31
Kapitalwert*

Geht man von der oben skizzierten, auch bei Unvollkommenheit des Finanzmarktes realisierbaren Endvermögensrechnung mit Hilfe des Vollständigen Finanzplanes aus, wird diese durch die Gleichheit von Sollzins und Habenzins bereits insofern erleichtert, als sich die intertemporalen Abhängigkeiten nun zu konstanter Rate ergeben. Dies aber bringt es mit sich, dass die Investitionsrechnung gar nicht mehr explizit die einzelnen Anlage- und Aufnahmeaktivitäten zu berücksichtigen braucht. Vielmehr ist im Kontext des Vollkommenen Finanzmarktes auch eine implizite Berücksichtigung des Zinssatzes im Wege der Aufzinsung möglich.[61] Hinzu kommt, dass unter der Prämisse des Vollkommenen Finanzmarktes die zeitliche Bewegungsrichtung für die Übersetzung der Zahlungsgrößen problemlos durch Abzinsung[62] umgekehrt werden kann (hier: in Richtung t=0): An Vollkommenen Finanzmärkten und bei sicher prognostizierbaren Zahlungsströmen würde die Bank auch einen Kontoauszug für die Zukunft ausstellen! Dies ermöglicht es insbesondere, die Elemente der Zahlungsreihe auf den Entscheidungszeitpunkt (t=0) zu beziehen, die Gegenwart. Zinst man alle Elemente der Zahlungsreihe eines Investitionsprojektes mit dem eindeutig vorgegebenen Kalkulationszins des Vollkommenen Finanzmarktes auf die Gegenwart ab und summiert man die sich ergebenden Werte, gelangt man zu der wohl wichtigsten investitionstheoretischen Kennzahl – dem Kapitalwert. Er kann unmittelbar zum Vermögen des Entscheidungsträgers in Beziehung gesetzt werden. Das Entscheidungsproblem wird auf den Entscheidungszeitpunkt übersetzt.[63]

---

59 Vgl. Kruschwitz (2005), S. 46-52.
60 Vgl. Hirshleifer (1958), S. 330 und S. 333.
61 Vgl. zum Verfahren der Aufzinsung Blohm/Lüder (1995), S. 57.
62 Vgl. zum Verfahren der Abzinsung ebd., S. 57.
63 Vgl. die Beweisführung von Hax (1993), S. 33f.

Der Kontrapunkt aus Vollkommenheit und Unvollkommenheit des Finanz-marktes wird in der Investitionstheorie nicht nur an dem Kriterium festge-macht, ob der Sollzins dem Habenzins entspricht. Während Vollkommenheit von Märkten sich einfach und eindeutig greifen lässt (Walrasianisches Para-digma, Rn. 19), kann man sich mannigfaltige Unvollkommenheiten vorstel-len. Im Zusammenhang mit Finanzierungsverträgen manifestieren sich diese neben den erwähnten Divergenzen zwischen Sollzins und Habenzins insbe-sondere in

- Mengenbeschränkungen bei der Bereitstellung von Zahlungsmitteln durch den Finanzmarkt (so genannte „Rationierung"[64]),

- der Aufnahme von Sicherheiten und weiterer Nebenabsprachen in den Finanzierungsvertrag[65] sowie

- der Existenz von Unternehmen, innerhalb derer insbesondere Investiti-onsentscheidungen getroffen werden[66].

Die Möglichkeit von Mengenbeschränkungen ist charakteristisch für eine spätere Entwicklungslinie der Investitionstheorie, die weiter unten noch dargestellt wird (Rn. 38-40).

3.3.1.2 Sicherheit vs. Unsicherheit[67]

Die finanzmathematischen Grundlagen der Investitionstheorie sind zum Teil bereits mehrere Jahrhunderte alt. So erscheint der Abzinsungsgedanke (jen-seits aller späteren Debatten um Vollkommene und Unvollkommene Fi-nanzmärkte) bereits in den Zinstafeln des Simon Stevin 1582 und wird von Gottfried Wilhelm Leibniz 1682 moralisch-juristisch gerechtfertigt.[68]

Ursprünge der Investitionstheorie im eigentlichen Sinne stellen insbesonde-re Schriften der Österreichischen Schule (vgl. auch Rn. 49-52) und des ame-rikanischen Ökonomen Irving Fisher dar. So wurde das bereits neben Rn. 31 beschriebene Kriterium des Kapitalwertes zunächst durch den Österreicher

---

64 Vgl. Kaiser (1992), S. 529.
65 Vgl. Rudolph (1984), S. 16, sowie für den angelsächsischen Sprachgebrauch Smith/Warner (1979), S. 117.
66 Vgl. Coase (1937), S. 390, der die Existenz von Unternehmen auf „cost of using the price mechanism" zurückführt. Bei diesen Kosten handelt es sich um eine Art der erwähnten Transaktionskosten, die eine Marktunvollkommenheit darstellen.
67 Der bisweilen im betriebswirtschaftlichen Schrifttum, etwa bei Hax (1993), S. 122, anzutreffende Sprachgebrauch von den „unsicheren Erwartungen" ist kritisch zu sehen. Denn nicht die Erwartung (interpretiert als Erwartungswert) ist unsicher, sondern vielmehr die ihr zugrunde liegende Zufallsvariable.
68 Vgl. Schneider (2001), S. 782f.

Friedrich von Wieser umschrieben[69] und durch Irving Fisher wesentlich präzisiert.[70]

In beiden Fällen unterstellen die Autoren im Kern neben der Vollkommenheit des Finanzmarktes, dass die Rückzahlungen aus einer Investition dem Grunde und der Höhe nach mit Sicherheit erfolgen. Dies erkennt man besonders gut, wenn man sich die dogmengeschichtlichen Ursprünge des nach dem Kapitalwert zweitwichtigen Investitionskriteriums anschaut, nämlich des Internen Zinsfußes. Nach heutiger Lesart handelt es sich hierbei um den Kalkulationszins zum Kapitalwert Null.[71] Dieses investitionstheoretische Kriterium wird bereits von Eugen von Böhm-Bawerk skizziert. Für ihn ist bei der Beurteilung der „Rentabilität von Produktionsumwegen" auf den „relativen Nullpunkt"[72] abzustellen, in dem der (!) Kalkulationszins bereits berücksichtigt ist. Das „Principle of Return over Cost" bei Irving Fisher deckt sich mit von Böhm-Bawerks relativem Nullpunkt.[73] (Im Gegensatz zu ihm expliziert Fisher aber bereits, dass das Verfahren Vollkommene Finanzmärkte unterstellt.[74] Dieses Vollkommenheitserfordernis wird in späteren investitionstheoretischen Untersuchungen bisweilen vernachlässigt.[75]) Sowohl der Österreicher als auch der Amerikaner wenden im Übrigen das Kriterium des Internen Zinsfußes durch direkten Abgleich mit dem Marktzins, also insbesondere ohne Berücksichtigung einer Risikoprämie, an.[76] Hieraus folgt, dass in dieser Phase der dogmengeschichtlichen Entwicklung der Investitionstheorie im Wesentlichen unterstellt wird, dass die Rückflüsse aus einem Investitionsprojekt dem Grunde und der Höhe nach mit Sicherheit erfolgen.

Aus der Kombination der beiden Annahmen, also des Vollkommenen Finanzmarktes und der Sicherheit, ergibt sich ein wichtiges Resultat: Die optimale Investition wird eindeutig dadurch bestimmt, dass man die Internen Zinsfüße der verschiedenen Investitionsprojekte mit dem eindeutig vorgegebenen Marktzins abgleicht. Ausgehend von dieser vorgegebenen optimalen Investitionsentscheidung entscheidet ein Individuum dann gemäß seiner Gegenwartspräferenz, wie es seine Konsummöglichkeiten optimal auf Ge-

---

[69] Vgl. Wieser (1891/1929), S. 43-45.
[70] „The Principle of Maximum Present Value"; Fisher (1930/1970), S. 175.
[71] Vgl. Hax (1993), S. 15.
[72] Böhm-Bawerk (1921), S. 11.
[73] Fisher (1930/1970), S. 175. Erste Ansätze des Gedankens sind bei Fisher auch schon in „The Nature of Capital and Income" von 1906 und „The Rate of Interest" von 1907 zu finden; vgl. Schneider (2001), S. 758, Fn. 638.
[74] Vgl. Fisher (1930/1970), S. 100.
[75] Bereits der Aufsatz von Alchian (1955), S. 938, geht auf die Voraussetzung Vollkommener Finanzmärkte nicht mehr ein.
[76] Vgl. Böhm-Bawerk (1921), S. 11, bzw. Fisher (1930), S. 175.

genwart und Zukunft verteilt.[77] Die Unabhängigkeit des ersten Optimierungsproblems vom zweiten bezeichnet man heute als Fisher-Separation.

Auch wenn Fisher also im Wesentlichen von einer eindeutigen Rendite ausging, hatte er partiell bereits angedeutet, dass Träger von Investitionsentscheidungen sich sehr wohl in Unsicherheit bewegen und deshalb auch das Risiko berücksichtigen müssen, mit dem die Rückflüsse aus einer Investition behaftet sind. In diesem Zusammenhang weist er auf die Möglichkeit einer Risikoprämie im Zins bereits hin.[78]

An diesem Konzept der Risikoprämie setzt die noch heute dominierende Entwicklungslinie der Investitionstheorie unter Berücksichtigung von Unsicherheit an. Ihre ersten Fisher nachfolgenden Beiträge sind interessanterweise dem Bereich der Geldtheorie zuzuordnen. Die Faszination dieses am Primärmarkt nicht mehr fällig werdenden Finanzierungsvertrages ließ insbesondere Hicks und Marschak[79] darauf rekurrieren, dass er an funktionierenden Sekundärmärkten stets zu einer nominal festen Rate eingetauscht wird. Dieses zumindest nominal geringe Risiko könne einen Ausgleich für die Unverzinslichkeit des Geldes darstellen.

Aus diesen zunächst rein geldtheoretischen Überlegungen hat sich anschließend der so genannte „Mean-Variability-Approach" der Investitionstheorie entwickelt, der voraussetzt, dass sich die Unsicherheit der Rückflüsse aus Investitionen mittels Wahrscheinlichkeitsverteilungen beschreiben lässt. Von diesen Wahrscheinlichkeitsverteilungen wiederum wird angenommen, dass sie durch zwei stochastische Momente jeweils hinreichend charakterisiert sind, den Erwartungswert und die Varianz der Rückflüsse aus dem jeweiligen Investitionsprojekt. (Statt der Varianz wird fallweise auch die Standardabweichung als positive Wurzel aus der Varianz herangezogen.) Wird die mittels der Varianz oder der Standardabweichung gemessene Variabilität der Rückflüsse als nachteilig empfunden, muss sie potenziellen Investoren mittels einer Risikoprämie in der erwarteten Ertragsrate abgegolten werden.[80]

Neben der Berücksichtigung der Unsicherheit machte die Entwicklungslinie des Mean-Variability-Approach im Gefolge der Schriften von Hicks und Marschak einen weiteren wichtigen Schwenk in der Konzeption. Seit den fünfziger Jahren des letzten Jahrhunderts ist hier nicht mehr die Bestimmung einer optimalen Investition das Ziel der Analyse, sondern vielmehr die Bestimmung eines optimalen Programms von Investitionen. Die Investi-

---

[77] Vgl. Fisher (1930/1970), S. 271f.
[78] Vgl. ebd., S. 78.
[79] Vgl. Hicks (1935), S. 7f., und Marschak (1938), S. 320.
[80] Vgl. Hirshleifer (1965), S. 518.

tionstheorie beschritt kurz nach der Berücksichtigung von Unsicherheit auch das Feld der Investitionsprogrammentscheidungen.

3.3.1.3 Einzelinvestitionsentscheidungen vs. Investitionsprogrammentscheidungen

Wie gesehen, kann eine Investitionsentscheidung dadurch gekennzeichnet sein, dass nur eine Investition aus einem Katalog sich gegenseitig ausschließender Projekte durchgeführt werden kann. Diese Konstellation wollen wir als Einzelinvestitionsentscheidung bezeichnen. Besteht hierbei das Spektrum der zur Entscheidung stehenden Investitionsprojekte aus einem Investitionsprojekt und der Unterlassensalternative, soll im Folgenden von einer Einprojekt-Einzelinvestitionsentscheidung die Rede sein; das Projekt konkurriert dann ausschließlich mit dem Status Quo. Konkurrieren hingegen mehrere sich gegenseitig ausschließende Investitionsprojekte gegeneinander und gegebenenfalls auch gegen den Status Quo, so wollen wir von Mehrprojekt-Einzelinvestitionsentscheidungen sprechen.

Entgegengesetzt zu den Einzelinvestitionsentscheidungen verhält es sich bei den Investitionsprogrammentscheidungen. Hier stehen zwar wie bei den Mehrprojekt-Einzelinvestitionsentscheidungen mehrere Investitionsprojekte zur Disposition. Sie schließen sich aber nicht mehr gegenseitig aus, sondern sind vielmehr grundsätzlich miteinander kompatibel. Die im Sinne der Investitionstheorie optimale Lösung kann also auch in der Realisation mehrerer Investitionsprojekte bestehen. Eine Auswahl trifft ein Investor sowohl bei der Mehrprojekt-Einzelinvestitionsentscheidung als auch bei der Investitionsprogrammentscheidung:

35
Gegenseitiger
Ausschluss der
Projekte vs.
Kompatibilität

Abbildung 3-1 | *Grundtypen von Investitionsentscheidungen*

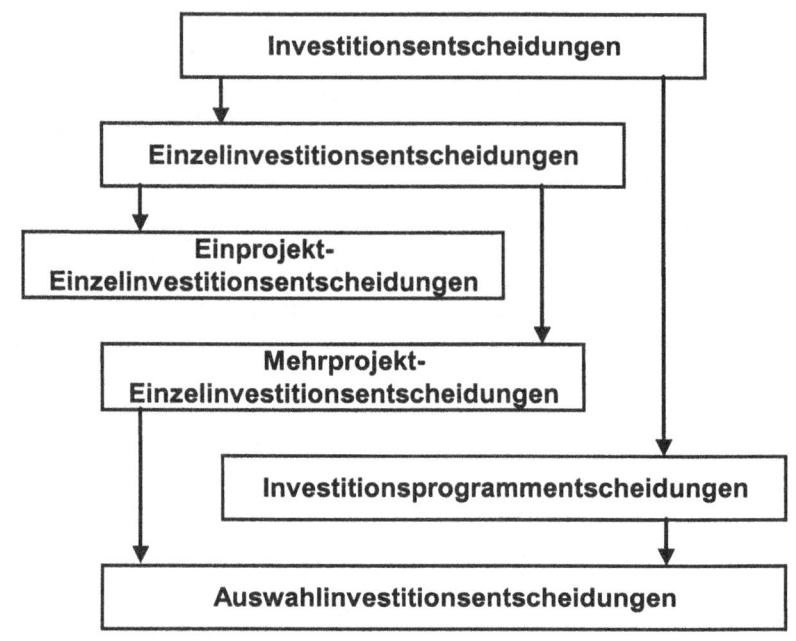

36
*Portfolio-
theorie, CAPM
und Tobin-
Separation*

Bei Unsicherheit sind Investitionsprogrammentscheidungen von besonderem Interesse. Verteilt ein Investor nämlich seine Vorleistungen auf mehrere, sich eben nicht gegenseitig ausschließende Investitionsprojekte, ist das (mit Hilfe der Varianz oder der Standardabweichung gemessene) Risiko des Gesamtinvestments in aller Regel kleiner als die gewichtete Summe der Risiken der Einzelinvestments.[81] Die vor allem auf dieser Erkenntnis beruhende Portfoliotheorie stellt eine Weiterentwicklung des Mean-Variability-Approach dar. Sie ist wesentlich mit den Namen von Harry M. Markowitz und James Tobin verbunden.[82]

Durch Übertragung des Portfoliogedankens auf die Frage, wie Investitionsprojekte, insbesondere Finanzierungsverträge, an Märkten zu bewerten sind, gelangt eine bestimmte Theorierichtung zum Capital Asset Pricing Model,

---

[81] Vgl. zur formalen Herleitung dieser Aussage Rn. 71f.
[82] Vgl. den Aufsatz von Markowitz (1952) sowie dessen Lehrbuch von (1959) sowie den analog zu Hicks (1935) und Marschak (1938) der Geldtheorie entstammenden Aufsatz von Tobin (1958).

kurz CAPM, das auf Sharpe, Lintner und Mossin zurückgeht.[83] Hier ist der Kalkulationszins nicht mehr vollumfänglich exogen. Die Bewertung der Investitionsobjekte, insbesondere der Finanzierungsverträge, ist vielmehr Teil des Modells, sie ist endogen.

Welche Handlungsempfehlungen gibt das CAPM nun für Investitionsprogrammentscheidungen? Zentral ist folgende: Zunächst ist mit Hilfe des vom Vollkommenen Finanzmarkt stammenden, eindeutigen Zinssatzes für risikofreie Anlagen und Aufnahmen das unabhängig der individuellen Risikoeinstellung optimal gemischte Portfolio zu bestimmen, in das grundsätzlich alle am Markt vorhandenen Investitionsmöglichkeiten eingehen. Erst in einer zweiten Stufe wählt der individuelle Anleger dann anhand seiner eigenen Risikopräferenz die für ihn optimale Mischung aus risikofreier Anlage und Marktportfolio. Die Unabhängigkeit des ersten Optimierungsproblems vom zweiten wird häufig auch als Tobin-Separation bezeichnet.[84]

Es ist mehr als bemerkenswert, dass das an sich für Investitionsprogrammentscheidungen ausgelegte CAPM zunehmend auch in Richtung von Einzelinvestitionsentscheidungen interpretiert wird. So sollen etwa die Kalkulationszinsfüße bei Unternehmensbewertungen aus dem Modell abgeleitet werden.[85] Hierzu wird die an sich simultane, zeitpunktbezogene Lösung des Investitionsproblems in einen Prozess verwandelt, der aus folgenden Einzelschritten besteht:

37
β-Faktor

1. Zunächst wird das Marktportfolio, also das aus Sicht aller Investoren unabhängig von ihrer Risikopräferenz optimal gemischte Portfolio bestimmt.
2. Sodann werden mit Hilfe des so genannten „β-Faktors" die Interdependenzen des besagten Einzelprojektes mit dem Marktportfolio quantifiziert. (Der β-Faktor steht für den stochastischen Zusammenhang zwischen der Rendite eines einzelnen Investitionsprojektes und der Rendite des Marktportfolios und bringt das Systematische Risiko des Einzelprojektes zum Ausdruck. Bei einem β-Faktor absolut größer 1 reagiert das einzelne Investitionsprojekt überproportional auf Renditeänderungen am Markt. Liegt der Faktor absolut zwischen 0 und 1, ist das Reaktionsverhalten entsprechend unterproportional.) Hierbei muss klar gesehen werden, dass zu diesem Zeitpunkt das zur Disposi-

---

[83] Vgl. Sharpe (1963), Sharpe (1964), Lintner (1965) und Mossin (1966). Trotz aller späteren Lehrbücher unverändert beispielhaft ist die Gesamtdarstellung von Fama/Miller (1972), Kapitel 5-7.

[84] Vgl. Fama/Miller (1972), S. 281f. und S. 289.

[85] Vgl. IDW (2000), S. 838. Die Vielzahl der mittlerweile im Internet abrufbaren β-Faktoren ist ein weiterer Beleg für diese Entwicklung, da diese Größen bei Investitionsprogrammentscheidungen mit Hilfe des CAPM eine Quantité Négligeable darstellen.

tion stehende Einzelprojekt in diesem Marktportfolio noch gar nicht enthalten ist. Hilfsweise wird unterstellt, dass sich das Marktportfolio und damit auch der β-Faktor durch Aufnahme des in Rede stehenden Einzelprojektes in das Investitionsprogramm nicht substantiell verändern würden.

3. Im letzten Schritt wird schließlich auf der Grundlage des derart hergeleiteten β-Faktors die geforderte Rendite für dieses Einzelprojekt berechnet und dessen Vorteilhaftigkeit beurteilt.

3.3.1.4 Freiheit vs. Anwesenheit von Rationierungsphänomenen (nochmals Vollkommenheitsgrad der Finanzmärkte)

38
Kreditlinien

An Unvollkommenen Finanzmärkten kann nicht mehr verlässlich davon ausgegangen werden, dass beliebige Beträge zur Aufnahme bereitgestellt bzw. zur Anlage absorbiert werden. Es kann vielmehr zu mengenmäßigen Beschränkungen und damit zu Rationierungsphänomenen kommen. Ein Beispiel hierfür sind die in der Bankpraxis häufig zu beobachtenden, festen Kreditlinien. In etwa zeitgleich mit der Weiterentwicklung des Mean-Variability-Approach zum Kapitalmarktmodell CAPM und der Entdeckung moderner Verfahren zur Lösung Linearer Programme[86] hat eine weitere Entwicklungslinie der Investitionstheorie solchen Rationierungsphänomen Rechnung getragen[87]. Nicht nur bei Unsicherheit, sondern auch bei nur begrenzt zur Verfügung stehenden Zahlungsmitteln liegen Investitionsprogrammentscheidungen gedanklich nahe. Die Knappheit der finanziellen Ressourcen wird hier in einem Linearen Programm mit Hilfe einer zunächst als Ungleichung formulierten Nebenbedingung berücksichtigt.

Einige dieser Ansätze der Linearen Programmierung rekurrieren auf eine Zielfunktion in Form eines Kapitalwertes.[88] Da die Modelle sich jedoch in einer Theoriewelt Unvollkommener Finanzmärkte bewegen, stellt dies einen inneren Widerspruch dar. Am Unvollkommenen Finanzmarkt kann ja gerade nicht zuverlässig von einem eindeutig durch die Identität von Sollzins und Habenzins vorgegebenen Kalkulationszins ausgegangen werden, den das Kapitalwertkonzept konstitutiv voraussetzt.[89]

---

[86] Vgl. Dantzig (1951), S. 339.
[87] Maßgeblich sind die Arbeiten von Massé/Gibrat (1957), Weingartner (1963) sowie Hax (1964).
[88] So zum Beispiel Laux (1969), S. 19.
[89] Vgl. Hax (1964), S. 431.

Aus diesem inneren Widerspruch entspringt auch die Debatte um die angebliche Wiederanlageprämisse des Internen Zinsfußes.[90] Der Interne Zinsfuß spiegelt bekanntlich gleichermaßen die Kreditkosten wider, zu denen Zahlungsmitteldefizite bei einem Investitionsprojekt gedeckt werden, wie auch die Anlagezinsen, zu denen zwischenzeitlich eventuell anfallende Überschüsse verzinslich geparkt werden können. Weicht nun am Finanzmarkt der Sollzins vom Habenzins ab, lassen sich die Aussage des Internen Zinsfußes und die Finanzierungswirklichkeit nicht mehr in Einklang bringen. Den entstehenden Widerspruch versucht man damit zu heilen, dass bei differierenden Soll- und Habenzinsen die Wiederanlage von gegebenenfalls anfallenden Überschüssen nicht am Finanzmarkt, sondern im Investitionsprojekt selbst zu erfolgen habe. Dies dürfte bei realtypischen Investitionen vielfach kaum darstellbar sein, da sie nicht in beliebigen Teilgrößen zur Verfügung stehen. Vom genauen Gegenteil geht zudem die Herleitung des Internen Zinsfußes aus: Hier werden Überschüsse ja gerade am Finanzmarkt und nicht im Investitionsprojekt angelegt.

39
Wiederanlage-
prämisse

Lineare Investitionsprogramme sind ähnlich wie das CAPM regelmäßig keine Verfahren, die Menschen als Entscheidungsträgern eine schnelle, dezentrale Entscheidung ermöglichen – schon gar nicht in der Art von Einzelinvestitionsentscheidungen. Vielmehr impliziert die Lösung des Linearen Programms die Entscheidung über jedes einzelne Investitionsprojekt. Und da das CAPM wie auch die Linearen Programme unter realitätsnahen Bedingungen zudem einen hohen Komplexitätsgrad aufweisen, bleibt diese Lösung gewöhnlich Computern überlassen. Vor diesem Hintergrund verwundert es nicht, dass bei Linearen Investitionsprogrammen in gewisser Ähnlichkeit zum CAPM versucht wird, die Praxisanwendung durch eine Zerlegung in Einzelschritte zu vereinfachen.[91]

40
Gesamt-
entscheidung
beinhaltet
Einzel-
entscheidung

3.3.1.5 Vernachlässigung vs. Berücksichtigung von Steuern

Man mag sich an dieser Stelle fragen, warum bei Investitionsrechnungen überhaupt Steuern zu berücksichtigen sind, da ja grundsätzlich jedes Investitionsprojekt ebenso wie eine Investition am Finanzmarkt Gegenstand der Besteuerung ist. Allerdings kann das komplexe Steuersystem verschiedene Investitionsprojekte und die Unterlassensalternative in unterschiedlicher Weise treffen. Die Rangfolge von Investitionsprojekten und deren Vorziehenswürdigkeit müssen nach Steuern keineswegs mit denen vor Steuern übereinstimmen, was als „Steuerparadoxon" bekannt ist. Um nun aber die entscheidungsrelevanten Aspekte des Steuersystems in das Kalkül zu integ-

41
Steuerparadoxon

---

[90] Ausgangspunkt des Missverständnisses ist wohl der Aufsatz von Salomon (1956), speziell S. 126.

[91] Vgl. zu Einzelschritten eines konkreten Verfahrens Kruschwitz (2005), S. 266f.

rieren, müssen auf der Grundlage der Kapitalwertmethode sowohl die Zahlungsreihen als auch der Kalkulationszins um Steuereffekte bereinigt werden. Der hieraus folgende Rechenaufwand ist bereits bei Einzelinvestitionsentscheidungen erheblich.[92] Ist der Kalkulationszins durch das Phänomen der Unsicherheit bereits in aller Regel um eine Risikoprämie zu bereinigen, wird seine Berechnung durch die zusätzliche Berücksichtigung der Steuern noch einmal komplexer. Man sprach bereits schlicht von einer „Überforderung" des Kalkulationszinses.[93] Bei Investitionsprogrammentscheidungen unter Berücksichtigung von Steuern nimmt der Komplexitätsgrad noch ein weiteres Mal zu.

3.3.2 Probleme der Investitionstheorie im Status Quo

42
Komplexität und Informationsbedarf hoch

Auf die soeben anhand von 5 Alternativenpaaren abgeschichtete Vielfalt möglicher Szenarien für Investitionsentscheidungen kann ein potenzieller Entscheidungsträger mit zwei grundlegenden Strategien reagieren:

Er kann zum einen die komplexeste, zugleich aber auch die meisten Freiheitsgrade bei der Modellierung offen haltende Variante wählen. Diese wäre durch folgende Eckpunkte gekennzeichnet:

- Der Sollzins kann vom Habenzins abweichen.

- Rationierungsphänomene an den Finanzmärkten werden berücksichtigt.

- Unsichere Rückflüsse aus Investitionsprojekten sind zulässig.

- Stochastische Abhängigkeiten zwischen Investitionsprojekten werden in Form eines Investitionsprogramms explizit erfasst.

- Die Auswirkungen des Steuersystems sowohl auf die Investitionsprojekte als auch auf die Unterlassensalternative werden modelliert.

Wo die Investitionstheorie nach den beschriebenen einzelnen Entwicklungslinien „nur wenig Neues hervorgebracht hat"[94], ist nicht bekannt, ob ein solch integratives Modell überhaupt formuliert, geschweige denn in die Tat umgesetzt worden ist. Es bedarf aber wohl keiner Erläuterung, dass die Komplexität seiner Struktur ebenso wie der Informationsbedarf enorm wären.

---

[92] Vgl. etwa Blohm/Lüder (1995), S. 120-137, und Haberstock/Breithecker (2005), S. 123-136.

[93] Krause (1973), S. 171f.

[94] Rolfes (1993), S. 692.

Die entgegengesetzte Strategie würde darin bestehen, für konkrete Entscheidungssituationen jeweils das reduzierte Eigenschaftenprofil des Modells herauszusuchen, das situativ am besten passt. Ein solches Vorgehen würde bei sich häufig strukturell ändernden Entscheidungssituationen allerdings beträchtliche Kosten verursachen. Folgte der Entscheidungsträger den Regeln der heutigen Investitionstheorie, würde er zudem auch bei partiell reduzierten Eigenschaftsprofilen immer noch ein komplexes und schwer handhabbares Modell erhalten. Dies gilt insbesondere für die beiden Prototypen der Investitionsprogrammentscheidungen: Lineare Programme kommen bei realitätsnaher Zahl der Investitions- und Finanzierungsprojekte kaum ohne Rechnerunterstützung aus. Für ein Unsicherheit auch in ihrer Interdependenz berücksichtigendes CAPM ist zudem der Informationsbedarf sehr hoch.[95] Investitionsprogrammentscheidungen machen ferner eine Dezentralisierung von Einzelinvestitionsentscheidungen, wie sie für arbeitsteilige Systeme charakteristisch ist, unmöglich. Die Berücksichtigung von Steuern schließlich kann selbst bei Einzelinvestitionsentscheidungen ein Problem beachtlichen formalen Ausmaßes sein.

Wollte ein Entscheidungsträger gewissenhaft den Empfehlungen der heutigen Investitionstheorie genügen, hätte er sich sehr enge Fesseln angelegt. Auf die Besonderheiten einer Investition in Finanzierungsverträge ginge er dennoch nicht ein.

3.3.3 Einige Beobachtungen aus der Finanzierungspraxis

3.3.3.1 Externes Rating

Betrachtet man nach diesen eher ernüchternden Praxisimplikationen der heutigen Investitionstheorie die Preisbildung in einzelnen Segmenten des Marktes für Finanzierungsverträge, ergibt sich in vielerlei Hinsicht ein interessanter Befund, beispielsweise in Bezug auf die Erfassung des Risikos.

43
Zusammenhang
Rating
und
Vorsteuerrendite

Unter einem Rating kann man in unserem Zusammenhang ein standardisiertes Urteil über die Fähigkeit eines Schuldners verstehen, seine Gegenleistungsverpflichtungen aus Finanzierungsverträgen vollständig und termingerecht zu erfüllen.[96] (Nicht gemeint sind hier also beispielsweise Ratings für Konsumgüter. Auch geht es nicht um den ebenfalls häufig als „Rating" bezeichneten Prozess, sondern um das Ergebnis des Prozesses.) Bezieht sich das Rating auf ein gesamtes Unternehmen und damit auf die Gesamtheit der vom Unternehmen schuldnerseitig kontrahierten Finanzierungsverträge, so

---

[95] Vgl. Sharpe (1963), S. 290f.
[96] So sinngemäß bei Munsch/Weiß (2002), S. 14.

spricht man von einem Emittentenrating. Bezieht es sich hingegen auf einzelne von ihm emittierte Finanzierungsverträge, so ist der Terminus Emissionsrating in Gebrauch.[97] Stammt das Urteil nicht von einer in diese Finanzierungsverträge vorleistenden Partei, sondern von einer auf solche Urteile spezialisierten, dritten Institution, einer Ratingagentur, handelt es sich nach häufigem Sprachgebrauch um ein externes Rating.[98] Diese Delegation der Risikoanalyse an Dritte gehört heute insbesondere bei Renten, das sind Fremdfinanzierungsverträge in Emissionsform, zu den Usancen.

Vergleicht man die Vorsteuerrenditen einzelner börsengängiger Unternehmensanleihen aus Europa untereinander und mit dem Interbankensatz, ergibt sich ausweislich einer jüngeren Studie vom bestmöglichen externen Rating „AAA" zum drei Risikoklassen schlechteren Rating „BBB" ein Aufschlag von 133 bp.[99] Der Zusammenhang dürfte im Zeitablauf einigermaßen stabil sein: Eine 20 Jahre ältere Erhebung kommt für den US-Markt zu einem Kanal von rd. 80-240 bp, innerhalb dessen sich der Aufschlag bewegt.[100]

Es liegt nahe, diese ratingabhängigen Aufschläge in den Vorsteuerrenditen von Unternehmensanleihen als Prämien für unterschiedlich hohe Risiken zu interpretieren, mit denen die Gegenleistung aus den betroffenen Finanzierungsverträgen behaftet ist. Schichtet man die Vorsteuerrenditen europäischer Unternehmensanleihen noch feiner ab, ergibt sich ein streng monoton und überproportional steigender Zusammenhang mit sich verschlechterndem Rating.[101]

3.3.3.2 Paketzuschläge

44
Zusammenhang
Paketbildung und
Vorsteuerrendite

Rentenpapiere, insbesondere Industrieobligationen, verbriefen im Allgemeinen in diese Finanzierungsverträge Vorleistenden keine signifikanten Verfügungs- und Informationsrechte. Anders verhält es sich bei Aktien. Rechtlich gesehen verbrieft eine einzelne Aktie gewöhnlich ein Stimmrecht in der Hauptversammlung. Das tatsächliche Einflusspotenzial der Aktie hängt aber davon ab, ob sie im Verbund mit weiteren Aktienanteilen an der entsprechenden Gesellschaft gehalten wird. Aufgrund aktienrechtlicher Vorschriften sind insbesondere die 25%-Schwelle und die 50%-Schwelle von besonde-

---

[97] Vgl. Munsch/Weiß (2002), S. 31.
[98] So sinngemäß bei Munsch/Weiß (2002), S. 14.
[99] Vgl. Paul/Stein (2002), S. 48-50.
[100] Vgl. BIZ (1983), S. 74f. Die dort benutzten Ratings „Aaa" und „Baa" entstammen der Systematik der Ratingagentur Moody's und sind grundsätzlich mit „AAA" bzw. „BBB" von Standard & Poor's vergleichbar; vgl. Munsch/Weiß (2002), S. 18.
[101] Vgl. Paul/Stein (2002), S. 50.

rer Bedeutung.[102] Entsprechend erzielen Aktienpakete bei Überschreiten beherrschungsrelevanter Schwellenwerte höhere Preise, als es dem hochgerechneten Wert der einzelnen Anteile entspricht. Die Differenz wird sehr anschaulich als Paketzuschlag bezeichnet. Bezogen auf Sekundärmarktpreise gewöhnlicher Kleinanteile werden für Pakete Zuschläge in einer Größenordnung von 14% bis 30%[103], einzelfallweise auch von 50% und darüber[104] genannt.

Diese Paketzuschläge bewirken eine niedrigere Vorsteuerrendite der entsprechenden Anteile. In Anlehnung an die Vorgehensweise bezüglich des Ratings liegt es nahe, diese Renditeabschläge als Prämie für die gesteigerten Verfügungs- und Informationsrechte zu interpretieren, die das Paket seinem Investor vermittelt.

3.3.3.3 Schuldscheindarlehen und Unternehmensanleihen im Renditevergleich

Schuldscheindarlehen[105] sind großvolumige, jedoch unverbriefte Darlehen mit Laufzeiten überwiegend zwischen 5 und 15 Jahren, die beispielsweise für die Kapitalveranlagung von Versicherungsunternehmen[106] von erheblicher Bedeutung sind. Sie lauten heutzutage in aller Regel auf Nennbeträge von € 100.000 und darüber. Die Bezeichnung rührt daher, dass als Schuldanerkenntnis fallweise, jedoch bei weitem nicht immer, ein Schuldschein ausgestellt wird. Der Schuldschein erleichtert dem Gläubiger im Zweifel die Beweisführung bezüglich des Bestehens der Schuld. Auch wenn kein Schuldschein ausgestellt wird, bleibt die Bezeichnung bei großvolumigen, unverbrieften Darlehen jedoch erhalten. Während Unternehmensanleihen, die in der Regel als Globalurkunden ausgestaltet sind, durch Einigung und Umbuchung auf Depotkonten übertragen werden[107], erfolgt die Übertragung einer Forderung aus einem Schuldscheindarlehen im Wege der Zession[108], welche an die Zustimmung des Schuldners gebunden sein kann. Da es den nicht in Form von Wertpapieren abstrahierten Schuldscheindarlehen an

45
Zusammenhang
Sekundärmarkt-
handel und
Vorsteuerrendite

---

102 Gemäß § 133 I AktG bedürfen Beschlüsse der Hauptversammlung grundsätzlich der Mehrheit der abgegebenen Stimmen (einfache Stimmenmehrheit), sofern nicht Gesetz oder Satzung eine größere Mehrheit oder weitere Erfordernisse festlegen. Satzungsänderungen bedürfen hingegen nach § 179 II AktG prinzipiell einer Mehrheit, die mindestens drei Viertel des bei der Beschlussfassung vertretenen Grundkapitals umfasst.
103 Vgl. Barclay/Holderness (1989), S. 371, Barthel (1996), S. 1352, Franks/Mayer (2001), S. 969.
104 Vgl. Mandl/Rabel (1997), S. 242f.
105 Vgl. Reinboth (1976) sowie Rittershausen (1964), S. 235-262.
106 § 1 I Nr. 4 AnlV
107 Vgl. Lenenbach (2002), Rn. 2.11-2.14.
108 Vgl. ebd., Rn. 2.34.

Fungibilität und Zirkulationsfähigkeit fehlt[109], ist ein zwischenzeitliches Eintauschen der Forderung deutlich schwieriger als bei einer Unternehmensanleihe.

Entsprechend zeigen die Vorsteuerrenditen von Schuldscheindarlehen gegenüber denen ansonsten vergleichbarer Unternehmensanleihen einen Renditeaufschlag, der sich ziemlich stabil innerhalb eines Korridors von 25-50 bp bewegt. Dieser Renditeaufschlag lässt sich insbesondere mit der geringeren Liquidität (Rn. 79-86) begründen, die aus dieser relativ schwierigen zwischenzeitlichen Übertragbarkeit der Forderung an Sekundärmärkten resultiert.

3.3.3.4 Kapitalversicherung und Aktienfondssparpläne im Renditevergleich

46
Zusammenhang
Konditionierung
und
Vorsteuerrendite

Nach einer Erhebung der Deutschen Aktuarvereinigung e.V. (DAV) aus dem Jahre 2001 erzielten Kapitallebensversicherungen bei 30-jähriger Laufzeit eine durchschnittliche Vorsteuerrendite von 6,23%, Aktienfondssparpläne hingegen in Höhe von 8,76%. Allerdings zeigten die Sparpläne über den Untersuchungszeitraum mit 1,36% auch eine deutlich höhere Standardabweichung der Renditen als die Kapitallebensversicherungen mit nur 0,18%.[110] Es liegt nahe, den Renditevorteil der Aktienfondssparpläne als Risikoprämie zu interpretieren. Ist das Erklärungspotenzial damit aber erschöpft?

Weder Aktienfondssparpläne noch Kapitallebensversicherungen implizieren für den Vorleistenden nennenswerte Verfügungs- und Informationsrechte. Dieses Charakteristikum von Finanzierungsverträgen trägt also nicht zu einer weiteren Erklärung der Renditedifferenz bei. Da der Sekundärmarkt für Kapitallebensversicherungen kaum entwickelt ist, kann der Vorleistende in aller Regel auch nur durch einen Rückkauf des Vertrages durch das Versicherungsunternehmen zwischenzeitlich zu Geld kommen. Aktienfonds sind hingegen durch die Möglichkeit des Rückkaufs der Anteile durch die Kapitalanlagegesellschaft relativ liquide. Dies spräche tendenziell sogar für eine höhere Rendite der Kapitallebensversicherungen. Allerdings unterscheiden sich die Versicherungsverträge auch aufgrund ihrer Konditionierung (Rn. 74-76) fundamental von den Sparplänen. Die betrachteten Kapitallebensversicherungen beinhalteten nämlich auch eine Todesfallkomponente. Im Falle eines Ablebens des Versicherungsnehmers vor Ende der Vertragsdauer muss das Versicherungsunternehmen eventuell eine Versicherungsleistung erbringen, die durch die bis dahin erbrachten Versicherungsprämien nicht gedeckt

---

[109] Vgl. Lenenbach (2002), Rn. 2.3 und 2.4.
[110] Vgl. o. V. (2001), S. 623.

ist. Diese Risikoübernahme wird sich ein Versicherungsunternehmen durch eine niedrigere an seine Versicherungsnehmer zu leistende Verzinsung abgelten lassen. Neben dem erhöhten Risiko der Sparpläne aus Sicht der Versicherungsnehmer kann deshalb auch diese einzigartige Konditionierung von Versicherungsverträgen zur Erklärung der genannten Renditedifferenz beitragen.

3.3.3.5 Analyse des empirischen Befunds

Die vorangegangenen Beobachtungen führen zu einigen beachtlichen, empirisch gestützten Tendenzaussagen, und zwar:

47
Tendenzaussagen

1. Wichtige Teilsegmente des Marktes für Finanzierungsverträge werden von den Investoren offensichtlich intensiv miteinander abgeglichen, was zu im Zeitablauf recht stabilen Renditedifferenzen führt. Während der Mean-Variability-Approach der aktuellen Investitionstheorie und insbesondere das Finanzmarktmodell CAPM nur zwei stochastische Momente berücksichtigen (Erwartungswert und Varianz bzw. Standardabweichung) – und zwar als Repräsentanten für die beiden Entscheidungskriterien Rentabilität und Risiko, deutet der empirische Befund eher auf einen erweiterten Vierer-Trade-Off zwischen den Entscheidungskriterien Rentabilität, Risiko, Liquidität sowie Verfügungs- und Informationsrechte hin. (Bei einem Trade-Off lässt sich eine Verbesserung hinsichtlich eines Kriteriums nur um den Preis einer Verschlechterung bei mindestens einem anderen Kriterium erzielen.) Befinden sich die Renditedifferenzen nicht im Korridor, sind sie also höher oder niedriger als es Risiko, Liquidität sowie Verfügungs- und Informationsrechte ökonomisch fundieren, dürften intensive Substitutionsprozesse einsetzen, die sie in den Korridor zurückführen.

2. Ebenfalls außerhalb der Modellwelt von Mean-Variability-Approach im Allgemeinen und CAPM im Speziellen scheint die Konditionierung von Finanzierungsverträgen über den Vierer-Trade-Off hinaus ein weiteres entscheidungsrelevantes Kriterium darzustellen. Durch sie dürfte das Substitutionsverhältnis zwischen Versicherungsverträgen und Finanzierungsverträgen im engeren Sinne weniger eng und je nach Versicherungstyp sogar vernachlässigbar gering sein. Kapitallebensversicherungen konkurrieren durchaus mit Aktienfondssparplänen um Vorleistungen von den originären Überschusseinheiten, wobei die Konditionierung innerhalb gewisser Grenzen die geringere Rentabilität des Versicherungsvertrages kompensiert. Bei einer Feuerversicherung käme hingegen wohl niemand auf den Gedanken, in ihr ein Substitut für Aktienfonds zu sehen.

3. Da die Renditedifferenzen sich für einzelne Finanzierungsverträge unabhängig von ihren stochastischen Interdependenzen feststellen lassen, deutet nichts darauf hin, dass an den betrachteten Marktsegmenten eine homogene Vorstellung von einem Marktportfolio im Stile des CAPM vorherrscht. Alternativen zu dieser Vorstellung deuten sich vielmehr derart an, dass entweder heterogene Vorstellungen von einem optimal diversifizierten Portfolio existieren oder aber Einzelinvestitionsentscheidungen statt Investitionsprogrammentscheidungen die Kalküle der Entscheidungsträger charakterisieren.

4. Die Umsetzung des Rentabilitätsziels in konkrete Entscheidungen geschieht überwiegend anhand von Renditekennzahlen, die letztlich einen Internen Zinsfuß widerspiegeln. Zeitlicher Bezugspunkt für die Zahlungsreihen der Investitionsprojekte ist damit grundsätzlich der Entscheidungszeitpunkt. Die Vorteile der relativen, also nicht in Geldeinheiten bemessenen Kennzahl Interner Zinsfuß überwiegen wohl deren inhärente Nachteile: Der Interne Zinsfuß kann als Gütesiegel beliebigen Losgrößen angeheftet werden und eignet sich damit in besonderer Weise zur Dezentralisierung in arbeitsteiligen Organisationen, auch wenn er die Größenordnung von Investitionsprojekten vernachlässigt, nicht durchweg eindeutig gegeben ist und auf der Annahme des Vollkommenen Finanzmarktes basiert.

48
Graphische
Darstellung

Geht man von dem aus, was Lehrbücher der Bankbetriebslehre[111] und die Hoheitliche Aufsicht über Versicherungsunternehmen[112] vom Prinzip her (jedoch vor Integration der Verfügungs- und Informationsrechte) schon lange vermitteln, legt Tendenzaussage 1 eine graphische Darstellung des Vierer-Trade-Offs der Entscheidungskriterien wie im oberen Teil der nachfolgenden Abbildung 3-2 nahe. Tendenzaussage 2 ruft darüber hinaus nach einer Erweiterung um das Kriterium der Konditionierung, wie sie im unteren Teil der Abbildung zu erkennen ist. In der Skizze symbolisieren wechselseitige Pfeile Trade-Off-Verhältnisse, die geschweifte Klammer hingegen die Bildung von Klassen unterschiedlich enger Substitutionsverhältnisse durch Konditionierung.

---

[111] Eine grundsätzlich ähnliche Empfehlung für die Ausbildung von Bankkaufleuten findet man z. B. schon bei Grill/Perczynski (1989), S. 230.
[112] § 54 II VAG.

Kriterien für Investitionsentscheidungen in Finanzierungsverträge

Abbildung 3-2

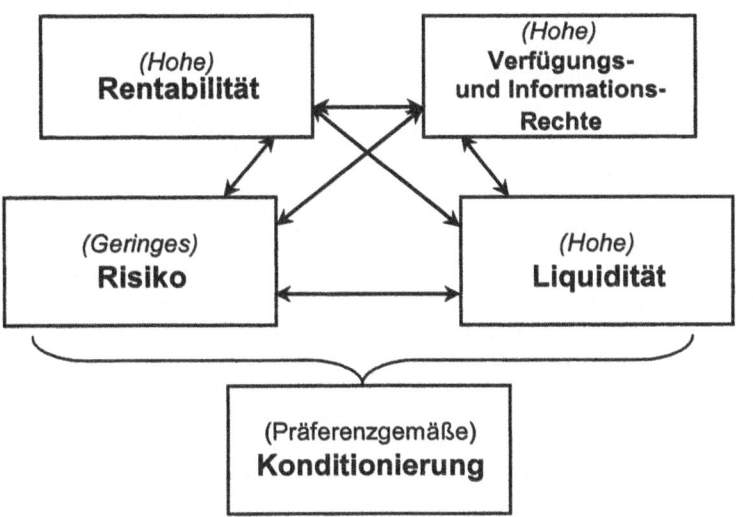

Für den entscheidungslogischen Gehalt der hier entwickelten Systematik der Investitionskriterien spricht nicht alleine der empirische Befund. Vielmehr wird sich im Laufe unserer Untersuchung zeigen, dass die Systematik der von Finanzintermediären erbrachten Funktionen nahtlos an diesen Kriterienkatalog anknüpft (Rn 107-117). Die Systematik folgt zudem schlüssig, wenn man von einem Nicht-walrasianischen Forschungsleitbild ausgeht.

3.3.4 Investitionsentscheidungen in Finanzierungsverträge im Lichte der Österreichischen Schule

Der Walrasianische Auktionator ist ein vollkommen informierter Herr über einen Marktplatz. Seine Aufgabe währt kaum länger als eine logische Sekunde. Die soeben vorgeschlagene Erweiterung des Kriterienkatalogs für Investitionsentscheidungen in Finanzierungsverträge erscheint geradezu als logische Konsequenz, wenn man sich einem Forschungsleitbild zuwendet, bei dem fortlaufend Information zu den dezentral agierenden Entscheidungsträgern fließt. Es wurde maßgeblich von der Österreichischen Schule der Wirtschaftstheorie entwickelt. Blicken wir kurz auf deren Genese.

49
Nicht-walrasianisches Forschungs-leitbild

50

Von Menger zu von Hayek

Um 1870 zeichnet sich an drei europäischen Gravitationszentren ein fundamentaler Schwenk in der wirtschaftstheoretischen Ausrichtung ab: Ging die Klassik insbesondere seit David Ricardo[113] bis dahin davon aus, dass es einen in Form geronnener Arbeitskraft objektiven „Wert" von Gütern gibt (deshalb auch: „objektive Wertlehre"), wird dieses Konzept nun durch einen individuell variierenden, sozusagen „subjektiven" Nutzen ersetzt. Diese „subjektive Wertlehre" wird in Großbritannien (zunächst in Manchester, dann in London) durch William Stanley Jevons[114], im schweizerischen Lausanne durch Léon Walras[115] (Rn. 19) und in Wien durch Carl Menger[116] repräsentiert. Damit wird Menger (1840-1921) auch zum Begründer der Österreichischen Schule der Nationalökonomie. Diese stellte seinerzeit einen Gegenpol zu der in Deutschland dominierenden Jüngeren Historischen Schule (Rn. 123) dar, die ihre Aussagen im Wesentlichen nicht theoretisch, sondern historisch-empirisch herleitete.

Die zweite Generation der Österreichischen Schule repräsentieren Carl Mengers Schüler Friedrich von Wieser (1851-1921) und Eugen von Böhm-Bawerk (1851-1914). Beide entwickelten Mengers Werttheorie weiter und setzten auch den ausgeprägt individualistischen Ansatz der Österreichischen Schule fort. Durch von Wieser erhält die Sichtweise die auch heute noch übliche Bezeichnung „Grenznutzenschule".[117] Von Böhm-Bawerk hat der Disziplin darüber hinaus mit seiner Kapitaltheorie von den Produktionsumwegen (Rn. 33) einen bleibenden Beitrag geleistet.

Mit Ludwig von Mises (1881-1973) und Joseph A. Schumpeter (1883-1950), beide an der Universität Wien anhand der Lehren Mengers, von Wiesers und von Böhm-Bawerks ausgebildet, steht die wissenschaftliche Entwicklung der Österreichischen Schule zu Beginn des 20. Jahrhunderts an einem Scheideweg: Schumpeter möchte in seiner Habilitationsschrift die stark mathematisch, durch sehr weitgehende Vollkommenheitsannahmen und gegenseitige Interdependenz in einem Zeitpunkt (kurzum: durch das Walrasianische Paradigma) geprägte Allgemeine Gleichgewichtstheorie auf die wissenschaftliche Tagesordnung setzen und die theoretische Ökonomie an die technischen Wissenschaften anschließen.[118] Für den stark philosophisch denkenden von Mises ist Ökonomie hingegen ein Fachgebiet der Sozialwissenschaft – und zwar das Fachgebiet, das sich mit dem menschlichen Handeln befasst (so genannte „Katallaktik").[119] Gegensätze zwischen Betriebs-

---

[113] Vgl. Ricardo (1821/1951), S. 11.

[114] Vgl. Jevons (1879/1923), S. 152-157.

[115] Vgl. Walras (1874/1988), S. 102-138.

[116] Vgl. Menger (1872), S. 77-152.

[117] Vgl. Wieser (1891/1929), insb. S. 36-42.

[118] Vgl. Schumpeter (1908), insb. S. 28, 33, 34 und 607.

[119] Vgl. Mises (1933), insb. S. 40 und S. 85.

wirtschaftslehre und Nationalökonomie sieht er insofern nicht.[120] Der Gebrauch der Mathematik habe im Übrigen in der Ökonomie bisher mehr Unheil als Nutzen gestiftet.[121] Friedrich August von Hayek (1899-1992), ebenfalls an der Universität Wien ausgebildet, beeindruckt diese individualistische Denkweise des von Mises nachhaltig. Im Lichte der Ergebnisse der Ökonomen von Mises und von Hayek zeigen Investitionsentscheidungen Facetten, die durch die Brille des Walrasianischen Paradigmas unsichtbar bleiben.

Ein zentrales Thema der Österreichischen Schule ist die Verteilung von Wissen (mittlerweile häufig auch mit „Information" assoziiert) über die Individuen und über die Zeit. Ganz so, wie in modernen Wirtschaftssystemen der Produktionsprozess arbeitsteilig verläuft, gibt es auch „eine Art geistiger Arbeitsteilung"[122] mit der Folge einer „Wissensteilung"[123]. Die Daten, von denen beispielsweise die Investitionsentscheidungen in Finanzierungsverträge ausgehen müssen, sind deshalb niemals in toto einem einzelnen Individuum gegeben - sei es nun Lenker einer Planwirtschaft oder, was in vielerlei Hinsicht auf das Gleiche hinausläuft, oberster Verwalter eines Allgemeinen Gleichgewichtsmodells. Es existieren vielmehr nur „verstreute Teilchen eines unvollständigen und teilweise sogar widersprüchlichen Wissens"[124]. Dies dürfte in vielen Fällen zur Folge haben, dass der für umfassende Investitionsprogrammentscheidungen erforderliche, hohe Informationsstand nicht vorhanden ist. Der Faktor Information spricht dann besonders dafür, kleinere Investitionsprogrammentscheidungen oder sogar nur Einzelinvestitionsentscheidungen bei spezialisierten Individuen oder Organisationseinheiten zu dezentralisieren. Dezentralisierung kann hierbei wohl kaum nur Delegation an Computer bedeuten.

Zusammen mit im Zeitablauf fortlaufend zufließenden neuen Informationen von außen sind dezentral getroffene Entscheidungen wiederum Teil des Datenkranzes, auf den anschließend Entscheidungsträger ihre nächsten Voten gründen. Die „Handlungen des einen" sind „die Daten für den anderen"[125], sodass sich keine zeitgleiche Interdependenz des Handelns wie im Allgemeinen Gleichgewichtsmodell ergibt, sondern vielmehr eine Sequenz zeitlich aufeinander folgender, in nur einer Richtung voneinander abhängiger Entscheidungen.[126] Mit dem Vertragsabschluss hat also auch die Investi-

51
Die Verteilung von Wissen über die Individuen und über die Zeit

---

[120] Vgl. Mises (1933), S. 197f.
[121] Vgl. ebd., S. 114.
[122] Mises (1932), S. 96.
[123] Hayek (1937/1952), S. 70.
[124] Ders. (1945), S. 519.
[125] Ders. (1937/1952), S. 56.
[126] Ludwig von Mises (1949) spricht auf S. 99 von „temporal sequences", Friedrich August von Hayek (1945) auf S. 524 von „constant deliberate adjustments". Der ebenfalls der Österreichischen Schule zuzurechnende Paul Narcyz Rosenstein-

tionsentscheidung in Finanzierungsverträge gerade erst begonnen! Zwischenzeitlich (hier: in t=1) zufließende, exogene Information und das Handeln anderer Entscheidungsträger können dazu führen, dass ursprüngliche Entscheidungen (aus dem Zeitpunkt t=0) sich als suboptimal herausstellen oder suboptimal werden. Beides kann eine Revision der ursprünglichen Entscheidung motivieren. Ist der Finanzierungsvertrag liquide, so kann dies in Form eines Ausstiegs vor Ende der ex ante beabsichtigten Laufzeit (bis t=2) erfolgen. Beinhaltet er Verfügungsrechte, wäre aber auch an eine Einflussnahme auf die weitere Verwendung der Vorleistung zu denken. Eine Art „kollektiver Vernunft"[127] führt diese personell wie zeitlich dezentral ablaufenden Entscheidungsprozesse zu qualitativ hochwertigen Ergebnissen.

52
Schluss-
folgerungen

Eine Analyse von Investitionsentscheidungen in Finanzierungsverträge im Lichte der Österreichischen Schule und des empirischen Befundes legt folgende Schlussfolgerungen nahe:

1. Rentabilität und Risiko, die Status-Quo-Entscheidungskriterien, sind als Kriterien für die Investitionsentscheidung in Finanzierungsverträge sinnvoll, jedoch bei weitem nicht erschöpfend. Risiko gibt es nicht nur im Umfeld des Finanzierten, sondern auch im Umfeld des Finanziers, und deshalb ist auch die Konditionierung von Finanzierungsverträgen relevant. Zudem sind sowohl die Liquidität als auch Verfügungs- und Informationsrechte wertvolle Ausstattungsmerkmale von Finanzierungsverträgen, die die ursprüngliche Investitionsentscheidung einer Revision im Zeitablauf zugänglich machen.

2. Die interpersonelle und intertemporale Verteilung von Information führt dazu, dass nicht zentral eine an sich vorstellbare, „große" Investitionsprogrammentscheidung, sondern dezentral allenfalls „kleine" Investitionsprogrammentscheidungen oder sogar nur Einzelinvestitionsentscheidungen getroffen werden. Die Einsatzmöglichkeiten von Computern und anderen Hilfsmitteln sind hierbei begrenzt, da sich Computer nicht wie Individuen spezialisieren können.

3. Die hier herausgearbeiteten 5 Entscheidungskriterien Konditionierung, Rentabilität, Risiko, Liquidität sowie Verfügungs- und Informationsrechte erlauben eine schnelle Untersuchung eines Angebotes an Finanzierungsverträgen. Dabei ergeben sich unmittelbar zwei Klassen von Finanzierungsverträgen: Versicherungsverträge sind zur Abfederung von Risiken im Umfeld des Versicherungsnehmers und – bei entspre-

---

Rodan (1902-1985) verwendet zuvor (1930) den Begriff „irreversible Abhängigkeiten"; S. 130, Fn. 1.
[127] Hayek (1937/52), S. 76.

chender Ausgestaltung, insbesondere als Lebensversicherung – auch unter Rentabilitätsgesichtspunkten von Bedeutung. Verfügungs- und Informationsrechte verbriefen sie hingegen grundsätzlich nicht, Liquidität ist kaum gegeben. In der Klasse der Finanzierungsverträge im engeren Sinne sind Rentabilität, Risiko, Liquidität sowie Verfügungs- und Informationsrechte hingegen im Ensemble entscheidungsrelevant.

4. Gegeben die Grundsatzentscheidung „konditioniert-unkonditioniert", werden Investitionsentscheidungen in Finanzierungsverträge an wichtigen Marktsegmenten offensichtlich durch einen faktisch feststellbaren Trade-Off zwischen Rentabilität, Risiko, Liquidität sowie Verfügungs- und Informationsrechten begleitet. Eine Verbesserung hinsichtlich eines Kriteriums ist nur unter Inkaufnahme einer Verschlechterung bei mindestens einem anderen Kriterium darstellbar.

Die sich nun anschließende, vertiefte Betrachtung dient dazu, die soeben erarbeiteten fünf Entscheidungskriterien entscheidungstheoretisch weiter zu untermauern und zu formalisieren. Wird eine zügige Lektüre angestrebt, kann auf diese Passagen (Rn. 53-86) verzichtet und direkt zu Kapitel 4 gesprungen werden. Lesern, die an einer Auffrischung ihrer Kenntnisse in den Bereichen Investition und Finanzierung interessiert sind, könnten sie andererseits auch ohne ausdrückliches Interesse am Phänomen der Finanzintermediation nützlich sein.

3.3.5 Vertiefte Betrachtung I: Halten von Finanzierungsverträgen über die ex ante geplante Laufzeit

3.3.5.1 Rentabilität

a) Sichere Gegenleistung

Die im Zeitpunkt t=0 zu erbringende Vorleistung in einen Finanzierungsvertrag sei mit e_0 bezeichnet. Die aus diesem Finanzierungsvertrag resultierende spätere Gegenleistung e_2 sei zunächst keinerlei Unsicherheit ausgesetzt. Am Finanzmarkt bestehe die Möglichkeit, beliebige Beträge zum Habenzins r_H anzulegen oder zum Sollzins r_S aufzunehmen. Hierbei sei der Sollzins zunächst echt größer als der Habenzins, sodass von einem Unvollkommenen Finanzmarkt gesprochen werden kann.

Zunächst wollen wir von einem besonders einfach handhabbaren Fall ausgehen. Die Vorleistung e_0 in den Finanzierungsvertrag entspreche genau dem Anfangsvermögen des von uns betrachteten potenziellen Investors. Er

53
Formalisierung der Zahlungsreihe

54
VFP, Eigenmittel

finanziere sie also aus eigenen Mitteln. Da es sich aus Sicht des Vorleisten-den um einen Zahlungsmittelabfluss handelt, gilt: $e_0 < 0$. Zwischenzeitliche Zahlungsgrößen e_1 fallen bis auf weiteres nicht an.

Sämtliche finanziellen Auswirkungen des Investitionsprojektes „Finanzie-rungsvertrag" im Zeitablauf lassen sich nun mit Hilfe eines Vollständigen Finanzplanes erfassen. Man kann ihn sich wie ein Kontokorrentkonto vor-stellen, über das die Investition unter expliziter Berücksichtigung aller mit ihr verbundenen Anlage- und Aufnahmeaktivitäten abgerechnet wird. Der Saldo des Kontos ist bis auf den Zeitpunkt t=2, für den das Endvermögen errechnet werden soll, auf Null zu stellen. Kreditaufnahme über das Konto-korrentkonto ist nicht zulässig, das Stehenlassen von anlagefähigen Beträgen wegen des Zinsverlustes nicht sinnvoll.

Tabelle 3-1

VFP für eine aus eigenen Mitteln abgedeckte Investition in einen einfachen Finan-zierungsvertrag (keine zwischenzeitlichen Leistungen oder Gegenleistungen)

	t=0	t=1	t=2
Investition	e_0	0	e_2
Kredit	0	0	0
Anlage	0	0	0
Anfangsvermögen	$-e_0$	0	0
Periodensaldo bzw. Endvermögen	0	0	e_2

Die Investition führt hier zu einem Endvermögen in Höhe der Gegenleis-tung aus dem Finanzierungsvertrag. Von dieser nehmen wir an, dass sie nichtnegativ ist: $e_2 \geq 0$.

Finanzmathematisch entspricht einem Vermögen in t=2 ein mit dem Haben-zins abgezinster Betrag in t=0. Bezogen auf den Entscheidungszeitpunkt t=0 lautet das Vorteilhaftigkeitskriterium für die Investition in den Finanzie-rungsvertrag also:

(3.1) $$\frac{e_2}{\left(1 + r_H\right)^2} > -e_0$$

Die Vorteilhaftigkeit des Investitionsprojektes ist in dieser Situation also alleine vom Habenzins r_H, nicht jedoch vom Sollzins, abhängig.

Aufgabe 3-1

Wir betrachten erneut den Finanzierungsvertrag aus Aufgabe 2-1. Es gilt also (alle Zahlungsmittelbeträge in €):

$$e_0 = -10.000,00 \quad e_2 = 11.406,24$$

Viktor möchte vollständig aus eigenen Mitteln in diesen Finanzierungsvertrag investieren.

Ist das Projekt bei einem im Zeitablauf konstanten Habenzins von $r_H = 0,05$ vorteilhaft?

Lösung:

Das Vorteilhaftigkeitskriterium lautet hier wie folgt:

$$\frac{11.406,24}{(1,05)^2} = \frac{11.406,24}{1,1025} = 10.345,795 \approx 10.345,80 \overset{!}{>} 10.000,00$$

Die Investition ist bei Finanzierung aus eigenen Mitteln offensichtlich vorteilhaft. Dies ist auch deshalb plausibel, weil hier gilt:

$$r_K = 0,068 > r_H = 0,05$$

Die Investition in einen Finanzierungsvertrag kann alternativ auch aus Fremdmitteln bestritten werden, indem man etwa einen Kredit aufnimmt. Für diesen Fall ergibt sich der folgende Vollständige Finanzplan:

55
VFP, Fremdmittel

VFP für eine aus Fremdmitteln abgedeckte Investition in einen einfachen Finanzierungsvertrag (ohne zwischenzeitliche Leistungen oder Gegenleistungen)

Tabelle 3-2

	t=0	t=1	t=2
Investition	e_0	0	e_2
Kredit	$-e_0$	$e_0 \cdot (1+r_S)$	
		$-e_0 \cdot (1+r_S)$	$e_0 \cdot (1+r_S)^2$
Anlage	0	0	0
Anfangsvermögen	0	0	0
Periodensaldo bzw. Endvermögen	0	0	$e_2 + e_0 \cdot (1+r_S)^2$

Notwendig für die Vorteilhaftigkeit der Investition in einen Finanzierungs-vertrag ist, dass sie zu einem echt positiven Endvermögen führt. Finanzma-thematisch entspricht einem Vermögen in t=2 ein mit dem Habenzins abge-zinster Betrag in t=0. Bezogen auf den Entscheidungszeitpunkt t=0 lautet das Vorteilhaftigkeitskriterium für die Investition in diesen Finanzierungsver-trag hier (für von uns unterstellten positiven Habenzins) also:

$$\frac{e_2 + e_0 \cdot (1 + r_S)^2}{(1 + r_H)^2} > 0$$

$$\Leftrightarrow$$

$$(3.2) \qquad e_2 + e_0 \cdot (1 + r_S)^2 > 0$$

Wir können unmittelbar erkennen, dass die Vorteilhaftigkeit des Finanzie-rungsvertrages aus Anlegersicht nun alleine vom Sollzins abhängig ist. Das Vorteilhaftigkeitskriterium für die Durchführung von Investitionen, wie sie beispielsweise Finanzierungsverträge darstellen, ist am unvollkommenen Finanzmarkt also nicht eindeutig, sondern von der jeweiligen Finanzierung der Investition abhängig.

Aufgabe 3-2

Wir betrachten weiterhin den Finanzierungsvertrag aus Aufgabe 3-1 bzw. Aufgabe 2-1. Viktor habe nun allerdings keine Eigenmittel, er muss einen Kredit zur Finanzierung seines Vorhabens aufnehmen.

Ist das Projekt bei einem im Zeitablauf konstanten Sollzins von $r_S = 0{,}07$ vorteilhaft?

Lösung:

Das Vorteilhaftigkeitskriterium lautet hier nun folgendermaßen:

$$11.406{,}24 - 10.000{,}00 \cdot 1{,}07^2 = 11.406{,}24 - 11.449{,}00 = -42{,}76 \overset{!}{>} 0$$

Es ist offensichtlich nicht erfüllt. Dies ist plausibel, denn es gilt hier:

$$r_K = 0{,}068 < r_S = 0{,}07$$

56

VFP; gemischte Finanzierung

Gehen wir nun von einer gemischten Bedeckung einer Investition in einen Finanzierungsvertrag durch eigene Mittel des Investors (Prozentsatz $(1-\theta)$) und fremde Kreditmittel (Prozentsatz θ) aus, ergibt sich der folgende Voll-ständige Finanzplan:

VFP für eine gemischt aus Eigenmitteln und Fremdmitteln abgedeckte Investition in einen Finanzierungsvertrag (ohne zwischenzeitliche Leistungen oder Gegenleistungen)

Tabelle 3-3

	t=0	t=1	t=2
Investition	e_0	0	e_2
Kredit	$-\theta \cdot e_0$	$\theta \cdot e_0 \cdot (1+r_S)$	
		$-\theta \cdot e_0 \cdot (1+r_S)$	$\theta \cdot e_0 \cdot (1+r_S)^2$
Anlage	0	0	0
Anfangsvermögen	$-(1-\theta) \cdot e_0$	0	0
Periodensaldo bzw. Endvermögen	0	0	$e_2 + \theta \cdot e_0 \cdot (1+r_S)^2$

Bezogen auf den Entscheidungszeitpunkt t=0 gelangen wir unter analoger Anwendung der zuvor angestellten Überlegungen damit zu folgendem Vorteilhaftigkeitskriterium:

$$(3.3) \qquad \frac{e_2 + \theta \cdot e_0 \cdot (1+r_S)^2}{(1+r_H)^2} > -(1-\theta) \cdot e_0$$

Wir erkennen: Bei gemischter Finanzierung ist das Vorteilhaftigkeitskriterium sowohl vom Sollzins als auch vom Habenzins als auch vom Finanzierungsmix abhängig. Eine naive Abzinsung der Gegenleistung aus dem Finanzierungsvertrag, ob nun mit dem Sollzins oder mit dem Habenzins, kann in der Konsequenz Investitionsentscheidungen nach sich ziehen, die nicht in Einklang mit der Zielsetzung der Endvermögensmaximierung stehen.

Aufgabe 3-3

Man gehe vom Datenkranz der Aufgabe 3-2 aus.

Wie hoch ist der Kreditbetrag in €, den Viktors Investition in den Finanzierungsvertrag gerade noch verkraften kann? (Hinweis: Berechnen Sie hierzu den kritischen Finanzierungsmix als Dezimalzahl mit 7 Nachkommastellen!)

Lösung:

Der kritische Finanzierungsmix ergibt sich, indem man in Formel (3.3) statt eines Ungleichheitszeichens ein Gleichheitszeichen setzt und äquivalent umformt:

$$\frac{11.406,24 - \theta \cdot 10.000,00 \cdot 1,07^2}{1,05^2} \overset{!}{=} (1 - \theta) \cdot 10.000,00$$

$$11.406,24 - 11.449 \cdot \theta = 11.025,00 - 11.025 \cdot \theta$$

$$\theta^{krit} = \frac{381,24}{424} = 0,8991509$$

Der maximale Kreditbetrag ergibt sich dann, indem wir den (abgerundeten!) Parameter auf den Betrag der Vorleistung dieser Investition anwenden. Viktors Investitionsvorhaben kann also maximal eine Kreditfinanzierung in Höhe von € 8.991,50 verkraften, ohne sein Endvermögen zu reduzieren.

57 *Zwischenzeitlich* *weitere* *Vorleistung*	Realtypische Finanzierungsverträge verbriefen häufig nicht nur Vorleistungen und Gegenleistungen am Anfang bzw. am Ende der Vertragslaufzeit, sondern auch zwischenzeitlich. Um dies analysieren zu können, wollen wir vorübergehend unsere Annahme (Rn. 14) aufgeben, dass der Zeitpunkt t=1 für Zwischenhandel und ähnliche Vorgänge reserviert und nicht für Zahlungen in den oder aus dem Finanzierungsvertrag zugängig ist. Betrachten wir hierbei zunächst den Fall einer zusätzlich zu erbringenden Vorleistung, das heißt: $e_1 < 0$. Es ergibt sich der folgende Vollständige Finanzplan:

Tabelle 3-4	*VFP für eine sowohl aus Eigenmitteln als auch aus Fremdmitteln abgedeckte Investition in einen Finanzierungsvertrag mit weiterer, also zwischenzeitlicher Vorleistung*

	t=0	t=1	t=2
Investition	e_0	e_1	e_2
Kredit	$-\theta \cdot e_0$	$\theta \cdot e_0 \cdot (1 + r_S)$	
		$-[e_1 + \theta \cdot e_0 \cdot (1 + r_S)]$	$[e_1 + \theta \cdot e_0 \cdot (1 + r_S)] \cdot (1 + r_S)$
Anlage	0	0	0
Anfangsvermögen	$-(1 - \theta) \cdot e_0$	0	
Periodensaldo bzw. Endvermögen	0	0	$e_2 + [e_1 + \theta \cdot e_0 \cdot (1 + r_S)] \cdot (1 +$

Das entsprechende Vorteilhaftigkeitskriterium für die Durchführur Investition in den Finanzierungsvertrag lautet in diesem Fall also:

$$(3.4) \quad \frac{e_2 + [e_1 + \theta \cdot e_0 \cdot (1 + r_S)] \cdot (1 + r_S)}{(1 + r_H)^2} > -(1 - \theta) \cdot e_0$$

Im Falle einer vollständigen Abdeckung der ersten Vorleistung durch Fremdmittel ($\theta = 1$) ist dieser Ausdruck wiederum nur vom Sollzins abhängig. Für den Fall einer vollständigen Abdeckung der ersten Vorleistung durch Eigenmittel ($\theta = 0$) ergibt sich hingegen eine Veränderung gegenüber dem Finanzierungsvertrag mit jeweils einmaliger Vorleistung und Gegenleistung: Hier sind nun sowohl der Sollzins als auch der Habenzins relevant. Hintergrund ist, dass die zweite Vorleistung in den Finanzierungsvertrag durch Kredit finanziert werden muss.

Betrachten wir nun noch den Fall einer bereits in t=1 anfallenden ersten Gegenleistung aus dem Finanzierungsvertrag ($e_1 > 0$), so ergibt sich eine letzte wichtige Erweiterung des Vorteilhaftigkeitskriteriums:

58
Zwischenzeitlich erste Gegenleistung

VFP für eine sowohl aus Eigenmitteln als auch aus Fremdmitteln abgedeckte Investition in einen Finanzierungsvertrag mit mehrfacher, auch zwischenzeitlicher Gegenleistung

Tabelle 3-5

	t=0	t=1	t=2
Investition	e_0	e_1	e_2
Kredit	$-\theta \cdot e_0$	$\theta \cdot e_0 \cdot (1 + r_S)$	
		$-[e_1 + \theta \cdot e_0 \cdot (1 + r_S)]$ *wenn* $e_1 < -\theta \cdot e_0 \cdot (1 + r_S)$	$[e_1 + \theta \cdot e_0 \cdot (1 + r_S)] \cdot (1 + r_S)$ *wenn* $e_1 < -\theta \cdot e_0 \cdot (1 + r_S)$
Anlage	0	$-[e_1 + \theta \cdot e_0 \cdot (1 + r_S)]$ *wenn* $e_1 > -\theta \cdot e_0 \cdot (1 + r_S)$	$[e_1 + \theta \cdot e_0 \cdot (1 + r_S)] \cdot (1 + r_H)$ *wenn* $e_1 > -\theta \cdot e_0 \cdot (1 + r_S)$
Anfangsvermögen	$-(1 - \theta) \cdot e_0$	0	0
Periodensaldo bzw. Endvermögen	0	0	$e_2 + [e_1 + \theta \cdot e_0 \cdot (1 + r_S)] \cdot (1 + r_S)$ *wenn* $e_1 < -\theta \cdot e_0 \cdot (1 + r_S)$ $e_2 + [e_1 + \theta \cdot e_0 \cdot (1 + r_S)] \cdot (1 + r_H)$ *wenn* $e_1 > -\theta \cdot e_0 \cdot (1 + r_S)$

Notwendige Bedingung dafür, dass eine Investition in den Finanzierungsvertrag vorteilhaft ist, ist auch hier, dass das Endvermögen gemäß Vollständigem Finanzplan echt positiv ist. Rechnerisch entspricht einem Vermögen im Zeitpunkt t=2 ein mit dem Habenzins abgezinster Betrag in t=0. Daraus ergibt sich folgende Vorteilhaftigkeitsbedingung, die im Übrigen sämtliche zuvor hergeleiteten Formeln (3.1) bis (3.4) beinhaltet:

$$(3.5) \quad \begin{cases} \dfrac{e_2 + \left[e_1 + \theta \cdot e_0 \cdot (1 + r_S) \right] \cdot (1 + r_S)}{(1 + r_H)^2} > -(1 - \theta) \cdot e_0 \quad , \text{ wenn } e_1 < -\theta \cdot e_0 \cdot (1 + r_S) \\[3mm] \text{und} \\[3mm] \dfrac{e_2 + \left[e_1 + \theta \cdot e_0 \cdot (1 + r_S) \right] \cdot (1 + r_H)}{(1 + r_H)^2} > -(1 - \theta) \cdot e_0 \quad , \text{ wenn } e_1 > -\theta \cdot e_0 \cdot (1 + r_S) \end{cases}$$

Aufgabe 3-4

Neben dem kapitalisierenden Finanzierungsvertrag aus Aufgabe 2-1 wird nun noch ein zweiter Finanzierungsvertrag angeboten, bei dem fällige Zinsen bereits in t=1 an die Finanziers ausgezahlt werden. Für letzteren ergibt sich also folgende modifizierte Zahlungsreihe:

$$e_0' = -10.000,00 \quad ; \quad e_1' = 680,00 \quad ; \quad e_2' = 10.680,00$$

Soll- und Habenzins verbleiben bei 7% bzw. 5% pro Periode. Viktor würde im Falle des Erwerbs eines der beiden Finanzierungsverträge die jeweilige Anfangsauszahlung zur Hälfte mit Eigenmitteln abdecken.

(1)   (Ohne Rechnung:) Bei welchem Finanzierungsvertrag dürfte Viktor das höhere Endvermögen erzielen?

(2)   Berechnen Sie nun die Endvermögen, die sich mit den beiden Finanzierungsverträgen erzielen lassen!

Lösung:

Zu (1)

Der Zusammenhang ist am Unvollkommenen Finanzmarkt keineswegs trivial. Zwei Effekte spielen eine Rolle: (1) Der zweite Finanzierungsvertrag verzinst die zwischenzeitlich kapitalisierten Zinsen zum Satz $r_K = 0{,}068$, während zwischenzeitlich ausgeschüttete Zinsen nur zum Satz $r_H = 0{,}05$ in Endvermögen übersetzt werden. Dieser Effekt ist im Hinblick auf die hälftige Abdeckung der Investition mit eigenen Mitteln vorteilhaft. (2) Im Hinblick auf die hälftige Abdeckung der Investition mit Fremdmitteln ist hingegen der kapitalisierende Finanzierungsvertrag nachteilig, weil der Satz von $r_K = 0{,}068$ die Zinsersparnis durch Rückführung des zum Satz $r_S = 0{,}07$ verzinsten Kredits nicht erreicht.

Bei beiden Effekten ist zudem deren Größenordnung in Betracht zu ziehen. Stellt man alleine auf die Höhe der Zinsdifferenz ab (0,018 bzw. -0,002), so überwiegt der erste Effekt und wäre mithin beim kapitalisierenden Finanzierungsvertrag ein höheres Endvermögen zu erwarten. Hinzu kommt aber, dass nur die Hälfte des Projektes mit Fremdmitteln abgedeckt wurde, wodurch die zwischenzeitliche Zinsausschüttung ein doppelt so hohes Gewicht hat wie der zurückzuführende Kredit. Dieser große Hebel spricht tendenziell etwas für den nicht kapitalisierenden Finanzierungsvertrag.

Zu (2)

Für den nicht kapitalisierenden Finanzierungsvertrag gilt:

$$e_1' = 680,00 < -\theta \cdot e_0' \cdot (1 + r_S) = 0,5 \cdot 10.000,00 \cdot 1,07 = 5.350,00$$

Also ergibt sich das Endvermögen hier als Zähler des Bruches im oberen Teil von Bedingung (3.5):

$$e_2' + \left[e_1' + \theta \cdot e_0' \cdot (1 + r_S)\right] \cdot (1 + r_S) = 10.680,00 + \left[680,00 - 5.350,00\right] \cdot 1,07 = 5.683,10$$

Bei der kapitalisierenden Variante gilt:

$$e_1 = 0 < -\theta \cdot e_0 \cdot (1 + r_S) = 0,5 \cdot 10.000,00 \cdot 1,07 = 5.350,00$$

Auch hier ergibt sich das Endvermögen als Zähler des Bruches im oberen Teil von Bedingung (3.5):

$$e_2 + \left[e_1 + \theta \cdot e_0 \cdot (1 + r_S)\right] \cdot (1 + r_S) = 11.406,24 - 5.724,50 = 5.681,74$$

Das Ergebnis bestätigt also unsere Vermutung.

Die in der Vorteilhaftigkeitsbedingung (3.5) zum Ausdruck gebrachte Fallunterscheidung ist die entscheidende Konsequenz, wenn Investitionsprojekte bei Unvollkommenen Finanzmärkten abgerechnet werden, an denen der Sollzins vom Habenzins abweicht. Es entsteht ein komplexer intertemporaler Zusammenhang, so dass sich für jeden Zeitpunkt nach der Entscheidung zwei wichtige Fragen stellen: „Welches Vorzeichen haben die Zahlungsmittelsalden zu diesem Zeitpunkt?" Und: „Welchen Betrag haben die Zahlungsmittelsalden zu diesem Zeitpunkt?" Wird ein Investitionsprojekt unter expliziter Berücksichtigung von Kredit- und Anlageaktivitäten vorwärts, also in Richtung Endzeitpunkt abgerechnet, werden diese Fragen bei dieser expliziten Vorwärtsrechnung beantwortet. Eine Rückwärtsrechnung auf den Entscheidungszeitpunkt ist hingegen deutlich aufwendiger, weil man zur Beantwortung der beiden Fragen immer auch noch die Vorwärtsrechnung durchführen muss. Hat man die explizite Vorwärtsrechnung erst durchgeführt und das Endvermögen ermittelt, ist die Rückwärtsrechnung unter expliziter Berücksichtigung von Kredit- und Anlageaktivitäten aber gar nicht mehr nötig. Man kann dann gleich das derart ermittelte Endvermögen auf den Entscheidungszeitpunkt beziehen, indem man Zinsen nur implizit im Wege der Abzinsung berücksichtigt.

In einer Welt Unvollkommener Finanzmärkte ist der Vollständige Finanzplan damit das nächstliegende Verfahren der Investitionsrechnung, die Zielsetzung der Endvermögensmaximierung unmittelbar plausibel. Nur ist das derart errechnete Endvermögen nicht auf den Entscheidungszeitpunkt t=0 bezogen. Und nicht nur die explizite Rückwärtsrechnung, auch die explizite Vorwärtsrechnung ist noch komplex, insbesondere dann, wenn viele Zeitpunkte zu berücksichtigen sind und die Zahlungsreihe des Investitionsprojektes viele Vorzeichenwechsel aufweist.

59
Vollkommener
Finanzmarkt

Betrachten wir deshalb nun Vorteilhaftigkeitsbedingung (3.5) für den Fall der Kongruenz von Sollzinsen und Habenzinsen. Diese Deckungsgleichheit ist eine notwendige, wenn auch nicht hinreichende Bedingung für einen Vollkommenen Finanzmarkt (vgl. Rn. 32). Formal lässt sie sich wie folgt zum Ausdruck bringen:

$$(3.6) \qquad r_S = r_H = r$$

In dieser Konstellation vereinfacht sich Vorteilhaftigkeitsbedingung (3.5) zu folgendem Ausdruck:

$$(3.7) \qquad K(r) = \sum_{t=0}^{2} \frac{e_t}{(1+r)^t} > 0$$

Den Summenausdruck bezeichnet man auch als Kapitalwert einer Investition, den wir im Folgenden stets durch den Buchstaben K symbolisieren wollen. Es ist wichtig, sich stets zu vergegenwärtigen, dass diese investitionstheoretische Kennzahl einen Vollkommenen Finanzmarkt voraussetzt. Bemerkenswert ist ferner, dass der Parameter θ in diesen Ausdruck gar nicht eingeht. Für eine Investitionsentscheidung ist es am Vollkommenen Finanzmarkt also nicht von Bedeutung, in welcher Höhe sie durch Eigenmittel und in welcher Höhe sie durch Fremdmittel finanziert wird. Die optimale Investition ist bereits durch den Zinssatz vollständig bestimmt. Auf der Grundlage dieser gegebenen Investitionsentscheidung bestimmen die Wirtschaftssubjekte dann entsprechend ihrer Gegenwartspräferenz, wie sie ihre Konsummöglichkeiten optimal auf Gegenwart und Zukunft verteilen. Diese Unabhängigkeit des ersten Optimierungsproblems vom zweiten wird als Fisher-Separation bezeichnet.

Aufgabe 3-5

Der kapitalisierende Finanzierungsvertrag (Aufgabe 2-1) und der Finanzierungsvertrag mit zwischenzeitlicher Ausschüttung des fälligen Zinses (Aufgabe 3-4) werden nun in der Welt des Vollkommenen Finanzmarktes abgerechnet, wo sich der Marktzinssatz bei 6% eingependelt hat.

Berechnen Sie jeweils die Kapitalwerte für Investitionen in diese Finanzierungsverträge!

Lösung:

Für den kapitalisierenden Finanzierungsvertrag ergibt sich:

$$K(6\%) = -10.000,00 + \frac{11.406,24}{1,06^2} \approx -10.000,00 + 10.151,51 = 151,51$$

Für die Ausschüttungsvariante errechnen wir demgegenüber:

$$K(6\%) = -10.000,00 + \frac{680,00}{1,06} + \frac{10.680,00}{1,06^2}$$
$$\approx -10.000,00 + 641,51 + 9.505,16 = 146,67$$

(Beide Kapitalwerte in €.) Gegenüber Aufgabe 3-4 kehrt sich die Reihenfolge der Investitionsprojekte also um. Effekt (2) hat nun nämlich die gleiche Wirkungsrichtung wie Effekt (1). Eine zwischenzeitliche Ausschüttung ist sowohl bei weiterer Anlage am Vollkommenen Finanzmarkt als auch bei Rückführung von Kredit ebenda gegenüber Kapitalisierung nachteilig. In beiden Fällen liegt die relevante Rate am Markt bei $r = 0,06$ und damit unterhalb der Rate des Finanzierungsvertrages in Höhe von $r_K = 0,068$.

Der Kapitalwert ergibt sich also rechnerisch relativ einfach durch Abzinsung der Zahlungsreihe auf den Entscheidungszeitpunkt. Beim Verfahren der Abzinsung werden die Anlage- und Aufnahmeaktivitäten nicht (wie beim Vollständigen Finanzplan) explizit in Geldeinheiten berücksichtigt, sondern implizit im dimensionslosen Kalkulationszins.

Neben der Unabhängigkeit von der Finanzierung (Fisher-Separation) und der rechnerischen Einfachheit (implizite Berücksichtigung von Anlage- und Aufnahmeaktivitäten) hat der Kapitalwert schließlich noch einen dritten wichtigen Vorzug. Betrachten wir hierzu noch einmal Tabelle 3-5. Würde ein Investor die in Rede stehenden Eigenmittel nicht in dem Investitionsprojekt anlegen, sondern am Vollkommenen Finanzmarkt (in der Unterlassensalternative), würde er folgendes Endvermögen EV_U erzielen:

$$(3.8a) \qquad EV_U = -(1-\theta) \cdot e_0 \cdot (1+r)^2$$

Überträgt man die Formel rechts unten in Tabelle 3-5 auf den Fall der Deckungsgleichheit von Sollzins und Habenzins, so führt die Investition in das Projekt hingegen zu folgendem Endvermögen EV_I:

$$(3.8b) \qquad EV_I = e_2 + e_1 \cdot (1+r) + \theta \cdot e_0 \cdot (1+r)^2$$

Betrachten wir nun die Differenz beider Endvermögen, abgezinst auf den Entscheidungszeitpunkt t=0:

$$(3.8c) \quad [EV_I - EV_U] \cdot \frac{1}{(1+r)^2} = \frac{e_2}{(1+r)^2} + \frac{e_1}{1+r} + (\theta + (1-\theta)) \cdot e_0 = K(r)$$

Der Kapitalwert ist also im Gegensatz zum Endvermögen eine auf den Entscheidungszeitpunkt bezogene Größe, die gleichwohl in eindeutiger Weise mit dem Endvermögen korrespondiert. Der Kapitalwert gibt den auf den Entscheidungszeitpunkt abgezinsten Endvermögenszuwachs an, der sich bei Durchführung des Investitionsprojektes gegenüber einer Anlage der vorhandenen Eigenmittel am Vollkommenen Finanzmarkt erzielen lässt. Die Maximierung des Kapitalwertes ist mit der Zielsetzung der Endvermögensmaximierung vollkommen kompatibel: Ist der Kapitalwert eines Investitionsprojektes bei einer Einprojekt-Einzelinvestitionsentscheidung positiv, so ist es vorteilhaft. Bei Mehrprojekt-Einzelinvestitionsentscheidungen sollte das Projekt mit dem höchsten Kapitalwert durchgeführt werden, sofern dieser positiv ist, ansonsten kein Projekt. Bei Investitionsprogrammentscheidungen schließlich sollte das Investitionsprogramm mit dem höchsten summierten Kapitalwert durchgeführt werden, sofern diese Summe positiv ist, ansonsten kein Programm.

*60
Absolute
Rentabilität*

Aufgrund seiner angenehmen Eigenschaften bietet es sich nun an, mit Hilfe des Kapitalwertes das Entscheidungskriterium „Rentabilität" ein erstes Mal zu konkretisieren, und zwar zunächst für den Fall sicherer Gegenleistungen aus einem Finanzierungsvertrag. Da es sich beim Kapitalwert um eine dimensionierte, in Geldeinheiten bemessene Kennzahl handelt, soll in diesem Zusammenhang von „Absoluter Rentabilität" die Rede sein.

**Definition 3-2
Absolute Rentabilität eines Finanzierungsvertrages**

Unter der Absoluten Rentabilität eines Finanzierungsvertrages soll der Kapitalwert seiner Zahlungsreihe verstanden werden, wie er im Dreizeitpunktmodell gemäß Gleichung (3.7) berechnet wird.

Der Kapitalwert bringt aus Sicht eines aus dem Finanzierungsvertrag zum Erhalt von Gegenleistungen Berechtigten dessen Attraktivität oder eben „Absolute Rentabilität" zum Ausdruck. Spiegelbildlich bringt er aus Sicht eines durch den Finanzierungsvertrag zur Gegenleistung Verpflichteten dessen absolute Belastung zum Ausdruck. Allerdings ist es auf dieser Seite des Finanzierungsvertrages, also bei Verpflichtung zur Gegenleistung, kaum üblich, von „Rentabilität" zu sprechen. Stattdessen ist aus diesem Blickwinkel eher von „Finanzierungskosten" die Rede. Ceteris paribus wird der Berechtigte einen relativ hohen Kapitalwert für Finanzierungsverträge bevorzugen, der zur Gegenleistung Verpflichtete einen relativ niedrigen.

Der vorausgegangene empirische Befund (Rn. 43-48) deutete darauf hin, dass an wichtigen Segmenten des Marktes für Finanzierungsverträge bei gegebener Konditionierung ein Trade-Off zwischen der Rentabilität, dem Risiko, der Liquidität sowie den Verfügungs- und Informationsrechten besteht. Bezüglich der Rentabilität wurde diese Trade-Off-Beziehung jedoch nicht anhand einer absoluten, in Geld bemessenen Größe wie dem Kapitalwert festgestellt, sondern anhand von (Vorsteuer-)Renditen, also dimensionslosen Prozent- oder Dezimalzahlen. Dieser Befund ließ sich insbesondere damit erklären, dass an den entsprechenden Marktsegmenten nach einem Gütesiegel (Rn. 47) gesucht wird, das die Investitionsobjekte losgelöst von ihrer Größenordnung charakterisiert. Die Absolute Rentabilität nach Definition 3-2 kann deshalb nur als gedanklicher Zwischenschritt auf dem Weg zu einer relativen, dimensionslosen Rentabilität aufgefasst werden. Aus der Vielzahl grundsätzlich in diesem Zusammenhang denkbarer Kennzahlen ragt der Interne Zinsfuß heraus, weil seine Definition auf der des Kapitalwertes basiert. Dem Internen Zinsfuß unterliegt damit wiederum die Annahme des Vollkommenen Finanzmarktes. Er ist bei deterministischen Zahlungsreihen als der Kalkulationszinsfuß r^{**} definiert, der den Kapitalwert zu Null macht. Der Interne Zinsfuß ergibt sich in der hier betrachteten Dreizeitpunktmodellierung als Lösung des folgenden Ansatzes (Rn. 59, Gleichung (3.7)):

$$e_0 + \frac{e_1}{1+r^{**}} + \frac{e_2}{\left(1+r^{**}\right)^2} = 0$$

$$\Leftrightarrow \quad \left(1+r^{**}\right)^2 + \frac{e_1}{e_0} \cdot \left(1+r^{**}\right) + \frac{e_2}{e_0} = 0$$

$$\Leftrightarrow$$

$$(3.9a) \quad r_{1,2}^{**} = -\frac{e_1/e_0}{2} \pm \sqrt{\left(\frac{e_1/e_0}{2}\right)^2 - \frac{e_2}{e_0}} - 1$$

(Bei der Lösung der quadratischen Gleichung wurde die so genannte „p-q-Formel" angewendet.) Ist keine zwischenzeitliche Gegenleistung zu berücksichtigen, gilt also $e_1 = 0$, vereinfacht sich die Lösung deutlich und es gilt:

$$(3.9b) \quad r^{**} = +\sqrt{\frac{e_2}{-e_0}} - 1$$

(Hier entfällt eindeutig das negative Vorzeichen vor der Wurzel, da wir an positiven Lösungen für r^{**} interessiert sind.) Noch einfacher gestaltet sich die Bestimmungsgleichung für den Internen Zinsfuß, wenn alleine im Zeitpunkt t=1 eine Gegenleistung erbracht wird, nicht jedoch im Zeitpunkt t=2, wenn also gilt: $e_2 = 0$. Wie Sie auch leicht nachprüfen können, lautet sie dann:

$$(3.9c) \qquad r^{**} = -\frac{e_1}{e_0} - 1$$

Bei mehr als drei modellierten Zeitpunkten ist eine explizite Auflösung des entsprechenden Ansatzes nach dem Internen Zinsfuß im Allgemeinen nicht mehr möglich. In diesem Fall kommen Näherungsverfahren zu seiner Bestimmung in Betracht.[128]

Aufgabe 3-6

Berechnen Sie für den kapitalisierenden Finanzierungsvertrag (Aufgabe 2-1) und die Variante mit zwischenzeitlicher Couponausschüttung (Aufgabe 3-4) die Internen Zinsfüße!

Lösung:

Beginnen wir mit der umfangreicheren Rechnung, also mit dem Finanzierungsvertrag mit zwischenzeitlicher Ausschüttung. Für diesen ergeben sich die beiden möglichen Internen Zinsfüße gemäß Gleichung (3.9a), also:

$$r^{**}_{1,2} = -\frac{680,00/-10.000,00}{2} \pm \sqrt{\left(\frac{680,00/-10.000,00}{2}\right)^2 - \frac{10.680,00}{-10.000,00} - 1}$$

$$= 0,034 \pm \sqrt{0,034^2 + 1,068} - 1$$

$$\Rightarrow$$

$$r^{**}_1 = 0,068 \lor r^{**}_2 = -2$$

Ökonomisch Sinn macht nur der positive Interne Zinsfuß, der gerade dem vertraglich vereinbarten Coupon entspricht. Die nicht durchweg gegebene Eindeutigkeit des Internen Zinsfußes ist einer seiner entscheidenden Nachteile. Nun zum kapitalisierenden Finanzierungsvertrag:

$$r^{**} = \sqrt{\frac{11.406,24}{10.000,00}} - 1 = 1,068 - 1 = 0,068$$

Die Internen Zinsfüße sind gleich. Dies überrascht zunächst, wenn man sich vor Augen führt, dass die kapitalisierende Variante bei einem Kalkulationszins von 6% den höheren Kapitalwert erzielt und damit das Endvermögen eines Investors maximiert (vgl. Aufgabe 3-5). Nun allerdings werden zwischenzeitliche Überschüsse nicht zu einem von der Internen Verzinsung abweichenden Satz, sondern gerade zu einem der Internen Verzinsung

---

[128] Beispielsweise das Verfahren der Linearen Interpolation; vgl. Blohm/Lüder (1995), S. 92.

entsprechenden Satz angelegt, so dass das kapitalisierende Projekt insofern nicht mehr begünstigt wird.

Übungsaufgabe 3-6 zeigt anschaulich, dass das „Gütesiegel" Interner Zinsfuß zu Investitionsentscheidungen führen kann, die nicht in Einklang mit der Zielsetzung der Endvermögensmaximierung stehen. Dies ist ein zweiter Nachteil dieses Entscheidungskriteriums.

Bei Einprojekt-Einzelinvestitionsentscheidungen soll ein Investitionsprojekt nach dem Kriterium des Internen Zinsfußes der Unterlassensalternative vorgezogen werden, wenn sein Interner Zinsfuß größer als der Zins am Vollkommenen Finanzmarkt ist. Bei Mehrprojekt-Einzelinvestitionsentscheidungen wäre demgegenüber dem Projekt der Vorzug zu geben, das den maximalen Internen Zinsfuß aufweist, sofern dieser größer als der Kalkulationszins am Vollkommenen Finanzmarkt ist. Bei Investitionsprogrammentscheidungen wäre dem Programm der Vorzug zu geben, das den höchsten Internen Zinsfuß aufweist, sofern dieser höher ist als der vom Vollkommenen Finanzmarkt stammende Kalkulationszins.

Der Interne Zinsfuß hat als investitionstheoretische Kennzahl verschiedene gewichtige Nachteile: Es muss für ein beliebiges Investitionsprojekt keineswegs zwingend ein Interner Zinsfuß existieren. Existiert jedoch einer, muss er keineswegs eindeutig sein (Formel (3.9a) hat beispielsweise 2 Lösungen.) Entscheidungen auf der Grundlage des Internen Zinsfußes können ferner im Widerspruch zur Zielsetzung der Endvermögensmaximierung stehen, wie es Aufgabe 3-6 gezeigt hat. Trotz dieser Mängel der Kennzahl Interner Zinsfuß legt es der empirische Befund nahe, kontrastierend zur Absoluten nun mit seiner Hilfe eine Relative Rentabilität zu definieren:

Definition 3-3
Relative Rentabilität eines Finanzierungsvertrages

Unter der Relativen Rentabilität eines Finanzierungsvertrages soll der Interne Zinsfuß seiner Zahlungsreihe verstanden werden, wie er im Dreizeitpunktmodell gemäß Gleichungskomplex (3.9) berechnet wird.

Eine Aufgabe zur Übung von Definition 3-3 dürfte entbehrlich sein. Wir haben soeben in Aufgabe 3-6 bereits Interne Zinsfüße und damit auch Relative Rentabilitäten berechnet.

b) Stochastische Gegenleistung

Im Allgemeinen wird ein potenzieller Investor nicht davon ausgehen können, dass die Gegenleistung aus einem Finanzierungsvertrag mit Sicherheit erbracht wird. Eine tiefer gehende finanzierungstheoretische Analyse der Unsicherheit und des Risikos wird deshalb noch folgen (Rn. 63-73). Allerdings ist es im Vorgriff auf diese bereits hier empfehlenswert, die Definitionen der Absoluten und der Relativen Rentabilität zu erweitern. Dies geschieht in der Form, dass die nunmehr stochastischen und entsprechend mit einer „Schlange" versehenen Gegenleistungen in den Bestimmungsgleichungen der Kennzahlen durch ihre Erwartungswerte ersetzt werden. Hierbei wollen wir wieder zu unserem Grundschema zurückkehren und die Möglichkeit von Gegenleistungen aus einem Finanzierungsvertrag nur für den Zeitpunkt t=2 eröffnen.

Bei Erwartungswerten handelt es sich um „erste Momente" einer Zufallsvariable, wie sie aus der mathematischen Statistik bekannt sind.[129] Sofern es sich um eine diskrete Zufallsvariable handelt und damit nur eine endliche oder abzählbar unendliche Anzahl an Umweltzuständen j=1,2,...,J zu berücksichtigen ist, ergibt sich der Erwartungswert der Gegenleistung wie folgt:

$$(3.10) \qquad E[\tilde{e}_2] = \sum_{j=1}^{J} e_{2j} \cdot p_j$$

$$mit: \qquad j = 1, 2, ..., J \qquad Umweltzustände;$$
$$p_1, p_2, ..., p_J \quad Wahrscheinlichkeiten\ der\ Umweltzustände$$

Der Erwartungswert einer Zufallsvariable ermöglicht es, im stochastischen Fall die Kapitalwertberechnung auf die erwartete Gegenleistung auszurichten und entsprechend zum Konzept des erwarteten Kapitalwerts zu gelangen:

$$(3.11) \qquad E[\tilde{K}(r)] = e_0 + \frac{E[\tilde{e}_2]}{(1+r)^2}$$

Stellt man bei der Berechnung des Kapitalwertes eines Finanzierungsvertrages auf dessen erwartete Gegenleistung ab, sollte in der Konsequenz auch dessen Erwartete Absolute Rentabilität definiert werden:

---

[129] Schönfeld (1969), S. 269f. Auf den Unterschied zwischen zentralen und nichtzentralen stochastischen Momenten kommt es hier nicht an.

Definition 3-4
Erwartete Absolute Rentabilität eines Finanzierungsvertrages

Unter der Erwarteten Absoluten Rentabilität eines Finanzierungsvertrages soll dessen erwarteter Kapitalwert $E\left[\tilde{K}(r)\right]$ gemäß Gleichung (3.11) verstanden werden.

Bei Unsicherheit kann es im Übrigen angezeigt sein, den Kalkulationszins gegenüber dem deterministischen Fall anzupassen. Einen Ansatz hierfür liefert beispielsweise das bereits angesprochene Kapitalmarktmodell CAPM (Rn. 36).

Die erwartete Gegenleistung kann nun auch in der Bestimmungsgleichung für den Internen Zinsfuß angesetzt werden, wobei in diesem stochastischen Fall der Interne Zinsfuß durch das Symbol r^* vertreten werden soll. Die Lösung dieser Gleichung unterscheidet sich grundsätzlich nicht von der Lösung im deterministischen Fall. Da Gegenleistungen nun wieder alleine im Zeitpunkt t=2 anfallen, brauchen wir hierbei nur auf Gleichung (3.9b) aus dem Gleichungskomplex (3.9) abzustellen:

$$e_0 + \frac{E\left[\tilde{e}_2\right]}{\left(1+r^*\right)^2} = 0$$

$\Rightarrow$

$$(3.12) \quad r^* = +\sqrt{\frac{E\left[\tilde{e}_2\right]}{-e_0}} - 1$$

Der Interne Zinsfuß ermöglicht es, die Erwartete Relative Rentabilität eines Finanzierungsvertrages zu definieren:

Definition 3-5
Erwartete Relative Rentabilität eines Finanzierungsvertrages

Unter der Erwarteten Relativen Rentabilität eines Finanzierungsvertrages soll der Interne Zinsfuß r^* verstanden werden, der sich gemäß Gleichung (3.12) für die Vorleistung und die erwartete Gegenleistung aus dem Finanzierungsvertrag ergibt.

Rechnen wir hierzu ein Beispiel.

Aufgabe 3-7

Viktor betrachtet nun neben dem Darlehen an Gerda auch den Erwerb einer Aktie der Diamantengrube Geröll AG. Bei den e_{2j} handelt es sich also hier um Dividendenzahlungen des Unternehmens an seine Aktionäre. Es sind zwei Umweltzustände j=1,2 zu unterscheiden – „Diamantenhausse" und „Diamantenbaisse". Eine Hochkonjunktur sei wahrscheinlicher als eine Rezession am Diamantenmarkt. Die beiden Umweltzustände seien deshalb mit den Wahrscheinlichkeiten $p_1 = 0,9$ bzw. $p_2 = 0,1$ ausgestattet. (Dies ist übrigens eine einfache „binomiale" Wahrscheinlichkeitsstruktur.) Im Falle einer Hausse wird pro Aktie im Zeitpunkt t=2 eine Dividende von € 822,24 ausgeschüttet. Bei einer Baisse fällt die Dividende hingegen vollständig aus. Die einzelnen Aktien können für € 400,00 in t=0 gezeichnet werden. Der Kalkulationszins beträgt 6%.

Ermitteln Sie die Erwartete Absolute und die Erwartete Relative Rentabilität des Finanzierungsvertrages Geröll-Aktie!

Lösung:

(Alle Zahlungsgrößen in €.) Als Erwartungswert der Dividendenzahlungen ergibt sich:

$$E[\tilde{e}_2] = 822,24 \cdot 0,9 + 0 \cdot 0,1 \approx 740,02$$

Die Erwartete Absolute Rentabilität für eine Aktie ergibt sich dann durch Berechnung des erwarteten Kapitalwertes:

$$E[\tilde{K}(r)] = -400,00 + \frac{740,02}{1,06^2} \approx -400,00 + 658,62 = 258,62$$

Die Erwartete Relative Rentabilität des Aktienengagements ergibt sich hingegen aus folgendem Ansatz:

$$r^* = \sqrt{\frac{740,02}{400,00}} - 1 = 0,3602 \approx 36,0\%$$

Im Vergleich zum Darlehen, das ja nur eine Rentabilität von 6,8% hat, erweist sich die Aktie mit einem erwarteten Internen Zinsfuß von rund 36,0% als hochrentable Investition. Die erhöhte Rendite kann als Prämie für das Risiko aufgefasst werden, dass keine Dividende gezahlt werden kann (Diamantenbaisse).

3.3.5.2 Risiko

a) Definition und Arten von Unsicherheit

Betrachten wir zunächst das allgemeine Phänomen der Unsicherheit und erst im Anschluss den Sonderfall des Risikos. Unter Unsicherheit soll hier ganz allgemein das Unvermögen verstanden werden, in der Gegenwart gegebene Sachverhalte genau einzuschätzen oder sich erst zukünftig realisierende Sachverhalte genau vorherzusagen. Nehmen wir die Sichtweise einer potenziellen Tauschvertragspartei ein, die eine (Vor-)Leistung erwägt und die Gegenleistung taxiert. Sagen wir, es ginge um Bananen. Im Spezialfall eines Finanzierungsvertrages wäre die Gegenleistung eine „Zukunftsbanane", deren physische Existenz bei Vertragsabschluss noch unsicher ist. Möglicherweise wird der Finanzierte mit der Vorleistung eine Bananenplantage anlegen, sodass er nur hoffen kann, dass es kein Unwetter gibt und Bananen auch wirklich geerntet werden können. Die „Zukunftsbanane" ist zum Entscheidungszeitpunkt nicht mehr als ein vertragliches Versprechen. Das Wetter lässt sich im Zeitablauf nicht mit Sicherheit prognostizieren. Dies wollen wir als Unsicherheit durch zeitliche Entwicklung bezeichnen.

Bei einem Kassavertrag ist die Existenz der Banane hingegen zum Zeitpunkt des Vertragsabschlusses verifizierbar und damit sicher. Dies allerdings darf uns nicht zu dem Fehlschluss verleiten, bei einem Kassavertrag sei ein Leistungserbringer nicht der Unsicherheit über die Gegenleistung ausgesetzt. Vermutlich haben wir alle schon die Erfahrung gemacht, dass eine von uns erstandene, äußerlich makellose Banane innen dunkel und weich war. Neben dem Faktor Zeit spielt nämlich der Faktor unzureichende Information für das Phänomen der Unsicherheit eine wichtige Rolle. Da beim Kassavertrag keine Zeit zwischen Leistung und Gegenleistung vergeht, erklärt sie die Unsicherheit bei diesem sogar alleine („Unsicherheit über die Sicherheit"), man hätte die Banane ja öffnen können. Allerdings sind die Kosten einer solchen Inspektion prohibitiv hoch, da sie die Banane unverkäuflich macht. In solchen Fällen wollen wir von Unsicherheit durch Informationsmangel sprechen, da sie sich durch eine Verbesserung des Informationsstandes beseitigen lässt.

Einen weiteren Fehlschluss würde es darstellen, Unsicherheit durch zeitliche Entwicklung als einzige Erklärung für Unsicherheit über die Gegenleistung im Zusammenhang mit Finanzierungsverträgen anzusehen.[130] Auch hier

63
Unsicherheit durch zeitliche Entwicklung, Unsicherheit durch Mangel an Information

---

[130] Mit einem solchen Fehlschluss ist man aber in guter Gesellschaft. Die wissenschaftliche Auseinandersetzung mit dem Phänomen der Unsicherheit hat das Tätigkeitsfeld der Wirtschaftstheorie ja in vieler Hinsicht erst im Zusammenhang mit dem Problem der Investitionsentscheidungen betreten. Dies ergab sich bereits aus unserem Abriss der Entwicklungslinien der Investitionstheorie (Rn. 28-41). Investitionsentscheidungen im Allgemeinen wie auch Investitionsentscheidungen in

kann ein Mangel an Information auftreten und sich über die Unsicherheit durch zeitliche Entwicklung legen („Unsicherheit über die Unsicherheit"). Schaut sich der Finanzier vor Abschluss des Finanzierungsvertrages nicht an, wie das Wetter in der Gegend der Bananenplantage ist, verspielt er Prognosequalität. Hält ihm der Finanzierte bewusst Informationen über die von ihm verwendete Bananensorte vor, ist seine Prognosefähigkeit ebenfalls reduziert. Hat sich die Gesamtheit der Wirtschaftssubjekte mit der Wetterlage um die Bananenplantage noch nicht befasst, ist auch dies schließlich ein Verlust an Prognosequalität. Sobald es zu einer Interaktion von zeitlicher Entwicklung und Informationsmangel kommt, ist im Übrigen eine saubere Trennlinie zwischen beiden Arten von Unsicherheit nicht mehr zu ziehen, da die Wirtschaftssubjekte ja nie wissen, was sie über ihren tatsächlichen Wissensstand hinaus wissen könnten. Werden wir das Ergebnis eines Würfelwurfs in 200 Jahren vielleicht aufgrund verfeinerter Messmethoden genau vorhersagen können?

Aufgabe 3-8

Viktors Vorleistung wird zusammen mit dem restlichen Emissionserlös von der Geröll AG in den Abbau von Diamanten in der Grube „Carat" investiert. Die durchschnittliche Ergiebigkeit der Grube schwankt im Zeitablauf zwischen 8 Gramm und 12 Gramm pro Tonne, im Mittel sind 10 Gramm zu erwarten. Der Vorstand der AG hatte jedoch aufgrund ungenügend durchgeführter Stichproben mit 20 Gramm pro Tonne kalkuliert.

Welche Arten von Unsicherheit liegen hier vor?

Lösung:

Bei den Schwankungen der Diamantenausbeute um ihren Erwartungswert handelt es sich um Unsicherheit durch zeitliche Entwicklung. Diese Unsicherheit wird jedoch durch eine weitere Art von Unsicherheit überlagert. Die Abweichung der vom Management subjektiv erwarteten Diamantenausbeute vom tatsächlich zu erwartenden Wert ist Unsicherheit durch Mangel an Information.

Finanzierungsverträge im Besonderen sind durch zeitliche Verwerfungen zwischen Leistung und Gegenleistung charakterisiert. Aus der dogmengeschichtlichen Entwicklung könnte man daher schließen, dass die Zeit die alleinige Ursache der Unsicherheit ist. Und auch in dem für die Allgemeine Gleichgewichtstheorie (Rn. 19) grundlegenden Werk von Debreu (1959) betritt die Unsicherheit gemeinsam mit der Zeit das Parkett, scheint die Unsicherheit also gleichsam die Zeit vorauszusetzen; S. 98-102.

Wir hatten bereits festgehalten, dass die Österreichische Schule dem Faktor Information (von ihr allerdings meist als „Wissen" bezeichnet) hohen Tribut zollt (Rn. 49-52). Auch an dieser Stelle soll die Unsicherheit durch Mangel an Information deshalb noch etwas näher betrachtet werden. Am Beispiel der Bananenplantage lässt sich nachvollziehen, dass ein Mangel an Information und die daraus resultierende Unsicherheit vertragsexogen angelegt sein können. Könnten die Wirtschaftssubjekte insgesamt die Wetterlage um die Bananenplantage erforschen, unterlassen es aber, stehen diese wichtigen Informationen den beiden Vertragsparteien erst recht nicht zur Verfügung. Stehen hingegen bestimmte Informationen insgesamt zur Verfügung, nicht jedoch mindestens einer der beiden Vertragsparteien, handelt es sich um vertragsendogene Unsicherheit.

64
Vertragsexogene und vertragsendogene Unsicherheit

Verfügt eine der beiden Vertragsparteien über einen besseren Zugang zu Information als die andere, kommt es zu einer Informationsasymmetrie. Bildlich gesprochen, können solche Informationsasymmetrien Gefälle in beide Richtungen aufweisen. Der Inhaber der Bananenplantage (Finanzierter) könnte etwa die Wetterbedingungen um seinen Anbau besser darstellen als tatsächlich, um geringere Finanzierungskosten auszuhandeln. Versicherungsnehmer (Finanziers) haben demgegenüber einen Anreiz, das zu versichernde Risiko und damit die Versicherungsprämie herunterzuspielen, indem sie beispielsweise den Wert des versicherten Hausrats geringer angeben, als es den Tatsachen entspricht. Informationsasymmetrien in einer Finanzierungsbeziehung können auch daraus resultieren, dass eine der beiden Parteien nach Abschluss des Vertrages zu einer anderen Politik übergeht, als sie vorher in Aussicht gestellt hatte. Solche Änderungen können sich beispielsweise auf die Investition der Vorleistung, die weitere Finanzierung des Investitionsprojektes und die Informationspolitik sowie bei Versicherungsverträgen auf relevante Sachverhalte beim Versicherungsnehmer beziehen. Sie werden in der wirtschaftstheoretischen Literatur häufig mit dem Schlagwort Moral Hazard belegt.[131] Wird die Verhaltensänderung allerdings von der Gegenseite korrekt antizipiert, führt Moral Hazard nicht zu Informationsasymmetrie in der Finanzierungsbeziehung.

65
Informationsasymmetrie und Moral Hazard

Aufgabe 3-9

Die Geröll AG hatte im Emissionsprospekt sogar eine erwartete Ausbeute von 30 Gramm pro Tonne avisiert. Vor dem Hintergrund dieser vermeintlich hohen Erfolgsaussichten hatte sich Viktors Freundin Viktoria überhaupt erst zur Zeichnung einer Aktie entschieden. Viktor kannte die Verhältnisse in der Grube Carat hingegen aufgrund einer Bergmannslehre, die er vor seinem

---

131 Der Begriff dürfte auf Knight (1921/1964) zurückgehen; S. 249, 251 und 253f.

Studium absolviert hatte. Obwohl er von 10 Gramm pro Tonne ausgegangen war, hielt er die Geröll-Aktien aber für ein interessantes Angebot.

Untersuchen Sie diese Vertragskonstellationen auf Informationsasymmetrien und Moral Hazard!

Lösung:

Es liegen zwei Informationsasymmetrien vor. Viktoria hat hinsichtlich der Grubenausbeute einen schlechteren Informationsstand als die Gesellschaft, Viktor einen besseren. Moral-Hazard-Verhalten liegt jedoch nicht vor. Dieses wäre etwa gegeben, wenn die Geröll AG mit der Grube Carat geworben, tatsächlich aber dann den Emissionserlös in die Grube Clarity investiert hätte.

66
Mehr-
dimensionale
Unsicherheit

Unsicherheit ist grundsätzlich ein mehrdimensionales Phänomen.[132] Ist etwa die Gegenleistung aus einem Tauschvertrag in Form von Gütern (wie etwa Bananen) vereinbart, bewirkt die Vielzahl der verschiedenen Qualitäts- und Quantitätseigenschaften, die zu einer vollumfänglichen Bestimmung der Güter erforderlich sind (Größe, Geschmack usw.), dass auch die Unsicherheit bezüglich der Gegenleistung mehrdimensional ist. In Sonderfällen kann sich die Dimension der Gegenleistung allerdings deutlich reduzieren. Ist eine Vertragskomponente in Form von Geld zu erbringen und gibt es wirklich nur eine homogene Art von Geld im Umlauf (und kein Falschgeld), wird das Unsicherheitsphänomen insofern eindimensional.

b)   Definition und Operationalisierung von Risiko

67
Unsicherheit,
Verteilungs-
funktion,
Risiko

Von mathematisch-statistischer Seite ist die Unsicherheit bereits vor der entsprechenden Entwicklungslinie der Investitionstheorie tiefer gehender Analyse unterzogen worden.[133] Einen wesentlichen Erkenntnisfortschritt bedeutete hierbei die Einsicht, dass sich für bestimmte mit Unsicherheit behaftete Phänomene eine gemeinsame Verteilungsfunktion bestimmen lässt. Bei diskreten Zufallsvariablen, die nur endlich oder abzählbar unendlich viele Werte annehmen können, ergibt sich aus der gemeinsamen Verteilungsfunktion die gemeinsame Wahrscheinlichkeitsfunktion, die einer bestimmten Wertekombination eine bestimmte Wahrscheinlichkeit zuordnet. Bei stetigen Zufallsvariablen ergibt sich stattdessen die gemeinsame Dichte der Zufallsvariable, deren Funktionswerte nicht mehr als Wahrscheinlichkeiten interpretiert werden können.[134]

---

[132] Vgl. zum Begriff der mehrdimensionalen Zufallsvariable Spanos (1986), S. 78-115.
[133] Für einen Überblick vgl. Arrow (1951), S. 404-420.
[134] Vgl. Schönfeld (1969), S. 266.

Basierend auf diesem Erkenntnisfortschritt der mathematischen Statistik hat Frank Knight Unsicherheit in messbare Unsicherheit – oder auch Risiko – und nicht messbare Unsicherheit unterschieden. Da Knight an dieser Stelle von Wahrscheinlichkeiten spricht, hat er offensichtlich diskrete Zufallsvariablen unterstellt. Für Risiko ist nach Knight eine „Verteilung" (die der gemeinsamen Wahrscheinlichkeitsfunktion und der gemeinsamen Verteilungsfunktion im obigen Sinne entspricht) bekannt; bei nicht messbarer Unsicherheit ist dies nicht der Fall.[135] Sofern nicht ausdrücklich anders vermerkt, wird im Folgenden von Unsicherheitssituationen ausgegangen, die durch diskrete Zufallsvariablen charakterisiert sind, für die sich eine gemeinsame Verteilungsfunktion und damit auch eine gemeinsame Wahrscheinlichkeitsfunktion bestimmen lässt. Entsprechend wird grundsätzlich von Risiko gesprochen.

Mittlerweile gehört Knights Unterscheidung zur ökonomischen Folklore. Hierbei hat allerdings der Begriff des Risikos insofern eine Konkretisierung erfahren, als er nicht mehr nur die Kenntnis einer gemeinsamen Wahrscheinlichkeitsfunktion signalisiert. Risiko ist vielmehr in einer häufig anzutreffenden Interpretation zu einer mittels der Varianz oder der Standardabweichung (Rn. 34) messbaren Größe geworden. Knüpfen wir an unseren bisherigen Bezeichnungen und Definitionen an, ergibt sich für die Varianz *Var* und die Standardabweichung *SD* des Kapitalwertes eines Finanzierungsvertrages:

$$Var\left[\tilde{K}(r)\right] = \sum_{j=1}^{J}\left[\left(e_0 + \frac{e_{2j}}{(1+r)^2}\right) - \left(e_0 + \frac{E[\tilde{e}_2]}{(1+r)^2}\right)\right]^2 \cdot p_j$$

$$(3.13a) \quad Var\left[\tilde{K}(r)\right] = \sum_{j=1}^{J}\left[\frac{e_{2j} - E[\tilde{e}_2]}{(1+r)^2}\right]^2 \cdot p_j$$

$$(3.13b) \quad SD\left[\tilde{K}(r)\right] = +\sqrt{Var\left[\tilde{K}(r)\right]}$$

Bei der Standardabweichung handelt es sich in unserem Zusammenhang um die erwartete Streuung der Gegenleistung aus einem Finanzierungsvertrag um den Erwartungswert der Gegenleistung oder im Sprachgebrauch der mathematischen Statistik um ein zweites Moment der Zufallsvariable „Gegenleistung".[136] Mit ihrer Hilfe lässt sich nun ganz im Sinne des Mean-Variability-Approach und in Analogie zu Definition 3-4 das Absolute Risiko eines Finanzierungsvertrages definieren:

---

[135] Knight (1921/1964), S. 233: „distribution".
[136] Vgl. Schönfeld (1969), S. 269.

Definition 3-6
Absolutes Risiko eines Finanzierungsvertrages

Unter dem Absoluten Risiko eines Finanzierungsvertrages soll die Standardabweichung seines Kapitalwertes $SD\left[\tilde{K}(r)\right]$ verstanden werden, wie sie in Gleichung (3.13b) definiert wird.

69
Relatives Risiko

Da uns bereits die Absolute, in Geldeinheiten bemessene Rentabilität gegenüber der Relativen, also dimensionslosen realitätsfern erschien, wollen wir hier sinngemäß vorgehen und auch das Relative Risiko eines Finanzierungsvertrages mittels seines Internen Zinsfußes definieren:

$$Var\left[\tilde{r}^*\right] = \sum_{j=1}^{J}\left[\left(\sqrt{\frac{e_{2j}}{-e_0}}-1\right)-\left(\sqrt{\frac{E\left[\tilde{e}_2\right]}{-e_0}}-1\right)\right]^2 \cdot p_j$$

$$= \sum_{j=1}^{J}\left[\sqrt{\frac{e_{2j}}{-e_0}}-\sqrt{\frac{E\left[\tilde{e}_2\right]}{-e_0}}\right]^2 \cdot p_j$$

$$(3.14a) \qquad Var\left[\tilde{r}^*\right] = \sum_{j=1}^{J}\left[\frac{\left(\sqrt{e_{2j}}-\sqrt{E\left[\tilde{e}_2\right]}\right)^2}{-e_0}\right]\cdot p_j$$

$$(3.14b) \qquad SD\left[\tilde{r}^*\right] = +\sqrt{Var\left[\tilde{r}^*\right]}$$

Definition 3-7
Relatives Risiko eines Finanzierungsvertrages

Unter dem Relativen Risiko eines Finanzierungsvertrages soll die Standardabweichung seines Internen Zinsfußes $SD\left[\tilde{r}^*\right]$ verstanden werden, wie sie in Gleichung (3.14b) definiert wird.

Rechnen wir dies für unsere bekannten Parameter einmal durch.

Aufgabe 3-10

Berechnen Sie das Absolute und das Relative Risiko von Viktors Geröll-Aktie aus Aufgabe 3-7!

Lösung:

Absolut in € gemäß Gleichung (3.13a) und Gleichung (3.13b):

$$Var\left[\tilde{K}(r)\right] = \left[\frac{822,24-740,02}{1,1236}\right]^2 \cdot 0,9 + \left[\frac{0-740,02}{1,1236}\right]^2 \cdot 0,1$$

$$= 4819,1893 + 43.377,392$$

$$= 48.196,581$$

$$SD\left[\tilde{K}(r)\right] = +\sqrt{48.196,581} = 219,53719 \approx 219,54$$

Im Durchschnitt streut der Kapitalwert von Viktors Aktie also um rd. € 219,54.
Relativ gemäß Gleichung (3.14a) und Gleichung (3.14b):

$$Var\left[\tilde{r}^{*}\right] = \left[\frac{\left(\sqrt{822,24}-\sqrt{740,02}\right)^2}{400}\right] \cdot 0,9 + \left[\frac{\left(\sqrt{0}-\sqrt{740,02}\right)^2}{400}\right] \cdot 0,1$$

$$= 0,0048713 + 0,1850049$$

$$= 0,1898762$$

$$SD\left[\tilde{r}^{*}\right] = +\sqrt{0,1898762} = 0,4357478 \approx 0,436$$

Die Rentabilität einer Investition in den Finanzierungsvertrag Diamantenaktie schwankt also durchschnittlich um rd. 43,6%-Punkte um ihren Erwartungswert von rd. 36,0%.

Gemeinsame Verteilungsfunktionen sind nur in Ausnahmefällen durch erste und zweite Momente bereits eindeutig beschrieben. Zu diesen Ausnahmen gehören bei diskreten Zufallsvariablen die Binomialverteilung[137] sowie bei stetigen Zufallsvariablen die Gleichverteilung[138] und die Normalverteilung[139]. Vernachlässigt man bei stochastischen Phänomenen, die durch erste und zweite Momente noch nicht hinreichend beschrieben sind, höhere Momente, so bedeutet dies einen Informationsverlust.[140] Allerdings steigen auch die Analysekosten mit der Zahl der untersuchten Momente. Die sowohl in der Theorie als auch in der Praxis gängige Beschränkung auf erste und zweite Momente durch Reduktion der Risikoanalyse auf Varianz oder Standardabweichung dürfte deshalb häufig einer Abwägung von Kosten und Nutzen entspringen.

70
Die Bedeutung
höherer Momente

---

[137] Vgl. Spanos (1986), S. 84.
[138] Vgl. Bronstein/Semendjajew (1981), S. 669.
[139] Vgl. Spanos (1986), S. 64-66.
[140] Vgl. Schneeweiß (1967), S. 57.

Bis hierhin haben sich unsere Überlegungen auf das Risiko einzelner Finanzierungsverträge beschränkt. Unter Risikoaspekten können aber zwischen verschiedenen Finanzierungsverträgen wichtige Interdependenzen bestehen (Rn. 36). Mischt man Finanzierungsverträge miteinander zu Portfolios, stehen diese neben den Ausgangsverträgen als weitere Investitionsprojekte zur Verfügung. In vielen Fällen ist die Standardabweichung eines solchen Portfolios niedriger als die gewichtete Summe der Standardabweichungen der Ausgangsverträge. Hintergrund ist die Korrelation[141] zwischen Zufallsvariablen, für die häufig der griechische Buchstabe ρ als Symbol gewählt wird. Zur Bestimmung dieser Korrelation wiederum benötigt man zunächst die Kovarianz *Cov* beider Zufallsvariablen, bei der es sich im mathematisch-statistischen Sinne um ein zentrales Produktmoment handelt.[142] Betrachten wir dies formal und indizieren wir die beiden betrachteten Finanzierungsverträge mit den römischen Zahlen I und II. Die Kovarianz zwischen den Kapitalwerten der beiden betrachteten Finanzierungsverträge wird durch $Cov_{I,II}$ symbolisiert und ergibt sich folgendermaßen:

$$Cov_{I,II} = $$
$$\sum_{j=1}^{J}\left[\left[\left(e_0^I+\frac{e_{2j}^I}{(1+r)^2}\right)-\left(e_0^I+\frac{E\left[\tilde{e}_2^I\right]}{(1+r)^2}\right)\right]\cdot\left[\left(e_0^{II}+\frac{e_{2j}^{II}}{(1+r)^2}\right)-\left(e_0^{II}+\frac{E\left[\tilde{e}_2^{II}\right]}{(1+r)^2}\right)\right]\right]\cdot p_j$$

$$(3.15)\quad Cov_{I,II} = \sum_{j=1}^{J}\frac{e_{2j}^I-E\left[\tilde{e}_2^I\right]}{(1+r)^2}\cdot\frac{e_{2j}^{II}-E\left[\tilde{e}_2^{II}\right]}{(1+r)^2}\cdot p_j$$

Dividiert man die Kovarianz sowohl durch die Standardabweichung der ersten als auch durch die Standardabweichung der zweiten Zufallsvariable, bereinigt man dieses zentrale Produktmoment um deren Dimensionen und gelangt zum Korrelationskoeffizienten nach Bravais-Pearson $\rho_{I,II}$. Er ist eine dimensionslose Größe, die sich stets im links- und rechtsgeschlossenen Einheitsintervall bewegt:

$$(3.16)\quad \rho_{I,II} = \frac{Cov_{I,II}}{SD_I\cdot SD_{II}} \in [-1,1]$$

Bei einem Korrelationskoeffizienten von 1 spricht man von perfekt positiver Korrelation der Zufallsvariablen, bei einem Koeffizienten von -1 von perfekt negativer Korrelation. Beträgt der Korrelationskoeffizient 0, so sagt man auch, die beiden Zufallsvariablen seien unkorreliert. Übertragen auf das Wirtschaftsleben kann man sich den ersten dieser drei besonders charakteristischen Fälle beispielsweise mit Sonnenschirmaktien und Speiseeisaktien

---

141 Vgl. Schönfeld (1969), S. 272.
142 Vgl. ebd., S. 271.

klar machen: Scheint die Sonne, geht es beiden Branchen gut, scheint sie nicht, geht es beiden schlecht. Abgesehen davon, dass es an der Börse gar keine reinen Speiseeisaktien und Sonnenschirmaktien gibt, würden allerdings weitere Faktoren wie etwa technische Verbesserungen beim Speiseeis, die die Sonnenschirmindustrie nicht betreffen, dafür sorgen, dass man eine vollständig positive Korrelation in der Realität nicht feststellt. Ähnliches gilt für die beiden anderen Fälle. Es wird gleichwohl vorgeschlagen, sich diese sinngemäß mit Sonnenschirmaktien und Regenschirmaktien (negative Korrelation) bzw. Sonnenschirmaktien und Zahnpastaaktien (Korrelation von 0) zu veranschaulichen. Denn man putzt sich doch seine Zähne bei jedem Wetter.

Aufgabe 3-11

Viktor betrachtet nun neben der Geröll-Aktie (die zugehörigen Größen bitte jetzt mit I indexieren!) auch die Sauerteig-Aktie, deren Angaben wir mit II indexieren. Alle Zahlungsmittelbeträge in €. Die Sauerteig AG produziert köstliches Roggenbrot. Bei ihr sind die gleichen Umweltzustände j=1,2 zu beachten, und es gilt:

$$e_{21}^{II} = 712,24 \quad ; \quad e_{22}^{II} = 990,00$$

Die beiden Umweltzustände sind unverändert mit Wahrscheinlichkeiten von 0,9 bzw. 0,1 ausgestattet, und es ist auch hier wieder ein Kalkulationszins von 6% anzusetzen. Eine Sauerteig-Aktie kann ebenfalls für € 400 gezeichnet werden:

$$e_0^{II} = -400,00$$

Wie Sie auch leicht nachrechnen können, ergeben sich damit für eine Sauerteig-Aktie die gleiche Absolute und die gleiche Relative Rentabilität wie für eine Geröll-Aktie:

$$E\left[\tilde{K}^{II}(r)\right] \approx 258,62 \quad ; \quad r^{II*} \approx 36,0\%$$

Sie können ebenfalls nach der bekannten Rechnung nachvollziehen, dass ausweislich des Absoluten und des Relativen Risikos Roggenbrot ein weniger riskantes Geschäft ist als Diamantenabbau:

$$SD\left[\tilde{K}^{II}(r)\right] \approx 74,16 \quad ; \quad SD\left[\tilde{r}^{II*}\right] \approx 7,2\%$$

Bestimmen Sie nun den Korrelationskoeffizienten zwischen Diamanten und Roggenbrot!

Lösung:

Zunächst muss die Kovarianz der Kapitalwerte der Geröll-Aktie und der Sauerteig-Aktie bestimmt werden:

$$Cov_{I,II} = \frac{822,24-740,02}{1,1236} \cdot \frac{712,24-740,02}{1,1236} \cdot 0,9$$
$$+ \frac{0-740,02}{1,1236} \cdot \frac{990-740,02}{1,1236} \cdot 0,1$$
$$= -1.628,2787 - 14.652,956$$
$$= -16.281,234$$

Damit ergibt sich unmittelbar die Korrelation:

$$\rho_{I,II} = \frac{-16.281,234}{219,54 \cdot 74,162} = -0,9999 \approx -1$$

Diamanten und Roggenbrot sind also hier (ausdrücklich ohne Anspruch auf strenge Deckungsgleichheit in der Realität!) ein vollständig negativ korreliertes Geschäft. Dies kann man sich damit etwas plausibel machen, dass in konjunkturell schlechten Zeiten Grundnahrungsmittel wie Roggenbrot statt Luxusgütern schwerpunktmäßig nachgefragt werden müssten, während in konjunkturell guten Zeiten eher Weißbrot und Diamanten im Trend liegen müssten.

72
*Diversifikations-
effekte*

Leiten wir nun Bestimmungsgleichungen für die Varianz Var_P und die Standardabweichung SD_P des Kapitalwertes eines Portfolios her, das sich zum Anteil γ aus Finanzierungsvertrag I und zum Anteil δ aus Finanzierungsvertrag II zusammensetzt. Auf dem Weg zur nachfolgenden Gleichung (3.17a) wird zu diesem Zweck zunächst die Varianz der Rückflüsse aus einem derart gewichteten Portfolio formuliert. Sodann wird der entstehende Ausdruck bereinigt, wodurch sich eine 1. Binomische Formel ergibt. Diese wird anschließend ausmultipliziert, sodass drei verschiedene Summanden erscheinen, die wir durch die Verwendung von Var-Symbolen für Varianzen und Cov-Symbolen für Kovarianzen stark vereinfachen können. Schließlich wird noch die umgeformte Gleichung (3.16), also die Definition des Korrelationskoeffizienten $\rho_{I,II}$, eingesetzt, sodass auch SD-Symbole für Standardabweichungen zum Einsatz kommen. In Gleichung (3.17b) ergibt sich die Standardabweichung danach als positive Wurzel aus dem zuvor hergeleiteten Term für die Portfoliovarianz.[143]

---

[143] Vgl. Markowitz (1952), S. 81 und S. 83.

$$Var_P = \sum_{j=1}^{J} \left\{ \begin{bmatrix} \left[\gamma \cdot \left(e_0^I + \dfrac{e_{2j}^I}{(1+r)^2} \right) + \delta \cdot \left(e_0^{II} + \dfrac{e_{2j}^{II}}{(1+r)^2} \right) \right] - \\ \left[\gamma \cdot \left(e_0^I + \dfrac{E\left[\tilde{e}_2^I\right]}{(1+r)^2} \right) + \delta \cdot \left(e_0^{II} + \dfrac{E\left[\tilde{e}_2^{II}\right]}{(1+r)^2} \right) \right] \end{bmatrix}^2 \right\} \cdot p_j$$

$$= \sum_{j=1}^{J} \left\{ \gamma \cdot \frac{e_{2j}^I - E\left[\tilde{e}_2^I\right]}{(1+r)^2} + \delta \cdot \frac{e_{2j}^{II} - E\left[\tilde{e}_2^{II}\right]}{(1+r)^2} \right\}^2 \cdot p_j$$

$$Var_P = \gamma^2 \cdot \sum_{j=1}^{J} \left(\frac{e_{2j}^I - E\left[\tilde{e}_2^I\right]}{(1+r)^2} \right)^2 \cdot p_j$$

$$+ 2 \cdot \gamma \cdot \delta \cdot \sum_{j=1}^{J} \frac{e_{2j}^I - E\left[\tilde{e}_2^I\right]}{(1+r)^2} \cdot \frac{e_{2j}^{II} - E\left[\tilde{e}_2^{II}\right]}{(1+r)^2} \cdot p_j$$

$$+ \delta^2 \cdot \sum_{j=1}^{J} \left(\frac{e_{2j}^{II} - E\left[\tilde{e}_2^{II}\right]}{(1+r)^2} \right)^2 \cdot p_j$$

$$= \gamma^2 \cdot Var_I + 2 \cdot \gamma \cdot \delta \cdot Cov_{I,II} + \delta^2 \cdot Var_{II}$$

(3.17a) $\quad Var_P \overset{(3.16)}{=} \gamma^2 \cdot Var_I + 2 \cdot \gamma \cdot \delta \cdot SD_I \cdot SD_{II} \cdot \rho_{I,II} + \delta^2 \cdot Var_{II}$

(3.17b) $\quad SD_P = + \sqrt{\gamma^2 \cdot Var_I + 2 \cdot \gamma \cdot \delta \cdot SD_I \cdot SD_{II} \cdot \rho_{I,II} + \delta^2 \cdot Var_{II}}$

Im Fall perfekt positiver Korrelation (das heißt: $\rho_{I,II} = 1$) ergibt sich als Radikand in Gleichung (3.17b) eine erste binomische Formel:

$$SD_P \overset{\rho=1}{=} + \sqrt{\gamma^2 \cdot Var_I + 2 \cdot \gamma \cdot \delta \cdot SD_I \cdot SD_{II} \cdot 1 + \delta^2 \cdot Var_{II}}$$

$$\Leftrightarrow \quad SD_P = + \sqrt{(\gamma \cdot SD_I + \delta \cdot SD_{II})^2}$$

$$\Leftrightarrow \quad SD_P = \gamma \cdot SD_I + \delta \cdot SD_{II}$$

In diesem und nur in diesem Fall ist die Standardabweichung des Kapitalwertes des Portfolios gleich der gewichteten Summe der Standardabweichungen der Kapitalwerte der einzelnen Finanzierungsverträge. Für kleinere Korrelationskoeffizienten ist hingegen die Standardabweichung des Kapitalwertes des Portfolios stets kleiner als diese gewichtete Summe, da der Radikand im Vergleich zur Situation bei perfekt positiver Korrelation ja verkleinert wird. Stehen zwei Finanzierungsverträge zur Entscheidung, reduziert Portfoliobildung in solchen Fällen das anhand der Standardabweichung gemessene Risiko. Es lohnt sich gemäß Gleichung (3.17b) in den Fällen nicht vollständig positiver Korrelation, „nicht alle Eier in einen Korb zu legen". Man spricht dann von „Risikostreuung"[144] oder „Diversifikation"[145]. Die Aussage steht im Zentrum der Portfoliotheorie und gilt natürlich erst recht für eine Vielzahl von Finanzierungsverträgen.[146] Die Portfoliotheorie wiederum bildet den gedanklichen Ausgangspunkt für das Capital Asset Pricing Model CAPM (Rn. 36).

Aufgabe 3-12

Viktor stellt sich die Frage, ob es möglich ist, durch eine geeignete Mischung von Geröll-Aktien und Sauerteig-Aktien ein Portfolio zu bilden, dessen Kapitalwert keinem Risiko, also keinen Schwankungen mehr unterliegt und damit die Bedingung $SD_P = 0$ erfüllt.

Viktoria gibt ihm den Tipp, dass man in der einschlägigen Gleichung zur Vereinfachung $\delta = 1 - \gamma$ setzen könnte.

Können Sie Viktor helfen und die Anteile γ und $1-\gamma$ berechnen, mit denen Geröll bzw. Sauerteig gewichtet werden müssen?

Lösung:

Beide Aktien sind perfekt negativ miteinander korreliert. γ und $1-\gamma$ addieren sich zu 1. Setzen wir dies in Gleichung (3.17b) ein und setzen wir diesen Ausdruck gleich Null, ergibt sich:

$$SD_P = +\sqrt{\gamma^2 \cdot Var_I - 2 \cdot \gamma \cdot (1-\gamma) \cdot SD_I \cdot SD_{II} + (1-\gamma)^2 \cdot Var_{II}} \overset{!}{=} 0$$

$$\Leftrightarrow +\sqrt{(\gamma \cdot SD_I - (1-\gamma) \cdot SD_{II})^2} = 0$$

$$\Leftrightarrow \gamma \cdot SD_I = (1-\gamma) \cdot SD_{II}$$

$$\Leftrightarrow \gamma = \frac{SD_{II}}{SD_I + SD_{II}} \quad ; \quad (1-\gamma) = \frac{SD_I}{SD_I + SD_{II}}$$

Für die konkreten Standardabweichungen der Kapitalwerte der Investitionen in Geröll-Aktien und in Sauerteig-Aktien ergibt sich damit:

$$\gamma = \frac{74,16}{219,54 + 74,16} \approx 25,3\%$$

$$(1-\gamma) = \frac{219,54}{219,54 + 74,16} \approx 74,7\%$$

---

144 Arnold (1976), Sp. 1510.
145 So auch der Titel des Werkes von Markowitz (1959): „Portfolio Selection. Efficient Diversification of Investments".
146 Vgl. die Darstellung von Fama/Miller (1972), S. 215-275.

c)   Die Risikoeinstellung der Entscheidungsträger

Aufgrund der Unsicherheit durch zeitliche Entwicklung und der Unsicherheit durch Mangel an Information (Rn. 63) lassen sich die Rückflüsse, die ein Unternehmen aus seinen Investitionen erzielt, nicht mit Sicherheit vorhersagen. Dann aber sind auch die vom Unternehmen gemäß der jeweils vereinbarten Verteilungsregel (Rn. 20f.) an seine Finanziers zu zahlenden Gegenleistungen der Unsicherheit ausgesetzt. Der empirisch gestützte Trade-Off zwischen Risiko und Rentabilität (Rn. 43) deutet in diesem Zusammenhang darauf hin, dass die Entscheidungsträger mit Risiko behaftete Gegenleistungen gegenüber sicheren als nachteilig empfinden. Eine solche Attitüde wird mittlerweile regelmäßig als Risikoaversion bezeichnet.[147] Beispielsweise das CAPM (Rn. 36) geht von einer solchen Einstellung zum Risiko aus, da ansonsten die Portfoliobildung keinen Nutzen stiftenden Effekt hat. Wird Risiko demgegenüber als attraktiv empfunden, ist von Risikofreude die Rede. Grenzfall zwischen Risikofreude und Risikoaversion ist Risikoneutralität.

*73
Risikoaversion*

3.3.5.3   Präferenzgemäße Konditionierung

Unsicherheit kann die Vertragsparteien eines Finanzierungsvertrages in spezifischer Weise treffen. Entsprechend kann auch die Gegenleistung aus einem Finanzierungsvertrag auf unsichere Entwicklungen bedingt werden – und zwar sowohl auf unsichere Entwicklungen beim Finanzierten als auch auf unsichere Entwicklungen beim Finanzier. Den zweiten Mechanismus hatten wir als charakteristisch für Versicherungsverträge erkannt und Konditionierung genannt (Rn. 10). Mean-Variabilty-Approach und CAPM (Rn. 36) berücksichtigen ihn im Gegensatz zur Bedingung auf unsichere Entwicklungen beim Finanzierten nicht. Wir wollen ihn hier etwas näher betrachten.

*74
Schadens-
korrelation*

Idealtypisch ist die Gegenleistung aus einem Versicherungsvertrag derart auf stochastische Ereignisse beim Finanzier konditioniert, dass zwischen dem Ereignis und der Gegenleistung eine vollständig negative Korrelation besteht. Brennt es etwa, führt das Feuer zu einem Vermögensverlust, dem idealerweise stets ein Zahlungsmittelzufluss in gleicher Höhe aus einer Feuerversicherung gegenübersteht. In Analogie zu Gleichung (3.16) wird als Maßgröße für die Konditionierung deshalb die Schadenskorrelation ρ_{kon} zwischen den Gegenleistungen e_{2j} aus einem Finanzierungsvertrag und den Schadensfällen $\bar{e}_{2j}$ beim Finanzier gemäß folgender Formel vorgeschlagen:

---

[147] Vgl. Fama/Miller (1972), S. 200-203.

$$(3.18) \qquad \rho_{kon} = \frac{\sum_{j=1}^{J} \left[\frac{e_{2j}}{(1+r)^2} - \frac{E(\tilde{e}_2)}{(1+r)^2} \right] \cdot \left[\frac{\bar{e}_{2j}}{(1+r)^2} - \frac{E(\tilde{\bar{e}}_2)}{(1+r)^2} \right] \cdot p_j}{\sqrt{\sum_{j=1}^{J} \left[\frac{e_{2j}}{(1+r)^2} - \frac{E(\tilde{e}_2)}{(1+r)^2} \right]^2 \cdot p_j} \cdot \sqrt{\sum_{j=1}^{J} \left[\frac{\bar{e}_{2j}}{(1+r)^2} - \frac{E(\tilde{\bar{e}}_2)}{(1+r)^2} \right] \cdot p_j}}$$

3 Hinweise zu Gleichung (3.18): (1) Die Diskontierungsfaktoren in Zähler und Nenner kürzen sich rein rechnerisch natürlich weg. Allerdings liegen bei der konkreten Anwendung der Formel möglicherweise bereits abdiskontierte Teile vor, sodass obige Schreibweise Rechenvorteile haben kann. (2) An sich gebotene Pluszeichen vor den Wurzeln im Nenner wurden zur Vereinfachung weggelassen. (3) Bei dem ersten Wurzelterm im Nenner handelt es sich um die Standardabweichung des Kapitalwertes eines Finanzierungsvertrages gemäß Gleichung (3.13b). Der zweite Ausdruck ist die Entsprechung für das abgezinste Schadensrisiko.

Aufgabe 3-13

Viktor hat die Beratungsfirma Cool, Vollkrass & Partner gegründet, die Roadshows organisiert, bei denen sich junge Leute über Unternehmen und Berufe informieren können. Für den zukünftigen Zeitpunkt t=2 muss er drei Zustände der Welt (J=3) unterscheiden, und zwar: (1) Hochkonjunktur, kein Schaden durch Feuer; (2) Baisse, kein Schaden durch Feuer; (3) Hochkonjunktur, das Unternehmen wird durch Feuer geschädigt. Diese drei Zustände der Welt sind mit den Wahrscheinlichkeiten $p_1 = 0{,}81$, $p_2 = 0{,}18$ und $p_3 = 0{,}01$ ausgestattet. Viktor möchte sein Unternehmen nun gerne gegen das Feuerrisiko versichern. (Alle folgenden Zahlungsmittelbeträge in €.) Für den Schadensfall ist mit einer Vermögenseinbuße von -17.300,00 zu rechnen. Zur Auswahl stehen Viktor zwei neue Finanzierungsverträge I und II. (Die römischen Zahlen als Indizes stehen also nicht mehr für „Geröll" und „Sauerteig" wie etwa in Aufgabe 3-11.) Der Kalkulationszins beträgt 6%.

Finanzierungsvertrag I ist durch eine in t=0 zu erbringende Vorleistung e_0^I in Höhe von -100,00 und eine in t=2 gewinnabhängig zu zahlende Gegenleistung e_{2j}^I gekennzeichnet. Die Gegenleistung aus dem Finanzierungsvertrag beträgt in Abhängigkeit von den Zuständen der Welt $e_{21}^I = 200{,}00$, $e_{22}^I = 50{,}00$ und $e_{23}^I = 200{,}00$.

Die Zahlungsreihe von Finanzierungsvertrag II besteht aus einer in t=0 zu erbringenden Vorleistung in Höhe von $e_0^{II} = -100{,}00$ und schadensabhängig zu zahlenden Gegenleistungen in Höhe von $e_{21}^{II} = 0$, $e_{22}^{II} = 0$

und $e_{23}^{II} = 17.300,00$. (Sie ahnen vermutlich bereits, dass es sich bei Vertrag II um einen Versicherungsvertrag handelt.)

(1) *Berechnen Sie den Erwartungswert und die Standardabweichung des abgezinsten Schadensrisikos!*
(2) *Berechnen Sie den Erwartungswert und die Standardabweichung der abgezinsten Gegenleistungen des Finanzierungsvertrages II!*
(3) *Berechnen Sie den Erwartungswert und die Standardabweichung der abgezinsten Gegenleistungen des Finanzierungsvertrages III!*
(4) *Berechnen Sie nun noch die Schadenskorrelationen für die beiden Finanzierungsverträge in Viktors Kalkül!*

Lösung:

Zu (1)

$$E\left[\frac{\tilde{\tilde{e}}_2}{(1+r)^2}\right] = \frac{0}{1,06^2} \cdot 0,81 + \frac{0}{1,06^2} \cdot 0,18 + \frac{-17.300,00}{1,06^2} \cdot 0,01 \approx -153,97$$

Viktor muss also von einem erwarteten Schaden durch Feuer in Höhe von € -153,97 ausgehen.

$$Var\left[\frac{\tilde{\tilde{e}}_2}{(1+r)^2}\right]$$

$$= \left[\frac{0}{1,06^2} + 153,97\right]^2 \cdot 0,81 + \left[\frac{0}{1,06^2} + 153,97\right]^2 \cdot 0,18 + \left[\frac{-17.300,00}{(1,06^2)} + 153,97\right]^2 \cdot 0,01$$

$$\approx 2.346.950,43$$

$$SD\left[\frac{\tilde{\tilde{e}}_2}{(1+r)^2}\right] = +\sqrt{2.346.950,43} \approx 1.531,98$$

Zu (2)

$$E\left[\frac{\tilde{e}_2^I}{(1+r)^2}\right] = \frac{200,00}{1,06^2} \cdot 0,81 + \frac{50,00}{1,06^2} \cdot 0,18 + \frac{200,00}{1,06^2} \cdot 0,01 \approx 153,97$$

Nach Abzug der zu erbringenden Vorleistung ergibt sich eine Erwartete Absolute Rentabilität von rd. € 53,97.

$$Var\left[\frac{\tilde{e}_2^I}{(1+r)^2}\right]$$

$$= \left[\frac{200,00}{1,06^2} - 153,97\right]^2 \cdot 0,81 + \left[\frac{50,00}{1,06^2} - 153,97\right]^2 \cdot 0,18 + \left[\frac{200,00}{1,06^2} - 153,97\right]^2 \cdot 0,01$$

$$\approx 2.630,54$$

$$SD\left[\frac{\tilde{e}_2^I}{(1+r)^2}\right] = +\sqrt{2.630,54} \approx 51,29$$

Zu (3)

$$E\left[\frac{\tilde{e}_2^{II}}{(1+r)^2}\right] = \frac{0}{1,06^2} \cdot 0,81 + \frac{0}{1,06^2} \cdot 0,18 + \frac{17.300,00}{1,06^2} \cdot 0,01 = 153,97$$

Nach Abzug der zu erbringenden Vorleistung ergibt sich auch hier eine Erwartete Absolute Rentabilität von rd. € 53,97. Der Versicherungsvertrag II ist also ebenso rentabel wie der „normale" Finanzierungsvertrag I.

$$Var\left[\frac{\tilde{e}_2^{II}}{(1+r)^2}\right]$$

$$= \left[\frac{0}{1,06^2} - 153,97\right]^2 \cdot 0,81 + \left[\frac{0}{1,06^2} - 153,97\right]^2 \cdot 0,18 + \left[\frac{17.300,00}{1,06^2} - 153,97\right]^2 \cdot 0,01$$

$$= 2.346.950,43$$

$$SD\left[\frac{\tilde{e}_2^{II}}{(1+r)^2}\right] = +\sqrt{2.346.950,43} = 1.531,98$$

Vermutlich ist es für Sie wenig überraschend, dass der zweite Finanzierungsvertrag bei seinen Rückzahlungen die gleiche durchschnittliche Schwankungsbreite hat wie das Schadensrisiko durch Feuer. Aber hätten Sie so ohne weiteres vermutet, dass die Feuerversicherung sich im Vergleich zum Finanzierungsvertrag I, der ja trotz seiner Gewinnabhängigkeit mit € 51,29 eine niedrigere Standardabweichung hat, im Sinne der Portfoliotheorie als eine riskantere Investition herausstellt?

Zu (4)

ρ_{kon}^{I}

$$= \frac{\left[\begin{array}{l}\left(\dfrac{200,00}{1,06^{2}}-153,97\right)\cdot\left(\dfrac{0}{1,06^{2}}+153,97\right)\cdot 0,81+ \\[3mm] \left(\dfrac{50,00}{1,06^{2}}-153,97\right)\cdot\left(\dfrac{0}{1,06^{2}}+153,97\right)\cdot 0,18+ \\[3mm] \left(\dfrac{200,00}{1,06^{2}}-153,97\right)\cdot\left(\dfrac{-17.300,00}{1,06^{2}}+153,97\right)\cdot 0,01\end{array}\right]}{(51,29\cdot 1.531,98)}$$

$\approx -0,05$

Der Wert liegt nahe an 0. Finanzierungsvertrag I ist weitgehend unkorreliert mit dem Schadensereignis. Nichts anderes hätten wir von einem Finanzierungsvertrag im engeren Sinne (Rn. 10) auch erwartet. (Die geringe „Restkorrelation" in Höhe von rd. -0,05 ist darauf zurückzuführen, dass der Vertrag im Schadensfall j=3 mit € 200 immerhin noch über seinem eigenen Erwartungswert von € 153,97 liegt und damit eine – betraglich allerdings sehr geringe – Absicherungsfunktion übernimmt.)

ρ_{kon}^{II}

$$= \frac{\left[\begin{array}{l}\left(\dfrac{0}{1,06^{2}}-153,97\right)\cdot\left(\dfrac{0}{1,06^{2}}+153,97\right)\cdot 0,81+ \\[3mm] \left(\dfrac{0}{1,06^{2}}-153,97\right)\cdot\left(\dfrac{0}{1,06^{2}}+153,97\right)\cdot 0,18+ \\[3mm] \left(\dfrac{17.300,00}{1,06^{2}}-153,97\right)\cdot\left(\dfrac{-17.300,00}{1,06^{2}}+153,97\right)\cdot 0,01\end{array}\right]}{(1.531,98\cdot 1.531,98)}$$

$= -0,9999 \approx -1$

Finanzierungsvertrag II erreicht mit -1 die für einen Versicherungsvertrag optimale Schadenskorrelation. Genau dann, wenn es einen Schaden gibt, erhält man von der Versicherung eine Versicherungssumme in Höhe des Schadens.

Mit dem Schadenskorrelationskoeffizienten darf nicht die Vorstellung verbunden werden, ein niedriger Wert nahe an -1 sei für rational handelnde Anleger generell gegenüber höheren Werten vorzuziehen. Eine solche Aussage macht alleine schon deshalb keinen Sinn, weil es zu viele verschiedene Schäden gibt, mit denen ein Versicherungsvertrag korrelieren kann. Ist er mit Feuerschäden perfekt negativ korreliert, korreliert er mit einiger Wahrscheinlichkeit mit Diebstahlsschäden überhaupt nicht usw. Es kommt also vielmehr auf die Zwecke an, die mit der Investition in einen Finanzierungsvertrag verfolgt werden. Ist die Absicherung gegen einen bestimmten Scha-

75
Präferenzgemäße
Konditionierung

den das Ziel, stellt in der Tat vollständig negative Schadenskorrelation das Ideal dar. Liegt das Motiv hingegen in einer möglichst gleichmäßigen Verteilung von Gegenleistungen über die Zustände der Welt, liegt die Schadenskorrelation mit beliebigen Schäden idealerweise nahe an 0. Allgemeines Anlageziel ist also nicht eine starke, sondern eine präferenzgemäße Konditionierung. Diese Möglichkeit der Konditionierung der Gegenleistung ist eine der Eigenschaften, durch die sich eine Investitionsentscheidung in Finanzierungsverträge signifikant von Realinvestitionen unterscheidet, sodass die Analyse von Investitionsentscheidungen bei der Betrachtung von Finanzierungsverträgen um diesen Aspekt erweitert werden sollte.

76
Ansparung und
zwischenzeitliche
Übertragung

Bei vielen Versicherungsverträgen ist der Konditionierungsmechanismus (Rn. 10) so ausgestaltet, dass es zu keiner Ansparung kommt. Tritt kein Schadensfall ein, erhält der Versicherungsnehmer keine Versicherungsleistung. Ob der Vertrag eine Sparkomponente hat, ist von entscheidender Bedeutung für die Frage, ob Sekundärmärkte in diesen Verträgen Sinn machen. Betrachten wir dies etwas näher.

Variieren wir vorübergehend unsere Dreizeitpunktmodellierung und erhöhen wir die Freiheitsgrade für den Zeitpunkt t=1. Es sei nicht nur möglich, im Zeitpunkt t=0 zweiperiodige Versicherungsverträge abzuschließen, sondern auch, im Zeitpunkt t=1 einperiodige. Haben der langfristige und der kurzfristige Versicherungsvertrag jeweils keine Sparkomponente (wie zum Beispiel obige Feuerversicherung), verbriefen sie bei gegebener Versicherungssumme für den Zeitraum ab t=1 exakt den gleichen Versicherungsschutz. Ein Sekundärmarkt für langfristige Versicherungsverträge ohne Sparkomponente im Zeitpunkt t=0 macht also keinen Sinn, da man das gleiche Versicherungsziel auch mit einem kurzfristigen Vertrag erreichen kann. Derartige langfristige Versicherungsverträge sind gänzlich illiquide.

Bei Versicherungsverträgen mit Sparkomponente (wie zum Beispiel Kapitallebensversicherungen) liegt der Fall anders. Langfristig in t=0 abgeschlossene Verträge verbriefen in diesem Fall bei gleicher Versicherungsprämie für den Zeitraum ab t=1 eine höhere Versicherungssumme als kurzfristig in t=0 abgeschlossene, da sich die Sparkomponente eine Periode länger verzinst. Für einen potenziellen Versicherungsnehmer macht es daher im Zeitpunkt t=1 grundsätzlich Sinn, in einen alten Langläufer am Sekundärmarkt einzusteigen, statt einen neuen Kurzläufer am Primärmarkt zu kontrahieren. Ein stabiles, keinen Änderungskräften mehr ausgesetztes Gleichgewicht zwischen Primärmarkt und Sekundärmarkt wird sich hier im Zeitpunkt t=1 erst dann einpendeln, wenn die Preise für alte Versicherungsverträge höher sind als die Versicherungsprämien, die für neue zu zahlen sind.

Für einen zwischenzeitlichen Handel von Versicherungsverträgen mit Sparkomponente ist es erforderlich, dass die Verträge einigermaßen standardisiert sind und damit nicht zu stark auf individuelle Charakteristika des Versicherungsnehmers bei der Bemessung von Versicherungsprämie und Versicherungssumme eingehen. So wäre es für ein Versicherungsunternehmen nachteilig, wenn ein dreißigjähriger Versicherungsnehmer seinen Kapitallebensversicherungsvertrag ceteris paribus auf einen sechzigjährigen mit entsprechend geringerer Lebenserwartung und dementsprechend geringerem noch zu erwartenden Prämienaufkommen übertragen könnte.

3.3.5.4 Verfügungs- und Informationsrechte

Wir können uns die Unternehmenspolitik finanzierungsspezifisch als eine Sequenz von Entscheidungen zur Beschaffung und zur Verwendung von Zahlungsmitteln sowie zur Information der Zahlungsmittelgeber vorstellen. In unserem Dreizeitpunktmodell stehen für diese Entscheidungen die Zeitpunkte $t=0$ und $t=1$ zur Verfügung; im Zeitpunkt $t=2$ gibt es nur noch Ergebnisse. Würde dieses Entscheidungsprogramm völlig autonom durchgeführt, lägen alle Verfügungs- und Informationsrechte beim Eigentümer. Teilen sich hingegen verschiedene Finanziers die Aufbringung der Zahlungsmittel, können die Verfügungs- und Informationsrechte auf diese verteilt werden. Dies gilt zunächst für das Verhältnis zwischen Eigenfinanziers und Fremdfinanziers. Aber auch einzelne Eigenfinanzierungsverträge und Fremdfinanzierungsverträge können sich durch vertragliche Nebenabsprachen untereinander deutlich unterscheiden, insbesondere hinsichtlich der Verfügungs- und Informationsrechte. (Im Übrigen kann die Aufteilung auf verschiedene Finanziers es mit sich bringen, dass einzelne Finanziergruppen zum Treffen von Entscheidungen eine Regel wie etwa das Mehrheitsprinzip benötigen.) Ein breites Spektrum unterschiedlich stark ausgeprägter Verfügungs- und Informationsrechte ist eine echte Besonderheit, wenn der Schleier des Finanzierungsvertrages zwischen die Realinvestition und die Zahlungsmittelgeber tritt. Verfügungs- und Informationsrechte sind deshalb in einer Theorie der Investitionsentscheidungen in Finanzierungsverträge anders zu erfassen als im Fall der Realinvestitionen.

Da in unserer Dreizeitpunktmodellierung $t=0$ für die Kontrahierung von Tauschverträgen reserviert ist, entfalten die Verfügungs- und Informationsrechte zwischenzeitlich im Zeitpunkt $t=1$ ihre Wirkung. Neben neuen Informationen, die ganz allgemein den Wirtschaftssubjekten im Zeitpunkt $t=1$ zur Verfügung stehen (Rn. 64, vertragsexogene Informationen), erhöhen Informationsrechte vertragsendogen den Informationsstand der Finanziers um nicht allgemein zugängliche Informationen. Von seinen Verfügungsrechten wird ein rationaler Finanzier grundsätzlich dann Gebrauch machen, wenn er sich von der resultierenden Änderung der Unternehmenspolitik eine Erhöhung seiner für den Zeitpunkt $t=2$ erwarteten Rentabilität oder eine Verrin-

77
Sequentielle
Entscheidungen

gerung des für diesen Zeitpunkt erwarteten Risikos gegenüber dem Status Quo erhofft. Aber auch Informationsrechte ohne Verfügungsrechte können aus Sicht eines Finanziers einen entscheidenden Vorzug bedeuten, wenn im Zeitpunkt t=1 die Möglichkeit eines vorzeitigen Ausstiegs aus dem Finanzierungsvertrag besteht. Dann allerdings befinden wir uns nicht mehr im Fall „Halten von Finanzierungsverträgen über die ex ante geplante Laufzeit", sodass dieser Aspekt im sich anschließenden Abschnitt untersucht wird.

78
Indirekte Messung

Zuvor stellt sich allerdings die Frage, ob Verfügungs- und Informationsrechte aus Finanzierungsverträgen (ähnlich wie Rentabilität, Risiko und Konditionierung) einer Formalisierung und Messung zugänglich sind. Nun sind diese Rechte allerdings im Gegensatz zu Zahlungen qualitativer Art, sodass sie sich beidem unmittelbar entziehen. Andererseits ist festzustellen, dass beispielsweise Aktienpakete gegenüber kleineren Aktienbündeln (Rn. 44) häufig mit einem Paketzuschlag im Kurs gehandelt werden. Der hieraus resultierende Abschlag bei der Erwarteten Relativen Rentabilität einer Investition in Aktienpakete kann also als Näherungsgröße („Proxy") für den Wert der besonderen Verfügungs- und Informationsrechte des Pakets interpretiert werden.

3.3.6 Vertiefte Betrachtung II: Ausstieg aus Finanzierungsverträgen vor Ablauf der ex ante geplanten Laufzeit

79
Vertrag beenden oder eintauschen

Im Zeitablauf neu hinzutretendes Wissen (Rn. 49-52) kann in t=1 für einen in t=0 abgeschlossenen Finanzierungsvertrag zu einem Korrekturwunsch führen. Der Finanzier kann dann etwa versuchen, auf die Unternehmenspolitik Einfluss zu nehmen (Rn. 77f.). Die Ausübung der vertraglich vereinbarten Verfügungsrechte stellt den Finanzierungsvertrag selbst und das Engagement des Finanziers in diesem Vertrag grundsätzlich nicht in Frage. Bestehen hingegen keine finanzierungsvertraglichen Verfügungsrechte oder rechnet der Finanzier trotz Ausübung der Verfügungsrechte nicht mit einer hinlänglichen Korrektur der Unternehmenspolitik, kann der Korrekturwunsch möglicherweise auch in anderer Form realisiert werden. Der originäre Finanzier könnte seinen Vertrag an einen anderen veräußern und die derart erhaltenen Zahlungsmittel in ein anderes Investitionsprojekt, insbesondere in einen Finanzierungsvertrag, reinvestieren, wenn dieses neue Projekt seinen aktualisierten Vorstellungen eher entspricht. Spiegelbildlich könnten auch Finanzierte aufgrund zwischenzeitlich hinzugetretener Information den Wunsch verspüren, ihre Finanzierung umzustrukturieren.

Finanzierungspraktisch sind es insbesondere zwei Sachverhalte, die die Korrektur eines Engagements in einem Vertrag ohne Ausübung von Verfügungsrechten ermöglichen:

▪ Eine in den Bedingungen des Finanzierungsvertrages gegebenenfalls enthaltene Möglichkeit (für den Finanzier, den Finanzierten oder für beide), den Vertrag in t=1 zu kündigen, sodass bereits zu diesem Zeitpunkt eine vertraglich vereinbarte Gegenleistung fällig wird. Als Beispiel hierfür sind insbesondere bei Kreditinstituten gehaltene Sichteinlagen (Rn. 9) zu nennen.[148]

▪ Zwischenzeitliches Eintauschen des Finanzierungsvertrages an einem Sekundärmarkt (Rn. 14). Je besser der relevante Sekundärmarkt organisiert und je tiefer er ist, umso verlässlicher kann eine solche Möglichkeit ausgeübt werden. Hochgradig organisierte Sekundärmärkte stellen insbesondere Börsen dar. Tiefe wird diesen Märkten gegeben, wenn regelmäßig viele Anbieter und Nachfrager an ihnen präsent sind.

In der Praxis werden Kündigung und Sekundärmarkthandel häufig gemeinsam unter der Überschrift „Liquidität" zusammengefasst. Da sich Finanzierungsverträge vergleichsweise leicht handeln und unterbrechen lassen, ist dieser Aspekt bei ihnen von ungleich größerer Bedeutung als bei Realinvestitionen. Betrachtet man das Szenario allerdings etwas näher, muss man feststellen, dass die für t=2 getroffene Unterscheidung von „Rentabilität" und Risiko" sinngemäß auch für in t=1 erzielte „Gegenleistungen" anwendbar ist. Liquidität als Entscheidungskriterium für Investitionen in Finanzierungsverträge ist also zumindest gedanklich in „Erwartete Liquidität" und „Liquiditätsrisiko" zu untergliedern.

---

[148] Wird die Vorleistung in einen Finanzierungsvertrag zeitlich gestaffelt erbracht (Rn. 16-18), ist zudem danach zu unterscheiden, ob sich der „Ausstieg" in der Weise vollzieht, dass lediglich keine weiteren Vorleistungen mehr erbracht werden oder ob sogar bereits erbrachte Vorleistungen vorzeitig zurückgezahlt werden. Bei Versicherungsverträgen trifft der erste Fall auf die „Prämienfreistellung" zu, der zweite auf die „Kündigung"; vgl. Koch/Umann/Weigert (2002), S. 70 und S. 96.

3.3.6.1 Erwartete Liquidität

80
*Erwartete
Absolute
Liquidität*

In Anlehnung an die zuvor für den Fall des Haltens eines Finanzierungsvertrages über die ex ante geplante Laufzeit entwickelte Terminologie lässt sich die Liquidität eines Finanzierungsvertrages mittels der zwischenzeitlich durch Kündigung oder Eintauschen an Sekundärmärkten erzielbaren Zahlungen e_1 erfassen. (Im Falle der Kündigung am Primärmarkt handelt es sich bei e_1 um eine Gegenleistung aus dem Vertrag, im Falle des Eintauschens am Sekundärmarkt um einen außerhalb des weiter laufenden Vertrages erzielten Zahlungsmittelbetrag.)

Stellt man $E[\tilde{e}_1]$, also den Erwartungswert der entsprechenden Zufallsvariable, der Vorleistung in den Finanzierungsvertrag gegenüber, kann man beide Größen wiederum zu einem Kapitalwert verdichten:

$$(3.19) \qquad E\big[\tilde{K}(r)\big] = e_0 + \frac{E[\tilde{e}_1]}{1+r}$$

Hierüber kann dann die Erwartete Absolute Liquidität eines Finanzierungsvertrages definiert werden:

Definition 3-8
Erwartete Absolute Liquidität eines Finanzierungsvertrages

Unter der Erwarteten Absoluten Liquidität eines Finanzierungsvertrages soll dessen erwarteter Kapitalwert $E\big[\tilde{K}(r)\big]$ für den Fall des vorzeitigen Ausstiegs gemäß Gleichung (3.19) verstanden werden.

81
*Erwartete
Relative
Liquidität*

Ähnlich wie für den Fall des Haltens über die ex ante vorgesehene Vertragslaufzeit dürften verschiedene Aspekte auch bei vorzeitigem Ausstieg für eine relative, dimensionslose Kennzahl sprechen. Der erwartete Interne Zinsfuß der Zahlungsreihe ergibt sich für diesen Fall wie folgt:

$$(3.20) \qquad e_0 + \frac{E[\tilde{e}_1]}{1+r^*} = 0 \qquad \Leftrightarrow \qquad r^* = -\frac{E[\tilde{e}_1]}{e_0} - 1$$

Dieser Ansatz erlaubt dann unmittelbar die Definition der Erwarteten Relativen Liquidität eines Finanzierungsvertrages:

Definition 3-9
Erwartete Relative Liquidität eines Finanzierungsvertrages

Unter der Erwarteten Relativen Liquidität eines Finanzierungsvertrages soll der erwartete Interne Zinsfuß r^* für den Fall des vorzeitigen Ausstiegs gemäß Gleichung (3.20) verstanden werden

Rechnen wir dies alles wieder mit konkreten Zahlen durch.

Aufgabe 3-14

Viktor schaut sich seine Geröll-Aktien aus Aufgabe 3-7 noch einmal etwas genauer an. (Alle folgenden Zahlungsgrößen in €.) Eventuell können im Zeitpunkt t=1 nämlich günstig neue Computer für Cool, Vollkrass & Partner angeschafft werden. Dann aber würden zusätzliche Zahlungsmittel benötigt. Sollte in t=1 eher mit einer Diamantenhausse für t=2 gerechnet werden, könnte die einzelne Aktie wohl für € 500,00 an der Börse veräußert werden. Würde der Finanzmarkt hingegen eher mit einer Diamantenbaisse rechnen, wären nur € 270,00 realisierbar. Dem ersten Szenario legt Viktor eine Wahrscheinlichkeit von 90% bei, dem zweiten von 10%. Der Kalkulationszins beträgt weiterhin 6%.

Bestimmen Sie die Erwartete Absolute und die Erwartete Relative Liquidität der Geröll-Aktien!

Lösung:

Für den Zeitpunkt t=1 ist bei einem Ausstieg aus dem Finanzierungsvertrag folgender Zahlungsmittelbetrag zu erwarten:

$$E(\tilde{e}_1) = 500,00 \cdot 0,9 + 270,00 \cdot 0,1 = 450,00 + 27,00 = 477,00$$

Erinnern wir uns: Die einzelne Aktie konnte für € 400 gezeichnet werden. Die Erwartete Absolute Liquidität einer Geröll-Aktie beträgt also:

$$E\left[\tilde{K}(r)\right] = -400,00 + \frac{477,00}{1,06} = 50,00$$

Im Falle eines vorzeitigen Ausstiegs wäre der zu erwartende Kapitalwert der Investition in die Geröll-Aktie also deutlich geringer als der Wert von € 258,62 für den Fall des Haltens. Nun zur Erwarteten Relativen Liquidität:

$$r^* = \frac{477,00}{400,00} - 1 = 0,1925$$

Mit 19,25% ist auch die Erwartete Relative Liquidität deutlich geringer als die Erwartete Relative Rentabilität in Höhe von 36,0% für den Fall des Haltens.

Es ist also zu erwarten, dass ein vorzeitiger Ausstieg aus diesem Finanzierungsvertrag Opportunitätskosten verursacht, sodass dieser Schritt wohl überlegt sein sollte.

Hat ein Finanzierungsvertrag eine Erwartete Relative Liquidität von -1, ist nicht zu erwarten, dass er zwischenzeitlich zu Geld gemacht werden kann. Voraussichtlich ist er gänzlich illiquide. Eine vergleichsweise hohe Erwartung Relativer Liquidität würde es demgegenüber schon bedeuten, wenn der Interne Zinsfuß einer Investition in den Finanzierungsvertrag auch bei vorzeitigem Ausstieg über dem an den vollkommenen Finanzmärkten zu erzielenden Zins läge, wenn also gelten würde:

$$(3.21) \qquad r^* = \frac{E[e_1]}{-e_0} - 1 \overset{!}{>} r$$

3.3.6.2 Liquiditätsrisiko

82
Absolutes
Liquiditätsrisiko

In ähnlicher Weise, wie die Gegenleistung aus einem Finanzierungsvertrag zum Ende der ex ante geplanten Laufzeit mit Unsicherheit behaftet ist, muss auch der Betrag als stochastisch unterstellt werden, den ein Investor bei vorzeitigem Ausstieg realisieren kann. Für den Fall der Kündigung wird zwar regelmäßig ein fester Kündigungsbetrag vereinbart. Ob der Finanzierte zu seiner gänzlichen Rückzahlung aber auch in der Lage sein wird, ist eine andere Frage. Soll andererseits der Finanzierungsvertrag zwischenzeitlich an einem Sekundärmarkt eingetauscht werden, kann zunächst einmal nicht mit Sicherheit vorhergesagt werden, ob überhaupt Nachfrage bestehen wird. Selbst dann aber, wenn es zum Tausch kommt, sind die Preise, die sich an den Sekundärmärkten einpendeln, volatil. Ein beabsichtigter Tauschakt unterliegt also dem Preisrisiko. Vor diesem Hintergrund kann die Liquidität eines Finanzierungsvertrages nicht alleine über dessen Erwartete (Absolute oder Relative) Liquidität erfasst werden. Vielmehr ist hierbei auch auf das Risiko abzustellen, das sie überlagert. Basierend auf unserer Vorgehensweise für den Fall des planmäßigen Vertragsverlaufs sind also zunächst wieder Varianz und Standardabweichung des Kapitalwertes festzulegen, nun aber für den Fall eines vorzeitigen Ausstiegs:

$$(3.22a) \quad Var\left[\tilde{K}(r)\right] \quad = \quad \sum_{j=1}^{J}\left[\left(e_0 + \frac{e_{1j}}{1+r}\right) - \left(e_0 + \frac{E[\tilde{e}_1]}{1+r}\right)\right]^2 \cdot p_j$$

$$= \quad \sum_{j=1}^{J}\left[\frac{e_{1j} - E[\tilde{e}_1]}{1+r}\right]^2 \cdot p_j$$

(3.22b) $SD\left[\tilde{K}(r)\right]$ $=$ $+\sqrt{Var\left[\tilde{K}(r)\right]}$

Entsprechend ergibt sich:

Definition 3-10
Absolutes Liquiditätsrisiko eines Finanzierungsvertrages

Unter dem Absoluten Liquiditätsrisiko eines Finanzierungsvertrages soll die Standardabweichung $SD\left[\tilde{K}(r)\right]$ seines Kapitalwertes für den Fall eines vorzeitigen Ausstiegs gemäß Gleichung (3.22b) verstanden werden.

Für die Standardabweichung des Internen Zinsfußes im Falle eines vorzeitigen Ausstiegs aus einem Finanzierungsvertrag ergibt sich entsprechend:

83
*Relatives
Liquiditätsrisiko*

$$(3.23a)\quad Var\left[\tilde{r}^{*}\right] = \sum_{j=1}^{J}\left[\left(\frac{e_{1j}}{-e_0}-1\right)-\left[\frac{E\left[\tilde{e}_1\right]}{-e_0}-1\right]\right]^2 \cdot p_j$$

$$= \sum_{j=1}^{J}\left[\frac{e_{1j}-E\left[\tilde{e}_1\right]}{-e_0}\right]^2 \cdot p_j$$

$$(3.23b)\quad SD\left[\tilde{r}^{*}\right] = +\sqrt{Var\left(\tilde{r}^{*}\right)}$$

Damit ergibt sich unmittelbar:

Definition 3-10
Absolutes Liquiditätsrisiko eines Finanzierungsvertrages

Unter dem Relativen Liquiditätsrisiko eines Finanzierungsvertrages soll die Standardabweichung $SD\left[\tilde{r}^{*}\right]$ seines Internen Zinsfußes für den Fall eines vorzeitigen Ausstiegs gemäß Gleichung (3.23b) verstanden werden.

Neben zwischenzeitlicher Kündigungsmöglichkeit und zwischenzeitlicher Eintauschbarkeit an Sekundärmärkten (bei uns jeweils bezogen auf den Zeitpunkt t=1) spielt in der Finanzierungspraxis häufig die Laufzeit eines Finanzierungsvertrages, also die Länge des Intervalls, das er zwischen t=0 und t=2 tatsächlich abdeckt, eine wichtige Rolle für dessen Liquiditätsrisiko. In der Dreizeitpunktmodellierung kann dem explizit nicht wirklich Rechnung getragen werden. Gleichwohl lässt sich der Sachverhalt kurz etwas erläutern. Anleihen mit vergleichsweise langer Restlaufzeit beinhalten grundsätzlich eine höhere Anzahl an Zinsterminen als Anleihen mit kurzer Restlaufzeit. Ihr Kurs ist deshalb von Schwankungen des Marktzinses stärker betroffen, weil sich ja zu mehr Zeitpunkten ein Zinsvorteil oder –nachteil

84
*Zur Bedeutung
der Laufzeit*

gegenüber dem Marktzins ergibt, den es durch Kursanpassungen zu kompensieren gilt. Zum Ausgleich für dieses erhöhte Kursänderungsrisiko haben langlaufende Anleihen in aller Regel für einen gegebenen Vergleichszeitpunkt eine höhere Rendite als kurzlaufende. Man bezeichnet dies als „normale Zinsstruktur".[149]

3.3.6.3 Liquidität

85
Komprimierung von Erwarteter Liquidität und Liquiditätsrisiko

Soweit ersichtlich, wird die soeben getroffene Unterteilung in „Erwartete Liquidität" und „Liquiditätsrisiko" vom Sprachgebrauch der Finanzierungspraxis nicht abgedeckt. Diese verwendet vielmehr alleine den Begriff „Liquidität". Die vorangegangene Analyse deutet damit darauf hin, dass der Praxisbegriff Liquidität die Erwartete Liquidität und das Liquiditätsrisiko geblockt umfasst. Der Frage, wie diese beiden Kategorien zu dem einen Entscheidungskriterium komprimiert werden, können wir hier nicht nachgehen. Es besteht insofern Forschungsbedarf.

86
Messung von Liquidität

Da Erwartete Liquidität und Liquiditätsrisiko bereits einzeln einer Messung mittels erster bzw. zweiter Momente zugänglich sind, könnte man beide jeweils einzeln messen. Die wissenschaftlichen Ansätze gehen allerdings wie der praktische Sprachgebrauch dahin, das zusammengesetzte Kriterium Liquidität zu quantifizieren.[150] Mittlerweile gibt es eine Vielzahl solcher Untersuchungen, die insbesondere an der Tiefe der Märkte ansetzen, an denen Finanzierungsverträge gehandelt werden. Ein weiteres Verfahren entstammt der Geldpolitik: Um Geldmengen geeignet zu aggregieren, sollen vergleichsweise liquide Finanzierungsverträge mit höherer Gewichtung in das Aggregat eingehen als weniger liquide. Die Gewichtungsfaktoren werden hierbei aus den Zinsabschlägen hergeleitet, die liquide Finanzierungsverträge bei normaler Zinsstruktur gegenüber weniger liquiden erfahren (Rn. 84). Eine solche auf die Zinsstruktur fokussierte Vorgehensweise setzt aber voraus, dass die analysierten Finanzierungsverträge hinsichtlich anderer die Liquidität bestimmender Faktoren, beispielsweise der vertraglich vereinbarten Kündigungsrechte oder der rechtlichen Übertragungsmöglichkeiten, als standardisiert angesehen werden können.

---

[149] Vgl. Goodhart (1989), S. 238-262.
[150] Vgl. Kempf (1998), insb. S. 302f., und Issing et al. (1993), S. 13f.

4 Allgemeine Theorie der Intermediation

4.1 Hindernisse beim Zustandekommen von Tauschverträgen

Die in Kapitel 3 entwickelte Systematik der Entscheidungskriterien für Investitionen in Finanzierungsverträge wird nun zur Plattform für die Systematisierung und Weiterentwicklung der Theorie der Finanzintermediation. Dieser Theorie liegt der Gedanke zugrunde, dass dem direkten Abschluss von Finanzierungsverträgen am Primärmarkt zunächst eine Vielzahl von Hindernissen entgegensteht. Diese Hindernisse lassen sich häufig unter Einsatz von Ressourcen beseitigen. Werden die Finanzierungsverträge indirekt (aus Sicht des Marktes) bzw. gegenläufig (aus Sicht der zwischengeschalteten Institution) abgeschlossen, sprechen Transaktionskostenargumente dafür, dass ein Finanzintermediär die Hindernisse günstiger beseitigen kann als die originären Vertragsparteien. Allerdings ist die Liste denkbarer Hindernisse komplex, und viele von ihnen stehen nicht etwa speziell dem Abschluss von Finanzierungsverträgen, sondern ganz allgemein dem von Tauschverträgen entgegen. Und ganz allgemein beseitigen Intermediäre auch manche dieser Hindernisse. Da die sich in Kapitel 5 anschließende, vertiefte Erörterung als Spezielle Theorie der Finanzintermediation bereits etwas komplexer wird, erscheint es zunächst einmal sinnvoll, allgemeine Tauschvertragshindernisse von finanzierungsspezifischen zu scheiden.

87
Allgemeine und finanzierungsspezifische Hindernisse

4.1.1 Hindernisse allgemeiner Art

4.1.1.1 Fehlen von Marktpartnern

Ein Tauschwunsch kann daran scheitern, dass zu ihm ein entsprechender Gegenwunsch schlichtweg nicht existiert. Seit W. Stanley Jevons sagt man von eines solchen Konstellation, es fehle ihr an der „Double Coincidence of Wants"[151], also am doppelten Zusammentreffen (gegenläufiger) Tauschwünsche. Dies kann gleichermaßen bei intendierten Kassaverträgen, Finanzierungsverträgen und Terminverträgen der Fall sein. Ob es sich nun um

88
Keine „Double Coincidence of Wants"

---

151 Vgl. Jevons (1908), S. 3.

den Verkauf nicht mehr ganz frischer Fische in einem kleinen Dorf in Gallien oder um eine unverzinsliche Überlassung von Zahlungsmitteln in einer modernen Finanzmetropole dreht – zu vielen Tauschwünschen fehlt einfach der entsprechende Gegenwunsch.

4.1.1.2 Mangelnde Kenntnis vorhandener Marktpartner voneinander und übereinander

89

Kenntnis-hindernis

Selbst dann, wenn zu einem Tauschwunsch ein passender Gegenwunsch vorliegt, kann der Vertragsabschluss auch dadurch behindert oder sogar unmöglich gemacht werden, dass die an sich zueinander passenden Vertragsparteien von der Existenz der jeweiligen Gegenpartei keine Kenntnis haben. Eine Käseeinzelhändlerin in Flensburg kann beim Sonntagsspaziergang in Norddeutschland kaum feststellen, dass es im Allgäu einen Großhändler gibt, dessen Käsesorten den Geschmack an der dänischen Grenze treffen. Und selbst wenn die Einzelhändlerin von der Existenz des Großhändlers weiß, kennt sie vielleicht dennoch nicht dessen Pünktlichkeit, Flexibilität etc. Wenn es überhaupt zu einem Tauschvorgang kommen soll, müssen die potenziellen Vertragsparteien vor einer Kontrahierung deshalb Ressourcen einsetzen, um den geeigneten Marktpartner zu finden und ein klares Bild von dessen entscheidungsrelevanten Eigenschaften zu gewinnen.

4.1.1.3 Unterschiedliche Anforderungen an das Volumen der (Vor-)Leistung

90

Losgrößen-hindernis

Liegt zu einem Tauschwunsch ein Gegenwunsch vor und wissen beide potenziellen Tauschpartner voneinander und genügend übereinander, kann dem Tausch doch weiterhin entgegenstehen, dass die Vorstellungen der Beteiligten vom Volumen der Transaktion auseinanderklaffen. Bei Kassaverträgen und bei Terminverträgen wird zeitgleich und (in Geldeinheiten gerechnet) betragsgleich getauscht, sodass ein solches Losgrößenproblem sich eo ipso sowohl auf die Höhe der Leistung als auch auf die Höhe der Gegenleistung bezieht. Bei Finanzierungsverträgen hingegen fallen Vorleistung und Gegenleistung nicht nur zeitlich versetzt an. Vielmehr ist hier auch ein betraglicher Überschuss der Gegenleistung über die Vorleistung regelmäßig erforderlich, um eine positive Rentabilität darzustellen. Beziehen wir also das Losgrößenproblem alleine auf das Volumen der (Vor-)Leistung in einen Tauschvertrag. Dann ist bei Kassaverträgen und bei Terminverträgen unmittelbar auch das Volumen der Gegenleistung angesprochen. Bei Finanzierungsverträgen erlaubt uns diese Beschränkung eine Separierung der Losgrößenprobleme von den Rentabilitätsproblemen (Rn. 93). Losgrößenprobleme konkretisieren sich bei Finanzierungsverträgen häufig in der Form, dass ein originärer Finanzierter einen hohen Zahlungsmittelbetrag als

Vorleistung zur Deckung großer Investitionsvorhaben wünscht, der originäre Finanzier aber nur einen geringen Zahlungsmittelbetrag für diese Vertragsbeziehung einplant. Ein solches Missverhältnis kann zum einen darin begründet sein, dass der Finanzier – vielleicht eine Familie, die für die Ausbildung ihrer Kinder spart – Zahlungsmittelbeträge nicht in der vom Finanzierten – beispielsweise einem Spezialgasunternehmen, das eine Luftzerlegungsanlage bauen möchte – gewünschten Höhe aufbringen kann. Zudem hatten wir ja gesehen, dass es für risikoaverse Finanziers eine Form des Risikomanagements darstellen kann, das Engagement bei einzelnen Finanzierten zu begrenzen und ihr Portfolio zu diversifizieren (Rn. 36 und 72).

4.1.1.4 Unterschiedliche Anforderungen an den Ort der Erbringung der (Vor-)Leistung oder der Gegenleistung

Liegt zu einem Tauschwunsch ein Gegenwunsch vor, wissen beide potenziellen Tauschpartner voneinander und genügend übereinander und sind sie sich über die Höhe der (Vor-)Leistung einig, können doch weiterhin die unterschiedlichen Orte, an denen sie sich befinden, ein Hindernis für den vertraglichen Austausch darstellen. Der Käseeinzelhändlerin im hohen Norden nutzt es wenig, wenn ihr der Großhändler im tiefen Süden Käse offeriert, sich für das logistische Problem des Transportes dieses verderblichen Milchproduktes aber keine passende Lösung finden lässt. Dies gilt auch bei Finanzierungsverträgen: Die Vorleistung oder die Gegenleistung eines Zahlungsmittelbetrages kann erst dann den Wünschen des jeweils vorgesehenen Empfängers entsprechen, wenn Münzen und Banknoten physisch in seinen Besitz übergehen oder Buchgeld seinem Konto gutgeschrieben wird.

91
Räumliches Hindernis

4.1.1.5 Unterschiedliche Anforderungen an den Zeitpunkt der Erbringung der (Vor-)Leistung oder der Gegenleistung

Liegt zu einem Tauschwunsch ein Gegenwunsch vor, wissen beide potenziellen Tauschpartner voneinander und genügend übereinander, sind sie sich über die Höhe der (Vor-)Leistung einig und auch über die Orte der Erbringung von (Vor-)Leistung und Gegenleistung, können schließlich unterschiedliche zeitliche Anforderungen an deren Erbringung dem Abschluss eines Tauschvertrages entgegenstehen. Sind die Kühlhäuser einer Käseeinzelhändlerin zurzeit leer, löst es ihr Problem nicht, wenn ein Großhändler sie in einigen Monaten füllen könnte. Ebenso wenig nutzt die Vorleistung eines Zahlungsmittelbetrages in einigen Monaten einem Unternehmen, das sich heute in einem die Existenz gefährdenden Liquiditätsengpass[152] befindet.

92
Zeitliches Hindernis

---

[152] § 17 InsO.

4.1.2 Finanzierungsspezifische Hindernisse

4.1.2.1 Unterschiedliche Anforderungen an die Rentabilität (bzw. Finanzierungskosten)

93
Rentabilitätshindernis

Bei zeitlichem Auseinanderklaffen von Vorleistung und Gegenleistung kann die Rentabilität (Rn. 53-62) zu einem wichtigen Entscheidungskriterium (Rn. 48) werden. Für den zeitweiligen Verzicht auf Zahlungsmittel möchte der Finanzier angemessen entgolten werden. Hierzu überschießt der Betrag der vertraglich in Aussicht gestellten Gegenleistung systematisch den Betrag der Vorleistung, was sich mittels Erwarteter Absoluter und Erwarteter Relativer Rentabilität zu Kennzahlen verdichten lässt. Welches Kriterium nun aber zugrunde gelegt wird, stets kann die Verhandlungssituation dadurch gekennzeichnet sein, dass die Rentabilitätsanforderung eines potenziellen Finanziers die von einem potenziellen Finanzierten gerade noch als tragbar empfundene „Rentabilität" übersteigt. (Finanzierte sprechen aus ihrer Sicht allerdings von „Finanzierungskosten" statt von Rentabilität.) Wird bei anderen Entscheidungskriterien kein Ausgleich geschaffen, stehen diese unterschiedlichen Rentabilitätsanforderungen der Kontrahierung entgegen.

4.1.2.2 Unterschiedliche Risikoanforderungen

94
Risikohindernis

Bei Tauschverträgen gibt es Risiken. Aufgrund ihrer unterschiedlichen Ausgestaltungsformen bezüglich der Zeit (Rn. 6) unterscheiden sich die korrespondierenden Risiken jedoch fundamental. Beschränken wir uns auf Finanzierungsverträge. Deren Kontrahierung wird davon abhängen, ob der potenzielle Finanzier bereit ist, die Risiken (Rn. 63-73) auf sich zu nehmen, die der stochastischen Gegenleistung anhaften. Potenzielle Finanzierte haben hingegen ein Interesse, das Risiko ihres Investitionsprojektes nicht alleine zu tragen, sondern ganz oder teilweise durch eine Bedingung (Rn. 9) auf die Finanziers abzuwälzen. Überschießt die von einem potenziellen Finanzierten mindestens gewünschte Risikoabgabe die von einem potenziellen Finanzier als gerade noch tragbar empfundene Risikoübernahme und wird diese Lücke nicht bei anderen Entscheidungskriterien kompensiert, erwächst hieraus ein Risikohindernis für den Abschluss des Finanzierungsvertrages.

4.1.2.3 Unterschiedliche Anforderungen an die Verfügungs- und Informationsrechte

95
Verfügungs- und Informationsrechtshindernis

Die Gewährung von Verfügungs- und Informationsrechten stellt für einen Finanzier dann einen Vorteil dar, wenn sie es ihm ermöglichen, seine Investitionsentscheidung in den Finanzierungsvertrag zwischenzeitlich durch Einflussnahme oder durch Ausstieg zu korrigieren (Rn. 77). Der Finanzierte wird demgegenüber durch die Gewährung solcher Rechte in seiner unternehmerischen Freiheit eingeschränkt, sodass er hierzu nicht ohne weiteres bereit sein wird. Klaffen die Vorstellungen der potenziellen Parteien von den in einem Finanzierungsvertrag zu verbriefenden Verfügungs- und Informationsrechten auseinander und erfolgt bei den anderen Entscheidungskriterien keine Kompensation, ergibt sich ein Verfügungs- und Informationsrechtshindernis, das dem Abschluss des Vertrages entgegensteht.

4.1.2.4   Unterschiedliche Liquiditätsanforderungen

In bestimmten Fällen besteht auch vor Ablauf der ex ante geplanten Laufzeit eines Finanzierungsvertrages die Möglichkeit, eine „Gegenleistung" zu realisieren (Rn. 79-86). Hierbei geht es um die vorzeitige Beendigung des Vertrages am Primärmarkt durch Kündigung und um das zwischenzeitliche Eintauschen eines in rechtlicher Hinsicht unverändert weiterlaufenden Finanzierungsvertrages am Sekundärmarkt. In einer Welt der Unsicherheit wird kein potenzieller Finanzier ausschließen können, dass er nicht nach Zufluss weiterer Informationen zwischenzeitlich Zahlungsmittel benötigen oder für seinen prinzipiell weiter bestehenden Anlagewunsch eine neue Investitionsform bevorzugen könnte. Grundsätzlich hat ein Finanzier also ein Interesse daran, dass seine Geldanlage liquide ist. Ein Finanzierter hat auf die Liquidität der Finanzierungsverträge, mit denen er sich Geld beschafft, nur teilweise Einfluss: Kündigungsrechte kann er zwar gewähren und auch eine Börsennotierung für seine Emissionsfinanzierung beantragen. Ob dieser Sekundärmarkt sich allerdings den Ruf erwirbt, „tief" zu sein, entscheiden andere Parteien, die dort ihre Verträge eintauschen müssen. Zudem muss ein Finanzierter für die Bedienung eventuell ausgeübter Kündigungsrechte Zahlungsmittel vorhalten. Eine Börseneinführung verursacht ferner Kosten. Es gilt aus Sicht eines Finanzierten, die Vorteile und die Nachteile solcher Maßnahmen abzuwägen. Trifft der Finanzierte diese Maßnahmen nicht oder erweisen sich die Sekundärmärkte aufgrund von Entscheidungen Dritter nicht als tief, kann es zu divergierenden Vorstellungen der Vertragsparteien von der Liquidität des potenziellen Finanzierungsvertrages kommen. Gleicht dies nicht mindestens eines der anderen Entscheidungskriterien aus, ergibt sich ein Liquiditätshindernis für den Abschluss des Finanzierungsvertrages.

96
Liquiditäts-
hindernis

4.1.2.5   Unterschiedliche Konditionierungsanforderungen

Die Gegenleistung aus einem Versicherungsvertrag, also einem konditionierten Finanzierungsvertrag (Rn. 74f.), korreliert im Idealfall vollständig negativ mit stochastischen Schadensereignissen beim Finanzier, der die Versicherungsprämie als Vorleistung erbracht hat. Eine solche Konditionierung ist

97
Konditionie-
rungshindernis

aus Sicht eines Finanziers allerdings nicht generell eine vorziehenswürdige Eigenschaft. Potenzielle Finanziers können vielmehr auch ein Interesse an anderen Konditionierungsmechanismen oder auch an gänzlich unkonditionierten Finanzierungsverträgen haben. Aus Sicht eines gegebenenfalls zur Gegenleistung Verpflichteten ist die Konditionierung hingegen ceteris paribus ein Nachteil, da er sich auf unterschiedliche Entwicklungen, die sich seinem Einfluss entziehen, einzustellen und für den Schadensfall Vorsorge zu treffen hat. Tritt der Schadensfall ein, hat er eine hohe, durch die Vorleistungen aus dem Vertrag häufig nicht gedeckte Gegenleistung zu erbringen, ohne dass auf deren Bemessung seine eigenen wirtschaftlichen Verhältnisse zu diesem Zeitpunkt einen Einfluss hätten. Unterschiedliche Anforderungen der Parteien an die Konditionierung eines Finanzierungsvertrages, die nicht bei den anderen Entscheidungskriterien kompensiert werden, stellen daher ein Hindernis für den Abschluss des Vertrages dar.

4.2 Grundtypen von Intermediationsprozessen

98
Institutionen,
Intermediäre

Eine Vielzahl von Tauschverträgen kommt am Primärmarkt nicht direkt zustande, sondern indirekt unter Zwischenschaltung von Institutionen, die gegenläufig mit originären Parteien Tauschverträge abschließen. „Gegenläufig" bedeutet, dass jede innerhalb eines Tauschvertragspakets zu erbringende (Vor-)Leistung oder Gegenleistung durch die Kombination der Verträge abgedeckt ist. Unter einer Institution wollen wir ein rechtlich verselbstständigtes System verstehen. (Ein System wiederum haben wir als eine Gruppe von Wirtschaftssubjekten definiert, die sich durch Entscheidungen selbst steuert; Rn. 4.) Die rechtliche Verselbstständigung kann durch Annahme privatrechtlicher Rechtsformen wie OHG, KG, GmbH, AG, eG und VVaG erfolgen (Rn. 5 und 23). Es können aber auch öffentlich-rechtliche Rechtsformen, die Körperschaft öffentlichen Rechts und die Anstalt öffentlichen Rechts, in Frage kommen.

Da die lateinische Präposition „inter" die aus dem gegenläufigen Abschluss der Tauschverträge resultierende „Zwischen"-schaltung geeignet indiziert, sollen diese Institutionen im Folgenden als Intermediäre bezeichnet werden. Es ist ausdrücklich darauf hinzuweisen, dass diese Definition enger ist als in Theorie und Praxis häufig üblich. Entsprechend weitere Definitionen stehen aber der Bedeutung der Präposition entgegen und werfen zudem zunehmend die Frage auf, was ein Finanzintermediär eigentlich nicht ist bzw. nicht kann. Auch der Abschluss von Tauschverträgen durch Intermediäre findet am Primärmarkt (Rn. 13) statt.[153] Verdichten wir die Aussagen noch einmal in einer Definition:

Definition 4-1
Intermediär

Unter einem Intermediär wird eine Institution verstanden, die durch Abschluss gegenläufiger Tauschverträge für eigene Rechnung am Primärmarkt zwischen potenzielle originäre Tauschvertragsparteien tritt. Gegenläufig bedeutet, dass jede (Vor-)Leistung in einen und jede Gegenleistung aus einem Tauschvertrag durch einen anderen Tauschvertrag aus dem Paket der vom Intermediär abgeschlossenen Tauschverträge abgedeckt ist.

Tauschverträge zeigen in der in dieser Untersuchung gewählten, sehr einfachen Dreizeitpunktmodellierung bezüglich der Zeit drei mögliche Ausgestaltungsformen: Kassavertrag, Finanzierungsvertrag und Terminvertrag (Rn. 6). Realtypisch folgen diese als Kassavertrag und als Terminvertrag gewöhnlich der Struktur „Güter gegen Geld", als Finanzierungsvertrag der Grundstruktur „Geld gegen Geld" (Rn. 25). Welche Intermediationsmöglichkeiten ergeben sich dann, wenn man Tauschvertragspaare bildet? Da ein Intermediär keine originäre Tauschvertragspartei ist, kann er die bei einem Kassageschäft zu liefernden Güter prinzipiell nicht aus seinem eigenen Bestand abdecken; t=0 ist der Startpunkt. Er muss sich diese zu liefernden Güter an anderer Stelle durch einen gegenläufigen Kassavertrag beschaffen. Hierdurch betreibt er Kassaintermediation. Möchte ein Käsegroßhändler zum Beispiel heute Käse an Einzelhändler liefern und sind seine Lager leer, muss er sich das Milchprodukt umgehend bei dessen Produzenten besorgen. Großhändler sind deshalb typische Kassaintermediäre. Bringt ein Intermediär Zahlungsmittel als Vorleistung in einen Finanzierungsvertrag ein, muss er sich diese durch einen gegenläufigen Finanzierungsvertrag beschaffen, bei dem er der Empfänger der Vorleistung ist. Durch den aktiv- und passivseitigen Abschluss von Finanzierungsverträgen kommt es zur Finanzintermediation.[154] Kreditinstitute nach § 1 I KWG und Versicherungsunternehmen nach § 1 I VAG sind die beiden Prototypen, die die Rechtsordnung für dieses idealtypische Modell des Finanzintermediärs zur Verfügung stellt. Bei der Terminintermediation schließlich werden die per Termin zu erbringenden Güter aus gegenläufigen Terminverträgen abgedeckt, bei denen der

99
Kassa-, Finanz-
und Termin-
intermediation

---

[153] In der Theorie der Finanzintermediation wird aktuell häufig die Alternative „Finanzmarkt" oder „Bank" für den Ort des Abschlusses von Finanzierungsverträgen aufgezeigt; z. B. Thakor (1996), S. 928; Allen/Gale (1997), S. 538; Allen/Gale (1999), S. 1241. Dies lässt sich unter die von uns gewählte Definition des Primärmarktes nicht subsumieren.

[154] Früh nennen den Begriff zum Beispiel Gurley/Shaw (1960), S. 363.

Intermediär der Empfänger der Güter in der Zukunft ist. Großhändler sind häufig nicht nur Kassaintermediäre, sondern auch Terminintermediäre. Damit ergibt sich folgendes Bild:

Abbildung 4-1 *Intermediationspotenziale bei paarweisem Abschluss von Tauschverträgen (Dreizeitpunktmodellierung, tauschvertragliche Grundstrukturen)*

Zu erhaltende (Vor-) Leistung / Zu erbringende (Vor-) Leistung	Kassa	Finanzierung	Termin
Kassa	Kassa-intermediation		
Finanzierung		Finanz-intermediation	
Termin			Termin-intermediation

Die Neuere Theorie der Finanzintermediation (Rn. 126) nimmt ab und an keine klare Abgrenzung im obigen Sinne vor und bezieht auch Phänomene der Terminintermediation in ihre Analyse ein.[155]

100
Lagerung

Trotz der geringen Spielräume, die die Dreizeitpunktmodellierung hier eröffnet, kann eine in t=2 in Güterform zu erbringende Gegenleistung von einem Intermediär auch noch etwas anders als im Wege der Terminintermediation erbracht werden. Handelt es sich bei den Gütern um nicht verderbliche Waren, können sie auch bereits in t=0 durch Kassaverträge beschafft und anschließend gelagert werden. Allerdings sind diese beiden Geschäfte nicht gegenläufig. Im Zeitpunkt t=0 verbleibt vielmehr ein Zahlungsmittelbedarf, im Zeitpunkt t=2 ein Zahlungsmittelüberschuss. Das Lagergeschäft wird erst durch Abschluss eines dritten Vertrages geschlossen. Aus Sicht des Lageristen geht es hierbei um die Aufnahme von Zahlungsmitteln im Wege eines Finanzierungsvertrages. Damit fällt das Tripel aus Kassavertrag, Terminvertrag und Finanzierungsvertrag unter die Definition des Intermediärs. Diese

---

[155] So zum Beispiel Bhattacharya/Thakor (1993), S. 2: „spot and forward credit markets". Ähnlich Allen/Gale (1999), S. 1240, Figure 2.

Tauschverträge sind gegenläufig, jedoch nicht paarweise gegenläufig. Die „Zwischen"-Schaltung des Intermediärs bezieht sich zudem alleine auf den Produzenten und den Endabnehmer der Waren, nicht hingegen auf den Finanzier des Lageristen. Vergleichen wir dies noch einmal im Überblick:

Lagerung   *Abbildung 4-2*

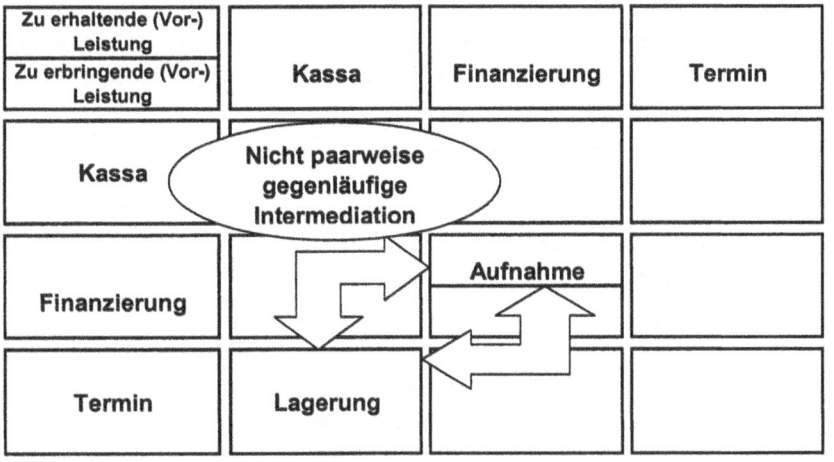

Tauschverträge zeigen in der Realität nicht nur die neben Rn. 25 dargestellten Grundstrukturen („Güter gegen Geld" bei Kassa- und Terminverträgen, „Geld gegen Geld" bei Finanzierungsverträgen). Es besteht beispielsweise auch die Möglichkeit einer Kopplung (Rn. 26) derart, dass Finanzierungsverträge ihrerseits zum Gegenstand von Tauschverträgen werden, die dann der Struktur „Finanzierungsvertrag gegen Geld" folgen. So ist ein Devisenkassageschäft ein Tauschvertrag, bei dem Sichteinlagen in fremder Währung zeitgleich mit dem Vertragsabschluss gegen inländisches Geld getauscht werden. Zeitgleich erfolgt dieser Tausch auch beim Devisentermingeschäft, allerdings erst nach dem Vertragsabschluss. Verbindet man ein Devisenkassa- mit einem Devisentermingeschäft, indem man etwa Devisen per Kasse kauft und sie gleichzeitig per Termin verkauft, spricht man von einem Devisenswapgeschäft.[156] Möchte man es in dieser Form abschließen und verfügt über keine eigenen Bestände, benötigt man in unserer Dreizeitpunktmodellierung in t=0 inländische Zahlungsmittel und hat in t=2 einen entsprechenden Überschuss. Ebenso hat man in t=0 einen Überschuss an Sichteinlagen in fremder Währung und ein entsprechendes Defizit in t=2. Daher liegt es nahe,

101
Devisenswap

---

156 Vgl. Fischer-Erlach (1995), S. 48.

dieses Devisenswapgeschäft mit zwei Finanzierungsverträgen zu schließen: (1) Aufnahme eines Kredits in inländischer Währung in t=0, der in t=2 zurückzuzahlen ist; (2) Vergabe eines Kredits in ausländischer Währung mit gleichem Fälligkeitszeitpunkt. Diese Kombination von Finanzierungsverträgen ähnelt dem obigen Phänomen der Finanzintermediation. Allerdings sind die beiden Kredite ebenso wenig wie das Devisenswapgeschäft jeweils paarweise gegenläufig. Keine zwei der vier Einzelgeschäfte (Devisenkassakauf, Devisenterminverkauf, Kreditaufnahme und Kreditvergabe) schließen sich gegenseitig, wohl aber alle vier Geschäfte zusammen. Symbolisieren wir die ausländische Währung durch ein $-Zeichen und die heimische Währung durch ein €-Zeichen, können wir den Sachverhalt wie folgt darstellen:

Abbildung 4-3 | Devisenswap

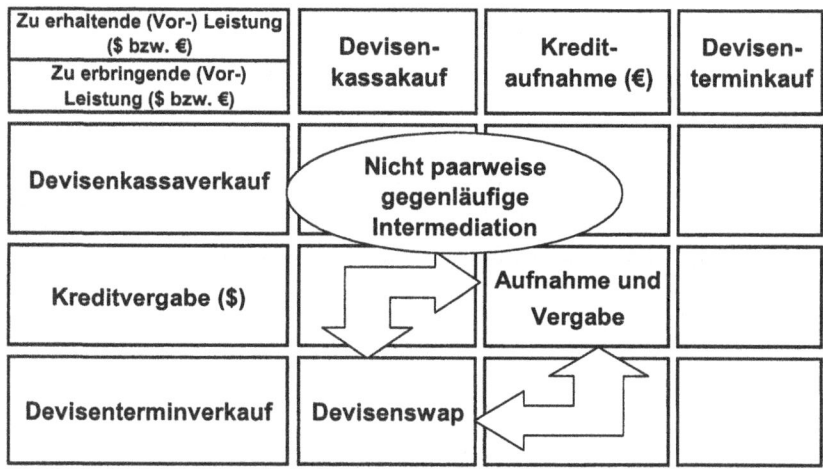

Je mehr Zeitpunkte und je mehr Vertragskopplungen man betrachtet, desto komplexer kann auch der Intermediationsprozess werden. Dieser Komplexitätsgrad würde den Rahmen einer Analyse der theoretischen Grundlagen der Intermediation sprengen. Wichtig ist vielmehr, dass wir theoretische Begründungen für das Phänomen des indirekten Tauschs über Intermediäre finden. Hierzu können wir an den bereits untersuchten Hindernissen ansetzen, die einem direkten Tausch entgegenstehen können.

4.3 Überwindung von Hindernissen durch Institutionen, insbesondere Intermediäre

4.3.1 Überwindung von Hindernissen allgemeiner Art

4.3.1.1 Keine Kompensation fehlender Marktpartner

Der fehlenden Double Coincidence of Wants (Rn. 88), also dem Fehlen eines entsprechenden Gegenwunsches zu einem bestimmten Tauschwunsch, kann durch Einführung eines allgemeinen Tauschmittels, also durch indirekten Tausch, partiell begegnet werden kann. Dies darf allerdings nicht so missverstanden werden, dass sich in einer Geldtauschwirtschaft beliebige Tauschwünsche realisieren lassen. Die Wertschätzung eines Tauschgutes spiegelt sich dann vielmehr in seinem Geldpreis wider, und dieser kann durchaus sehr gering oder sogar gleich Null sein, sodass trotz indirekt organisierter Tauschwirtschaft ein spezieller Geldtauschpartner fehlt. Ist beispielsweise die Rentabilität eines Finanzierungsvertrages für gegebene sonstige Ausstattungsmerkmale zu gering, wird er eben nicht gezeichnet. Einem solchen Problem kann zwar durch das allokationspolitische Instrumentarium der Wirtschaftspolitik begegnet werden: Der Staat kann steuerfinanzierte Darlehen zu Sonderkonditionen vergeben oder nicht marktgerecht aufgenommene Darlehen aus Steuermitteln zurückzahlen. Für Intermediäre bestehen solche Möglichkeiten hingegen nicht, da sie sich ihre Ressourcen ja durch marktgerecht abgeschlossene Tauschverträge beschaffen müssen.

102
Allokations-politik

4.3.1.2 Vermittlung sich nicht kennender Marktpartner zueinander und Verbesserung des wechselseitigen Informationsstandes

In der Praxis ist vielfältig zu beobachten, dass sich potenzielle Tauschvertragsparteien von Institutionen betreuen lassen, die den Markt in ihrem Auftrag erforschen, sich nicht kennende Tauschpartner zueinander vermitteln und entscheidungsrelevante Informationen über die jeweils andere Seite transferieren. Durch ihre Tätigkeit ersparen sie den einzelnen Wirtschaftssubjekten die individuelle Suche nach Marktpartnern und Informationen. Diese Institutionen – wie zum Beispiel Immobilienmakler – handeln im Wesentlichen für fremde Rechnung und lassen sich nur die bei ihrer Vermittlungstätigkeit anfallenden Auslagen einschließlich Gewinnspanne ersetzen, beispielsweise auf Provisionsbasis oder durch ein Fixum. Da sie nicht für eigene Rechnung handeln, stehen sie nicht „zwischen", sondern „neben"

103
Makler

den zueinander vermittelten Vertragsparteien. Sie fallen also nicht unter unseren Begriff des Intermediärs (Rn. 98), auch wenn sie in der Praxis bisweilen durchaus so bezeichnet werden. Makler sollen im Folgenden nicht Gegenstand der Betrachtung sein.

4.3.1.3 Überbrückung unterschiedlicher Anforderungen an die Höhe der (Vor-)Leistung

104
Portionierung

Das Zustandekommen von Kassaverträgen und Terminverträgen scheint häufig dadurch ermöglicht zu werden, dass Intermediäre den originären Anbietern der Güter, also den Herstellern, Abbauunternehmen etc., relativ große Mengen abkaufen und diese in kleineren Portionen an nachgelagerte Zwischenhändler oder Endnachfrager durchhandeln. Diese Portionierung gehört zum typischen Geschäft der Großhändler. Die Herunterschleusung der kontrahierten Mengen oder auch „Lose"[157] innerhalb dieses Prozesses könnte man folgerichtig als Losgrößentransformation bezeichnen. Möglich ist allerdings auch eine Heraufschleusung, wie sie beispielsweise landwirtschaftliche Genossenschaften betreiben, die den einzelnen Bauern vergleichsweise kleine Mengen Milch abnehmen, diese sammeln und en gros in den Handel geben.

Bei Kassaverträgen und bei Terminverträgen wird zeitgleich und betragsgleich getauscht, sodass sich der Transformationsprozess gleichermaßen an den kontrahierten Güterlosen und den kontrahierten Rechnungsbeträgen ablesen ließe. Bei Finanzierungsverträgen überschießt die Höhe der Gegenleistung hingegen systematisch die Höhe der Vorleistung, um eine positive Rentabilität des Vertrages darzustellen. Aus diesem Grunde soll die Losgrößentransformation alleine an der Höhe der (Vor-)Leistung, nicht jedoch an der Höhe der Gegenleistung festgemacht werden.

Mit der wirtschaftlichen Aktivität von Finanzintermediären wird häufig die Vorstellung verbunden, dass sie von den originären Finanziers jeweils relativ geringe Zahlungsmittelbeträge entgegennehmen, diese hochtransformieren und dann den Finanzierungsverträgen mit den originären Finanzierten jeweils hohe Zahlungsmittelbeträge zugrunde legen. Man könnte in diesem Zusammenhang von Betragstransformation sprechen. Zwingend ist hierbei die Hochtransformation der kontrahierten Zahlungsmittelbeträge von der Passivseite zur Aktivseite des Finanzintermediärs nicht. Wären die von den originären Finanzierten gewünschten Zahlungsmittelbeträge kleiner als die von den originären Finanziers präferierten, könnte dies auch die umgekehrte Wirkungsrichtung für die Betragstransformation begründen.

---

157 Oberparleiter (1955), S. 36; vgl. ferner S. 223f.

4.3.1.4 Überbrückung unterschiedlicher Anforderungen an den Ort der Erbringung von (Vor-)Leistung und Gegenleistung

Das räumliche Auseinanderfallen der Anforderungen potenzieller Tauschvertragspartner an die Erbringung von (Vor-)Leistung und Gegenleistung ist bei Gütern als Tauschobjekt das Kernproblem der Logistik.[158] Im Zeitalter des Internets beziehen selbst private Haushalte beispielsweise schicke Kleidung von Händlern oder Produzenten, die auf einem anderen Kontinent der Erde domizilieren. Logistikunternehmen haben sich darauf spezialisiert, die sich ergebenden Transportprobleme zu lösen und zu diesem Zwecke hohe Beträge in Frachtflugzeuge, LKW-Flotten etc. investiert. Für eigene Rechnung handeln sie hierbei zwischen den originären Vertragsparteien allerdings selten, sodass insofern auch kaum von Kassaintermediation oder Termininermediation gesprochen werden kann.

105
Logistik

Auch bei Finanzierungsverträgen kann die Überbrückung unterschiedlicher Anforderungen an den Ort der Erbringung von Vorleistung und Gegenleistung durch eine hierauf spezialisierte Institution den originären Vertragsparteien die Kontrahierung überhaupt erst möglich machen. Die Kreditinstitute in der Fläche organisieren nämlich gemeinsam mit der Deutschen Bundesbank und den Zentralbanken des öffentlich-rechtlichen bzw. genossenschaftlichen Sektors den bargeldlosen Zahlungsverkehr, der es ermöglicht, eingezahlte Zahlungsmittelbeträge an anderen Orten wieder auszuzahlen. Grundsätzlich läuft dieser Prozess durch Buchungen von Konto zu Konto. Er erfordert es also, dass die originären Parteien des Geschäfts jeweils Girokonten bei ihrem Kreditinstitut unterhalten.[159] Damit handelt es sich um Geschäft für eigene Rechnung des Kreditinstitutes und damit auch um Finanzintermediation in unserem Sinne.

4.3.1.5 Überbrückung unterschiedlicher Anforderungen an den Zeitpunkt der Erbringung von (Vor-)Leistung und Gegenleistung

Werden nicht verderbliche Waren später benötigt, als sie produziert werden, bietet es sich an, diese zu lagern.[160] Lagern können der Produzent und der Endabnehmer. Daneben spezialisieren sich jedoch auch dritte Institutionen als Lageristen auf die Überbrückung des zeitlichen Präferenzgefälles zwischen Produzent und Endabnehmer. In unserer Dreizeitpunktmodellierung hätten sie die zugrunde liegenden Waren in der Gegenwart per Kassage-

106
Nochmals:
Lagerung

---

[158] Vgl. Berning (2001), S. 11.
[159] Vgl. Füllbier [Boos/Fischer/Schulte-Mattler] (2004), § 1, Rn. 92f.
[160] Vgl. Oberparleiter (1955), S. 223.

schäft zu kaufen und zeitgleich per Termingeschäft zu verkaufen. Diese beiden Verträge sind nicht paarweise geschlossen, sie bedürfen vielmehr eines Finanzierungsvertrages zur Schließung (Rn. 100). Bei der Überbrückung unterschiedlicher Anforderungen an den Zeitpunkt der Erbringung der (Vor-)Leistung und der Gegenleistung handelt es sich damit nicht um ein Spezifikum der Finanzintermediation.

4.3.2 Überwindung finanzierungsspezifischer Hindernisse

107
Normierung des
Entscheidungs
problems

Sich nicht kennende potenzielle Partner von Finanzierungsverträgen seien im Folgenden zueinander vermittelt und übereinander entscheidungsrelevant informiert. Unterschiedliche Anforderungen an Höhe, Ort und Zeitpunkt der Erbringung von Vorleistung und Gegenleistung mögen als überbrückt gelten. Und trotzdem können finanzierungsspezifische Hindernisse dem Abschluss von Verträgen zwischen potenziellen Finanziers und potenziellen Finanzierten entgegenstehen. Wir wollen dies näher untersuchen und hierbei auf die zuvor entwickelte Systematik der fünf Entscheidungskriterien für Investitionen in Finanzierungsverträge (Rn. 48) zurückgreifen. Das Entscheidungsproblem wird jeweils in der Art normiert, dass die Anforderungen der potenziellen Vertragspartner bezüglich vierer Entscheidungskriterien bereits konsensfähig zueinander passen, hinsichtlich eines Kriteriums jedoch noch auseinander fallen.

4.3.2.1 Keine Überbrückung unterschiedlicher Rentabilitätsanforderungen

108
Keine
Rentabilitäts-
transformation

Ist eine Verhandlungssituation dadurch gekennzeichnet, dass die Rentabilitätsanforderung eines potenziellen Finanziers die von einem potenziellen Finanzierten gerade noch tragbaren Finanzierungskosten übersteigt, während sie sich hinsichtlich aller anderen Entscheidungskriterien für Investitionen in Finanzierungsverträge bereits vertragseinig geworden sind, kann die Zwischenschaltung von Finanzintermediären diese Kluft nicht überbrücken. Die Institution des Finanzintermediärs kann von der Aktivseite zur Passivseite ihrer Bilanz Finanzierungsverträge nicht auf ein höheres Rentabilitätsniveau schleusen, ohne die Situation bei den anderen entscheidungsrelevanten Kriterien zu berühren. Eine „Tranformation", wie sie sich bezüglich anderer Entscheidungskriterien als genuine Leistung des Finanzintermediärs noch herausstellt, gelingt ihm bezüglich der Rentabilität nicht.[161]

Denkbar ist allerdings eine „Selektion" besonders rentabler Investitionen aus dem Katalog. Diese Aktivität ähnelt jedoch stark der Risikoselektion, sodass wir sie gedanklich dort miterfassen können (Rn. 110).

4.3.2.2 Überbrückung unterschiedlicher Risikoanforderungen und Auswahl von Risiken

Sollte bei ins Auge gefasster direkter Finanzierung die von einem potenziellen Finanzierten mindestens gewünschte Risikoabgabe die von einem potenziellen Finanzier gerade noch tragbare Risikoübernahme überschießen, während alle anderen Entscheidungskriterien bereits zum Konsens verhandelt wurden, kann Finanzintermediation die Kluft fallweise überbrücken. Die möglichen Risikoeffekte der Diversifikation haben wir ja bereits erörtert (Rn. 72): Im Wesentlichen geht es darum, dass ein Ausfall der Gegenleistung aus einem Finanzierungsvertrag nicht zwingend mit einem Ausfall bei einem anderen Finanzierungsvertrag einhergehen muss. Deshalb vermag es der Finanzintermediär, durch Streuung seines aktivischen Portfolios[162] passivseitig Finanzierungsverträge anzubieten, deren Risikogehalt sich grundlegend von dem seiner einzelnen Kreditauslagen unterscheidet. (Hierbei ist von Bedeutung, dass sich Finanzierungsverträge und damit auch Investitionen in Finanzierungsverträge bei gegebener Realinvestition stückeln lassen.) Durch die Risikotransformation des Finanzintermediärs ist es grundsätzlich in der beschriebenen Verhandlungssituation möglich, die Anforderungen der potenziellen Vertragsparteien zur völligen Kongruenz zu führen.

109
Risiko-
transformation

Plausibel erscheint es darüber hinaus, dass der Finanzintermediär durch Spezialisierung eine besondere Fähigkeit zur Trennung guter von schlechten Finanzierungsrisiken entwickelt und auf dieser Grundlage eine Auswahl betreibt.[163] Hierdurch kann das Risiko im Bedarfsfall gegenüber einer selektionsfreien direkten Finanzierung auch für gegebene Diversifikationsgrade reduziert werden. Darüber hinaus eröffnet die Kenntnis des Risikogehalts

110
Risikoselektion

---

[161] Auch der aus der Finanzierungstheorie bekannte Leverageeffekt ist hier nicht relevant. Unter diesem versteht man eine Erhöhung der Rentabilität der Eigenfinanzierung durch eine Erhöhung des Verschuldungsgrades. Der Preis für diesen Rentabilitätsgewinn ist allerdings ein erhöhtes Risiko der Rückflüsse aus der Eigenfinanzierung. Damit werden die neben der Rentabilität verbleibenden Entscheidungskriterien also gerade nicht unberührt gelassen. Vgl. Swoboda (1981), S. 18-26 mit weiteren Nachweisen.

[162] Vgl. Arnold (1976), Sp. 1510.

[163] Vgl. Arnold (1976), Sp. 1512.

potenzieller Kreditengagements die Möglichkeit, unterschiedlichen Güteklassen beispielsweise differenzierte Zinsen in Rechnung zu stellen.

4.3.2.3 Keine Überbrückung unterschiedlicher Anforderungen bezüglich der Verfügungs- und Informationsrechte, jedoch zentralisierte Ausübung

111
Kosten der
Nutzung von
VuI-Rechten

Haben sich ein potenzieller Finanzier und ein potenzieller Finanzierter bezüglich der restlichen Entscheidungskriterien für Investitionen in Finanzierungsverträge geeinigt, kann es den Abschluss immer noch behindern, wenn der Finanzier für die Vertragslaufzeit weitgehende Verfügungs- und Informationsrechte fordert, der Zahlungsmittelnehmer zur Wahrung seiner unternehmerischen Freiheit jedoch nicht bereit ist, diese einzuräumen. Es fällt allerdings schwer, sich insofern eine nützliche Transformationsfunktion für Finanzintermediäre vorzustellen: Wie soll diese Institution Refinanzierung gegen Einräumung hoher Verfügungs- und Informationsrechte bewältigen, wenn ihre Investitionen ihr kaum solche Rechte gewähren? Dieser Aspekt deckt sich mit dem unter dem Schlagwort „Macht der Banken" viel zitierten Befund, dass Kreditinstitute Finanzierungsverträge bezüglich der Verfügungs- und Informationsrechte vielmehr qualitativ herunterschleusen. Demnach sollen die Auslagen der Kreditinstitute mit einer Vielzahl von Verfügungs- und Informationsrechten, insbesondere Aufsichtsratsmandaten, ausgestattet sein.[164] Die Einlage als charakteristisches Refinanzierungsinstrument der Kreditinstitute beinhaltet hingegen nichts Vergleichbares. Für Versicherungsunternehmen und den Versicherungsvertrag gilt Ähnliches.

Auch ohne insofern auf ein Transformationskonzept zurückgreifen zu können, ist das Entscheidungskriterium der Verfügungs- und Informationsrechte für die Analyse der Finanzintermediation jedoch keineswegs irrelevant. Von einer effizienten Verwertung von Verfügungs- und Informationsrechten wird man regelmäßig vermuten dürfen, dass sie Kosten verursacht. So wollen von finanzierten Unternehmen überlassene Informationen sorgfältig studiert und wichtige Entscheidungen bei diesen sorgfältig durchdacht sein. Teilen sich verschiedene Vorleistende die Finanzierung eines Investitionsprojektes, fallen zudem auch diese Kosten vielfach an. Bei zentraler Ausübung der Verfügungs- und Informationsrechte, insbesondere durch einen Finanzintermediär, werden sie hingegen nur einmal schlagend. Damit verbleibt allerdings immer noch das Problem der Überwachung des Finanzintermediärs. Diese ermöglicht die charakteristische Refinanzierung von Kreditinstituten (Einlagen) und Versicherungsunternehmen (Versicherungsverträge) jedoch nicht. Kann zudem verlässlich davon ausgegangen werden, dass der Finanzintermediär wegen seiner charakteristischen Tätigkeit weni-

---

[164] Vgl. Kaiser (1994), S. 142, mit weiteren Nachweisen.

ger oder gar nicht überwacht zu werden braucht, kann auf sie auch eher verzichtet werden als bei direkter Finanzierung. Potenzielle Finanziers können unter Abwägung der Überwachungskosten mit den Vorteilen der Finanzintermediation also durchaus zu der Entscheidung gelangen, dass die indirekte Überlassung von Zahlungsmitteln ohne Verfügungs- und Informationsrechte einer direkten Finanzierung originärer Finanzierter mit Verfügungs- und Informationsrechten vorzuziehen ist.

4.3.2.4 Überbrückung unterschiedlicher Liquiditätsanforderungen

Haben sich ein potenzieller Finanzier und ein potenzieller Finanzierter hinsichtlich aller sonstigen Entscheidungskriterien für Investitionen in Finanzierungsverträge geeinigt, geht die vom Finanzier gewünschte Liquidität der Anlage jedoch weiter als die Liquidität des vom Finanzierten angebotenen Vertrages, kann die Zwischenschaltung eines Finanzintermediärs eine Win-Win-Situation darstellen, bei der beide Parteien sich verbessern, und damit zum Abschluss des Finanzierungsvertrages führen. Der Finanzintermediär kann seine passivische Refinanzierung beispielsweise mit einem Kündigungsrecht für den Zeitpunkt t=1 ausstatten, in seinen aktivischen Auslagen hingegen auf ein solches Kündigungsrecht verzichten. Hierdurch überbrückt er die differierenden Liquiditätsvorstellungen und ermöglicht den indirekten Fluss von Zahlungsmitteln. Dieser Prozess kann sinnvoll als Liquiditätstransformation bezeichnet werden. Die am stärksten ausgeprägte Form eines Kündigungsrechtes findet man bei Sichteinlagen (Rn. 9), die wiederum für die Refinanzierung der Kreditinstitute charakteristisch sind. Das Kreditinstitut garantiert nicht nur, dass die Einlage jederzeit „auf Sicht", also in kürzester Frist kündbar ist, es garantiert auch die Höhe der Gegenleistung, bestehend aus der Tilgung der Vorleistung zum Nennwert und einer – in der Regel allerdings sehr geringen – Verzinsung. In vielen Fällen wird den Sichteinlegern zudem noch eine Kreditlinie eingeräumt, die es ihnen erlaubt, weitere Zahlungsmittel vom Kreditinstitut abzurufen. Aus Sicht eines Kreditinstitutes besteht daher im Zusammenhang mit seiner Geschäftstätigkeit das charakteristische Risiko, dass sich derart viele Sichteinleger zur Kündigung ihrer Einlagen und vielleicht sogar zur Inanspruchnahme von Dispositionskredit entschließen, dass seine verfügbaren Zahlungsmittel zur Bedienung aller Ansprüche nicht mehr ausreichen. Vor diesem Hintergrund ist es sinnvoll, dass wir uns etwas näher mit der Frage auseinander setzen, wie Kreditinstitute dieses Risiko tragen und Liquiditätstransformation[165] betreiben können. Diese Fähigkeit basiert entscheidend auf dem so genannten „Bodensatz".

112
Liquiditäts-
transformation

---

[165] Vgl. Büsselmann (1993), S. 12.

113
Bodensatz

Rechtlich kündbare Einlagen werden nicht zwingend auch tatsächlich gekündigt. Wenn nicht gerade „Ansteckung" bei ganzen Kollektiven von Sichteinlegern Liquiditätsbedarf auslöst, sollte der zwischenzeitliche Zahlungsmittelabzug bei einem passivisch breit gestreuten Finanzintermediär einigermaßen planbar sein. Ähnlich wie bei der aktivischen Risikotransformation ergeben sich dann Diversifikationseffekte. Dies ermöglicht es dem Kreditinstitut, kurzfristig verfügbare Mittel nicht in Höhe des maximal denkbaren zwischenzeitlichen Sichteinlagenabzuges vorhalten zu müssen. In Höhe des faktisch langfristig zur Verfügung stehenden Bodensatzes in den rechtlich kurzfristigen Sichteinlagen kann es vielmehr die kündbar erhaltene Refinanzierung ohne eigene Kündigungsrechte auslegen und hierdurch Liquiditätstransformation betreiben.[166]

114
Sonderfall Fristentransformation

Die Laufzeit oder „Frist" einer ex ante auf unbestimmte Zeit abgeschlossenen Sichteinlage wird im Fall der zwischenzeitlichen Kündigung ex post verkürzt. Aus diesem Grunde könnte man die soeben skizzierte Transformationsfunktion auch als Fristentransformation bezeichnen. Dieser Terminus wird in der einschlägigen Literatur durchaus häufig benutzt.[167] Der Begriff Liquiditätstransformation geht allerdings weiter. Neben der Laufzeit (Rn. 84) determinieren auch Eintauschmöglichkeiten am Sekundärmarkt (Rn. 79) die Liquidität eines Finanzierungsvertrages. Finanzintermediäre garantieren zudem häufig den zwischenzeitlichen Rückkauf von Finanzierungsverträgen, die Dritte am Primärmarkt kontrahiert haben. Insofern wirken sie auf die Liquidität dieser Finanzierungsverträge ein, agieren allerdings nicht als Intermediäre im Sinne von Definition 4-1.

4.3.2.5 Überbrückung unterschiedlicher Konditionierungsanforderungen

115
Konditionierungstransformation

Unsicherheit durch zeitliche Entwicklung (Rn. 63) kann den Finanzier und den Finanzierten gleichermaßen treffen. Hieraus ergibt sich, dass die Gegenleistung aus einem Finanzierungsvertrag sowohl auf unsichere Entwicklungen beim Finanzier als auch auf unsichere Entwicklungen beim Finanzierten bedingt werden kann. Den ersten Fall hatten wir als Konditionierung bezeichnet (Rn. 10). Sie ist typisch für Versicherungsverträge, mit denen sich Versicherungsunternehmen charakteristisch refinanzieren. Die Veranlagung der von Versicherungsunternehmen vereinnahmten Zahlungsmittel erfolgt hingegen unkonditioniert, ist also unabhängig von unsicheren Entwicklungen beim Versicherungsunternehmen bzw. den dahinter stehenden Versicherungsnehmern: Kein Unternehmen, das beispielsweise mittels eines Schuld-

---

[166] Dieser Bodensatzgedanke geht insbesondere auf Adolph Wagner (1857), S. 219, zurück.

[167] Vgl. zum Beispiel Poullain (1976), insb. Sp. 659-661.

scheindarlehens (Rn. 45) große Zahlungsmittelbeträge bei einem Versicherungsunternehmen aufnimmt, wird zur Rückzahlung aufgefordert, weil das Versicherungsunternehmen von Schadensfällen seiner Versicherungsnehmer getroffen wird. Durch die Umwandlung konditionierter Versicherungsverträge in unkonditionierte Anlagen betreibt das Versicherungsunternehmen Konditionierungstransformation. Es bewältigt das hierdurch übernommene Risiko im Wege des Risikoausgleichs im Kollektiv und des Risikoausgleichs über die Zeit.

Stellen wir uns zum besseren Verständnis dieser beiden zentralen Mechanismen des Risikomanagements bei Versicherungsunternehmen zunächst eine Schadensversicherung vor, etwa eine Feuerversicherung (Rn. 10). Neben einer Kostenkomponente zur Deckung der Kosten des Versicherungsunternehmens (insbesondere Verwaltungs- und Abschlusskosten) enthält die Versicherungsprämie eine Risikokomponente. Der Risikoausgleich im Kollektiv[168] basiert darauf, dass bestimmte Schadensereignisse zu einem bestimmten Zeitpunkt bei nicht perfekt positiver Korrelation mit einiger Wahrscheinlichkeit nur bei einigen Versicherungsnehmern, nicht jedoch bei allen Mitgliedern des Versicherungsnehmerkollektivs schlagend werden. (Den Gegenfall stellen die so genannten Kumulrisiken[169] dar, bei denen ein einzelnes Schadensereignis dazu führt, dass Versicherungsleistungen gleich bei einer Vielzahl von Versicherungsverträgen zu leisten sind. Beispiele mit hohem Erinnerungswert sind Wirbelstürme, die ganze Landstriche verwüsten, und Hagelschauer, die die Dächer vieler Autos in einer Stadt ramponieren.) Bei ausreichender Diversifikation eines Bestands an Versicherungsnehmern und geringer Korrelation können die Risikokomponenten aus den Versicherungsprämien der Schadensfreien über die von den geschädigten Versicherungsnehmern gezahlten Versicherungsprämien hinaus zur Deckung anfallender Versicherungsleistungen für Schadensfälle herangezogen werden. Beim Risikoausgleich über die Zeit wird hingegen für einen bestimmten Versicherungsnehmer nach Prinzipien der Versicherungsmathematik prognostiziert, mit welcher Wahrscheinlichkeit er über den Versicherungszeitraum schadensfrei und mit welcher Wahrscheinlichkeit er geschädigt sein wird. Werden in schadensfreien Zeiten eingehende Zahlungsmittel zurückbehalten, können im Schadensfall weit höhere Versicherungssummen geleistet werden, als sie aus der dann aktuell anfallenden Versicherungsprämie unmittelbar abgedeckt wären.

Es ist interessant und erhellend, in diesem Zusammenhang von der Zahlungsmittelebene zur Reinvermögensebene zu wechseln und sich einmal anzuschauen, wie sich beide Mechanismen im Jahresabschluss des Versicherungsunternehmens niederschlagen. Für den Risikoausgleich im Kollektiv

116
Risikoausgleich
im Kollektiv,
Risikoausgleich
über die Zeit

---

[168] Vgl. Schradin (2003), S. 1081.
[169] Vgl. Koch/Umann/Weigert (2002), S. 71.

ist es charakteristisch, dass außer in Spitzenzeiten die laufenden versicherungstechnischen Aufwendungen für das versicherte Risiko aus den laufenden Beitragseinnahmen in der GuV gedeckt werden können und die Bilanz nicht angesprochen ist. Beim Risikoausgleich über die Zeit werden hingegen für zukünftige Risiken – pauschal oder bezogen auf einzelne Versicherungsnehmer – Rückstellungen aufwandswirksam gebildet und die eingehenden Versicherungsprämien ertragswirksam zur Ansammlung von Aktiva herangezogen, die zur Bedeckung dieser Rückstellungen geeignet sind. Tritt ein Schadensfall ein, kann mit einer gewissen Wahrscheinlichkeit der resultierende Zahlungsmittelbedarf aus den laufenden Erträgen, gegebenenfalls zudem durch die Auflösung der Aktiva gedeckt werden. Auch wenn diese Verarbeitung von Risiken über die Bilanz in der Schadensversicherung nicht sehr ausgeprägt ist (hier setzt die Hoheitliche Versicherungsaufsicht wohl stärker auf den Risikoausgleich im Kollektiv), findet man sie doch, nämlich in den Formen der Schwankungsrückstellung und der Großschadenrückstellung. Diese Passiva werden pauschal gebildet, um Vorsorge für Zeiten zu treffen, in denen es zu einer überdurchschnittlich hohen Schadensbelastung kommt.

Wenden wir uns nun der Lebensversicherung zu. Das konditionierungsspezifische Risiko besteht in diesem Fall für das Versicherungsunternehmen darin, dass im Falle des vorzeitigen Ablebens eines Versicherungsnehmers seine Versicherungssumme noch nicht aus den vereinnahmten und veranlagten Versicherungsprämien abgedeckt ist. Beinhaltet der Lebensversicherungsvertrag auch eine Gegenleistung im Erlebensfall (Rn. 10), unterscheidet sich dessen Zahlungsprofil deutlich von dem der obigen Feuerversicherung, weil ja in allen Fällen vom Versicherungsunternehmen eine Versicherungsleistung zu erbringen ist. Da unabhängig von Lebensdauer und Überschussbeteiligung[170] in jedem Fall ein Sockelbetrag zu zahlen ist, muss in diesem Fall die Versicherungsprämie neben einer Kostenkomponente und einer Risikokomponente auch eine Sparkomponente enthalten. Im Jahresabschluss des Lebensversicherungsunternehmens findet man etwa mit der Deckungsrückstellung spezifische Passiva und mit dem Deckungsstock mit diesen Passiva korrespondierende spezifische Aktiva, denen bei der Feuerversicherung nichts Vergleichbares gegenübersteht. Dies spiegelt gleichermaßen die zusätzliche Sparkomponente in den Versicherungsverträgen wider wie auch das besondere Gewicht, das die Hoheitliche Versicherungsaufsicht hier dem Risikoausgleich über die Zeit zumisst.

---

[170] Vgl. Koch/Umann/Weigert (2002), S.119.

Ziehen wir ein Zwischenfazit: Dem Abschluss von Tauschverträgen, insbesondere dem von Finanzierungsverträgen, stehen verschiedene Hindernisse im Wege. Vielfach werden diese Hindernisse durch Intermediation, insbesondere durch Finanzintermediation, beseitigt. Im Zusammenhang mit den von Finanzintermediären erbrachten Leistungen sind uns hierbei an drei verschiedenen Stellen Risikodiversifikationsphänomene begegnet: Bei der Risikotransformation, der Liquiditätstransformation und der Konditionierungstransformation. Hinsichtlich der Wirkungsrichtung unterscheidet sich die Risikotransformation auf der einen Seite fundamental von der Liquiditätstransformation der Kreditinstitute bzw. der Konditionierungstransformation der Versicherungsunternehmen auf der anderen. Bei der Risikotransformation läuft die Kausalitätskette von im Einzelnen hohen aktivischen Risiken, denen der Finanzintermediär ausgesetzt ist, zu geringen passivischen Risiken, die an seine charakteristischen Refinanziers, also Einleger bzw. Versicherungsnehmer, weitergeleitet werden. Bei der Liquiditätstransformation und der Konditionierungstransformation ist der Finanzintermediär hingegen hohen passivischen Risiken aus dem Kündigungsverhalten bzw. der Schadensentwicklung ausgesetzt, während seine aktivischen Auslagen dieses Risiko kaum oder gar nicht auf die originären Finanzierten überwälzen. Bei der Risikotransformation ist das Ausgangsrisiko die aktivisch unsichere Gegenleistung im Zeitpunkt t=2, bei der Liquiditätstransformation die passivisch vorzeitige Kündigung im Zeitpunkt t=1 und bei der Konditionierungstransformation die versicherungstechnische Entwicklung, die sich im Zeitpunkt t=1 konkretisiert und bei entsprechender Bilanzierung ebenfalls mit der Passivseite assoziiert werden kann.

Die Unterschiedlichkeit der Ausgangsrisiken bei Liquiditätstransformation und Konditionierungstransformation stellt das Risikomanagement der Kreditinstitute und das der Versicherungsunternehmen vor deutlich unterschiedliche Herausforderungen. In der Versicherungsbranche hat sich mit der Versicherungsmathematik[171] eine eigene Fachrichtung entwickelt, die die versicherungstechnischen Risiken und die entsprechenden versicherungstechnischen Rückstellungen kalkuliert. Vor Abschluss eines Versicherungsvertrages wird - meist mit Hilfe von Fragebögen, Arztuntersuchungen etc. - versucht, die konkreten versicherungstechnischen Risiken zu identifizieren und zu selektieren. Je nach Risikoerwartung wird dann die Höhe der Versicherungsprämie eingestellt oder auch die Kontrahierung eines Versicherungsvertrages verweigert (sozusagen „Versicherungsrationierung"). An seine Grenzen gelangt das versicherungstechnische Risikomanagement im Fall der Kumulrisiken, bei denen die Versicherungsleistungen aus verschiedenen Versicherungsverträgen stark positiv miteinander korrelieren.

117
R-, L- und K-Transformation im Vergleich

---

[171] Vgl. Führer/Grimmer (2006).

Kreditinstitute versuchen demgegenüber in eher geringem Umfang, das voraussichtliche Einlagenabzugsverhalten für einzelne Verträge zu identifizieren und entsprechend zu selektieren. Kalkuliert wird regelmäßig der zwischenzeitliche Liquiditätsbedarf gegebener Einlegergruppen. Neben den Sichteinlagen stehen den Kreditinstituten ja beispielsweise Spareinlagen, Termineinlagen diverser Laufzeitbänder und Bankschuldverschreibungen als Refinanzierungsinstrumente zur Verfügung. Die Kalkulation dieses zwischenzeitlichen Liquiditätsbedarfs beruht zudem meist auf hausinternen, keinesfalls jedoch auf spezifischen Grundsätzen eines eigenen Berufsstandes. Gegeben die Charakteristika bestimmter Refinanzierungsinstrumente setzen Kreditinstitute regelmäßig auf einen geeigneten Refinanzierungsmix und die Synchronisierung der Aktivseite mit der Passivseite. All dies wird in der kreditwirtschaftlichen Praxis als „Aktiv-Passiv-Management" oder auch als „Asset-Liability-Management" bezeichnet. (Asset-Liability-Management ist im Übrigen zunehmend auch in der Versicherungsbranche verbreitet.) An seine Grenze gelangt das kreditwirtschaftliche Risikomanagement insbesondere dann, wenn Ansteckungseffeke zu einem „Bank Run" führen: Panikartig kündigen dann gleich viele Refinanziers ihre Verträge, das Einlagenabzugsverhalten ist plötzlich hochgradig positiv korreliert.

Im nun folgenden Kapitel 5 werden die finanzierungsspezifischen Funktionen der Kreditinstitute und der Versicherungsunternehmen vertieft und zu einer Speziellen Theorie der Finanzintermediation fortentwickelt.

5 Spezielle Theorie der Finanzintermediation

5.1 Idealtypische Definition und realtypische Erscheinungsformen des Finanzintermediärs

Eine allgemeine Definition des Intermediärs liegt nun vor (Rn. 98). Da unser zentrales Augenmerk aber auf das spezielle Phänomen der Finanzintermediation gerichtet ist, liegt es nahe, den Kreis der Definition enger zu ziehen.

118
Definition
Finanz-
intermediär

Definition 5-1
Finanzintermediär

Unter einem Finanzintermediär wird eine Institution verstanden, die durch Abschluss gegenläufiger Finanzierungsverträge für eigene Rechnung (am Primärmarkt) zwischen potenzielle originäre Finanzierungsvertragsparteien tritt.

Was fällt nun unter diese idealtypische Definition? Mit Lebensversicherungsunternehmen und Universalbanken[172], Krankenversicherungsunternehmen und Kapitalanlagegesellschaften, Schadensversicherungsunternehmen und Bausparkassen gibt es zwar eine Vielzahl von Finanzintermediären mit unterschiedlichem Betätigungsfeld und unterschiedlich eingegrenztem Geschäft. Letztlich kennt die deutsche Rechtsordnung aber nur zwei Grundtypen: das Versicherungsunternehmen und das Kreditinstitut. Einschlägig sind im Kern das Versicherungsaufsichtsgesetz (VAG) und das Kreditwesengesetz (KWG). Der Gesetzgeber hat neben diese beiden Grundtypen

119
Versicherungs-
unternehmen und
Kreditinstitute

---

[172] Unter Universalbanken sollen hier Kreditinstitute verstanden werden, die mit Ausnahme der Nr. 6 sämtliche der in § 1 I KWG genannten 12 Bankgeschäfte ausüben dürfen. Der Präfix „Universal" ist also nicht so zu verstehen, dass diese Institute auch alle die Geschäfte ausüben dürfen, die Kapitalanlagegesellschaften gemäß § 6 I InvG und Bausparkassen gemäß § 1 I BauSpG charakterisieren. Umgekehrt ist Kapitalanlagegesellschaften und Bausparkassen der Zugang zu manchen der in § 1 I KWG angesprochenen Bankgeschäfte verwehrt, was sich aus § 4 I BauSpG und § 7 II InvG ergibt. In diesem Sinne sind Kapitalanlagegesellschaften und Bausparkassen Spezialkreditinstitute.

allerdings noch abgeschwächte Typen gesetzt. Im Regelungsbereich des KWG sind dies aktuell die Finanzdienstleistungsinstitute nach § 1 Ia KWG und die Finanzunternehmen nach § 1 III KWG. Der Regelungsbereich des VAG wurde unlängst auf Pensionsfonds nach § 1 I VAG in Verbindung mit § 112 I VAG erweitert. Es handelt sich bei diesen abgeschwächten Typen jeweils um Finanzintermediäre mit recht eng gezogenem Tätigkeitsgebiet, sodass wir in unserer allgemeinen Untersuchung auf diese nicht näher einzugehen brauchen. Vielmehr lohnt ein Blick, welche Finanzierungsverträge VAG und KWG „ihren" Grundtypen charakteristisch zuordnen.

5.2 Charakteristische Finanzierungsverträge

5.2.1 Charakteristische Finanzierungsverträge der Versicherungsunternehmen

120
Versicherungs-
geschäfte

Versicherungsunternehmen sind nach § 1 I VAG Unternehmen, die den Betrieb von Versicherungsgeschäften zum Gegenstand haben und nicht Träger der Sozialversicherung sind. Die alleinige Vermittlung von Versicherungsverträgen fällt nicht hierunter[173], es muss sich um Versicherungsgeschäfte für eigene Rechnung handeln. Versicherungsunternehmen dürfen gemäß § 7 II VAG neben Versicherungsgeschäften nur solche Geschäfte betreiben, die mit ersteren in unmittelbarem Zusammenhang stehen. Versicherungsgeschäfte sind damit charakteristisch für Versicherungsunternehmen. Allerdings beschreibt das VAG nicht näher, was hierunter zu verstehen ist. Die aufsichtsrechtliche Praxis hat den Begriff jedoch hinlänglich konkretisiert, wobei sich das derart herausgearbeitete „Versicherungsgeschäft" (Fn. 27) mit unserem Konzept des konditionierten Finanzierungsvertrages deckt.

5.2.2 Charakteristische Finanzierungsverträge der Kreditinstitute

121
Bankgeschäfte

Bei Kreditinstituten erfordert eine Beschreibung der von ihnen charakteristisch kontrahierten Finanzierungsverträge mehr Raum als bei Versicherungsunternehmen. Sie sind nach § 1 I KWG Unternehmen, die Bankgeschäfte gewerbsmäßig oder in einem Umfang betreiben, der einen in kaufmännischer Weise eingerichteten Geschäftsbetrieb erfordert. Gegenüber der

---

173 Vgl. Präve [Prölls] (2005), § 1, Rn. 7.

kurzen Nennung der Versicherungsgeschäfte im Versicherungsaufsichtsgesetz ist das KWG insofern ausführlich und zählt erschöpfend 12 Bankgeschäfte auf, und zwar (in Kurzform):

1. Die Annahme fremder Gelder als Einlagen (Einlagengeschäft),
1a. die in § 1 I S. 2 des Pfandbriefgesetzes bezeichneten Geschäfte (Pfandbriefgeschäft),
2. die Gewährung von Gelddarlehen und Akzeptkrediten (Kreditgeschäft),
3. den Ankauf von Wechseln und Schecks (Diskontgeschäft),
4. die Anschaffung und die Veräußerung von Finanzinstrumenten im eigenen Namen für fremde Rechnung (Finanzkommissionsgeschäft),
5. die Verwahrung und die Verwaltung von Wertpapieren für andere (Depotgeschäft),
6. die in § 7 II des Investmentgesetzes bezeichneten Geschäfte (Investmentgeschäft),
7. die Eingehung der Verpflichtung, zuvor veräußerte Darlehensforderungen vor Fälligkeit zu erwerben (so genanntes „Revolvinggeschäft"[174]),
8. die Übernahme von Bürgschaften, Garantien und sonstigen Gewährleistungen für andere (Garantiegeschäft),
9. die Durchführung des bargeldlosen Zahlungsverkehrs und des Abrechnungsverkehrs (Girogeschäft),
10. die Übernahme von Finanzinstrumenten für eigenes Risiko zur Platzierung oder die Übernahme gleichwertiger Garantien (Emissionsgeschäft),
11. die Ausgabe und die Verwaltung von elektronischem Geld (E-Geld-Geschäft).

Dem DISKONTGESCHÄFT nach Nr. 3 und dem REVOLVINGGESCHÄFT nach Nr. 7 liegen keine Abschlüsse von Finanzierungsverträgen am Primärmarkt, sondern Handelsaktivitäten in bereits abgeschlossenen Finanzierungsverträgen am Sekundärmarkt zugrunde. Beim FINANZKOMMISSIONSGESCHÄFT gemäß Nr. 4 und beim DEPOTGESCHÄFT gemäß Nr. 5 handelt es sich offensichtlich nicht um Geschäft für eigene Rechnung des Kreditinstitutes. Beschränken wir die Analyse auf Universalbanken (Fn. 172), scheidet das den Kapitalanlagegesellschaften vorbehaltene INVESTMENTGESCHÄFT nach Nr. 6 grundsätzlich aus. Beim GARANTIEGESCHÄFT nach Nr. 8 handelt es sich nicht um den Abschluss von Finanzierungsverträgen.[175] Damit fallen verschiedene der in § 1 I KWG genannten Bankgeschäfte nicht unter Definition 5-1. (Man beachte, dass insofern auch der Erklärungsgehalt der weiteren Untersuchung für das realtypische Bankgeschäft eingeschränkt ist.)

---

174 Füllbier [Boos/Fischer/Schulte-Mattler] (2004), § 1, Rn. 73.
175 Wird beispielsweise ein Bürge aus einer Bürgschaft in Anspruch genommen, hat er gegen den Gläubiger einen Rückgriffsanspruch. Es handelt sich deshalb um einen sehr speziell bedingten einseitigen Vertrag.

Das PFANDBRIEFGESCHÄFT nach Nr. 1a sowie § 1 PfandBG stellt ganz wesentlich die Emission von Pfandbriefen zur Refinanzierung von pfandrechtlich besichertem Kredit oder Kredit an staatliche Stellen dar. Während die Vergabe pfandrechtlich besicherten Kredits letztlich keine Besonderheit gegenüber dem Kreditgeschäft nach Nr. 2 darstellt, handelt es sich bei den Pfandbriefen um einen speziellen Refinanzierungsvertrag. Das GIROGESCHÄFT gemäß Nr. 9 wird durch „Buchungen von Konto zu Konto"[176] durchgeführt, die die beteiligten Parteien bei Kreditinstituten rechtswirksam unterhalten. Da es sich hierbei um Kontokorrentkonten handelt[177], wird das Girogeschäft im Folgenden wirtschaftlich dem Einlagengeschäft gemäß Nr. 1 zugeschlagen. Gleiches gilt für das E-GELD-GESCHÄFT nach Nr. 11. Hierbei handelt es sich um bestimmte Formen des Geldkartengeschäfts und das Netzgeldgeschäft. Im ersten Fall zahlt der Karteninhaber den Gegenwert der auf Karte gespeicherten Werteinheit im Voraus mittels Bargeld oder Buchgeld ein und erhält hierfür vom emittierenden Kreditinstitut die zur Bezahlung bei dritten Akzeptanten geeignete Karte. Beim Netzgeld wird diese Karte durch vorausbezahlte elektronische Zahlungseinheiten ersetzt, die vom Benutzer auf der Festplatte seines PC abgespeichert werden.[178] Mit Ausnahme des Zahlungsmediums ähnelt das Geschäft also sehr stark dem Girogeschäft. Bei den FINANZINSTRUMENTEN gemäß Nr. 10 handelt es sich insbesondere um handelbare Wertpapiere.[179] Hierbei geht es um derart verbriefte Finanzierungsverträge, dass (1) für die Geltendmachung des Rechts die Innehabung der Urkunde erforderlich ist und (2) die Anforderungen der Fungibilität und der Zirkulationsfähigkeit erfüllt sind.[180] Im Folgenden werden derart verbriefte Forderungen dem Kreditgeschäft nach Nr. 2 zugeschlagen und mit ihm als wirtschaftliche Einheit analysiert, da es in beiden Fällen um eine Vorleistung und um eine spätere Gegenleistung geht.

Der Abschluss gegenläufiger Finanzierungsverträge für eigene Rechnung im Sinne von Definition 5-1 reduziert sich bei wirtschaftlicher Betrachtungsweise bei Kreditinstituten damit vom Katalog der 12 in § 1 I KWG genannten Bankgeschäfte auf das passivische EINLAGENGESCHÄFT gemäß § 1 I Nr. 1 KWG (einschließlich Emission von Pfandbriefen gemäß § 1 I Nr. 1a KWG, Girogeschäft gemäß § 1 I Nr. 9 KWG und E-Geld-Geschäft gemäß § 1 I Nr. 11 KWG) und das aktivische KREDITGESCHÄFT gemäß § 1 I Nr. 2 KWG (einschließlich Emissionsgeschäft gemäß § 1 I Nr. 10 KWG). Zu berücksichtigen ist aber, dass Kredite auch von Versicherungsunternehmen vergeben werden dürfen, etwa in Form von Schuldscheindarlehen (Rn. 45). Letztlich charakte-

---

[176] Füllbier [Boos/Fischer/Schulte-Mattler] (2004), § 1, Rn. 92.

[177] Vgl. Füllbier [Boos/Fischer/Schulte-Mattler] (2004), § 1, Rn. 92.

[178] Vgl. ebd., § 1, Rn. 107-116.

[179] Vgl. ebd., § 1, Rn. 217; Finanzinstrumente sind ferner Geldmarktinstrumente, Devisen, Rechnungseinheiten und Derivate.

[180] Vgl. Lenenbach (2002), Rn 2.1 und Rn 2.2.

ristisch für die Tätigkeit der Kreditinstitute ist damit wie bei Versicherungsunternehmen ein passivischer Finanzierungsvertrag, ein Instrument der Refinanzierung: Während Versicherungsunternehmen der Abschluss von Versicherungsverträgen vorbehalten ist, darf das Einlagengeschäft gewerbsmäßig nur von Kreditinstituten betrieben werden.

Wir werden die Analyseebene später hin zu einem theoretischen Modell verschieben (Rn. 133-174), um an geeigneter Stelle auch die von Kreditinstituten und von Versicherungsunternehmen charakteristisch kontrahierte Refinanzierung zu integrieren. Solche modelltheoretischen Untersuchungen des Phänomens der Finanzintermediation blicken durchaus auf eine längere dogmengeschichtliche Entwicklung zurück. Schauen wir als Orientierungshilfe zuvor auf den Status Quo der Theorie.

5.3 Zum Status Quo der Theorie der Finanzintermediation

5.3.1 Die kontinentaleuropäische Entwicklungslinie

Unsere Systematik der von Finanzintermediären finanzierungsspezifisch erbrachten Funktionen (Rn. 107-117) eignet sich für eine strukturierte Darstellung verschiedener theoretischer Ansätze. Zwei wichtige Entwicklungslinien, die kontinentaleuropäische und die angelsächsische, werden herausgegriffen. Die Darstellung erhebt also keinen Anspruch auf Vollständigkeit.

122
Das Transformationskonzept

Ein bestimmendes Thema der kontinentaleuropäischen Linie ist zu ihrem Beginn im 19. Jahrhundert das Asset-Liability-Management (Rn. 117) der Kreditinstitute. Während zunächst Otto Hübner[181] den Kreditinstituten vollständige Fristenkongruenz bei der Synchronisierung empfiehlt und damit jeglicher Fristentransformation den Boden entzieht, entgegnet wenig später Adolph Wagner[182], dass Banken sehr wohl aufgrund von Erfahrungssätzen bezüglich des tatsächlichen Kündigungsverhaltens ihrer Einleger mit einem „Überschuß" aus der rechtlich kurzfristigen Refinanzierung langfristiges Aktivgeschäft betreiben können. Carl Knies[183] ergänzt, dass bei der Transformation von Fristen nicht nur das tatsächliche Abzugsverhalten und die Möglichkeit der Einlagensubstitution passivseitig, sondern auch zwischenzeitliche Eintauschmöglichkeiten von Vermögensgegenständen am Sekundärmarkt aktivseitig von Bedeutung sind und nimmt damit Moulton's

---

[181] Vgl. Hübner (1854), S. 28.
[182] Vgl. Wagner (1857), S. 166f.
[183] Vgl. Knies (1879), S. 251.

„Shiftability" von Vermögensgegenständen vorweg[184]: Bei verlässlich funktionierenden Sekundärmärkten ist die Zahlungsfähigkeit von Kreditinstituten weniger eine Folge der Fristensynchronisierung als eine der zwischenzeitlichen Übertragbarkeit von Vermögensgegenständen. Zur Mitte des 20. Jahrhunderts prägt in diesem Zusammenhang Schmalenbach den Begriff Transformation[185]. Er wird zur Fristentransformation und dann zu einer allgemeinen Transformationstheorie der Finanzintermediation fortentwickelt.[186] Am Transformationskonzept wird heute vielfach angesetzt, ohne dass seine geistigen Urheber noch häufig genannt würden.[187]

123
Hausbank-
beziehung

Ein zweites charakteristisches Ausgangsthema der kontinentaleuropäischen Entwicklungslinie ist das Verhältnis der Banken zu den von ihnen finanzierten Unternehmen in der Industrialisierung des Deutschen Reiches, insbesondere gegen Ende des 19. Jahrhunderts. Zu dieser Zeit dominiert die Jüngere Historische Schule um Gustav von Schmoller die volkswirtschaftliche Ausbildung an den staatswissenschaftlichen Fakultäten, die im Schwerpunkt durch das Zusammentragen historischer Fakten induktiv den Schluss auf grundlegendere, allgemeine Strukturen zu ziehen beabsichtigt. Zwei ihrer Vertreter, Otto Jeidels und Jacob Riesser, stellen durch ihre intensive und auf reiches Datenmaterial gestützte Analyse fest, dass in diesen Jahren Großprojekte bevorzugt vorangetrieben werden[188], und zwar bevorzugt in der Montanindustrie, im Maschinenbau und beim Eisenbahnbau[189]. Mittels vieler Instrumente wie etwa Aufsichtsratsmandaten ist das Verhältnis zwischen den neuen, nach dem Vorbild des französischen „Crédit Mobilier"[190] als Aktiengesellschaft firmierenden Universalbanken und den Industrieunternehmen sehr eng, was sich in der mittlerweile berühmten Formulierung widerspiegelt, eine deutsche „Hausbank"[191] begleite ihre Industrieunternehmen „von ihrer Geburt bis zum Tod"[192]. Der aus der Ukraine stammende und über Österreich in die USA emigrierte Wirtschaftshistoriker Alexander Gerschenkron wird sie später in seine Dreistadientheorie integrieren, nach der die Industrielle Revolution in England überwiegend innenfinanziert ablief, im Deutschen Reich (aber auch in Frankreich, Italien, Österreich und anderen Ländern) hingegen außenfinanziert durch Banken, die Vorschüsse in Schlüsselbranchen leiteten. In Russland schließlich hatte der Staat

---

[184] Moulton (1918), S. 723: „Liquidity is tantamount to shiftability."
[185] Vgl. Schmalenbach (1951), S. 139-147.
[186] Vgl. den Übersichtsartikel von Bitz (1989) und die Seiten 20-29 bei Rudolph (1991).
[187] Vgl. Gurley/Shaw (1960), S. 125, Dewatripont/Tirole (1993), S. 104, Bhattacharya/Thakor (1993), S. 3, und Diamond (1996), S. 52.
[188] Vgl. Riesser (1910), S. 68, und ders. (1912), S. 45.
[189] Vgl. Riesser (1910), S. 39 und S. 68.
[190] Vgl. Landes (1973), S. 198.
[191] Hellwig (1989), S. 280.
[192] Jeidels (1905), S. 50; vgl. ergänzend Kaiser (1994), S. 132-135, mit weiteren Nachweisen.

diese Rolle zu übernehmen, weil dort Kapital derart knapp war, dass kein Bankensystem diese Aufgabe hätte bewältigen können.[193]

5.3.2   Die angelsächsische Entwicklungslinie

Betrachtet man die Entwicklung im englischsprachigen Raum, fällt ins Auge, dass bankbetriebliche und geldpolitische Untersuchungen zunächst eng miteinander verwoben sind. Die geldpolitische Debatte zwischen Banking School und Currency School in der ersten Hälfte des 19. Jahrhunderts um die optimale Bedeckung der Notenverpflichtungen der Bank of England[194] erwies sich offensichtlich als inspirierend für die (einige Jahre vor den Werken von Hübner und Wagner erschienenen) Untersuchungen von Tucker und Wilson. Tucker stellt für die USA im Schwerpunkt noch nicht auf das Asset-Liability-Management von Banken ab, die ihre ausgelegten Kredite alleine durch Einlagen refinanzieren, sondern auf das von Banknoten (Rn. 24) emittierenden „Banks of Circulation".[195] Wilson empfiehlt demgegenüber britischen „Banks of Deposit" bereits, von den aus Einlagen vereinnahmten Zahlungsmitteln nur einen Teil für Kredit zu verwenden und einen Teil als Barreserve vorzuhalten.[196] Ganz ähnlich liest es sich auch später noch in Bagehots berühmter „Lombard Street".[197]

124
Banks of Circulation, Banks of Deposit

Anschließend spielen Finanzintermediäre im angelsächsischen Bereich für einige Jahrzehnte eine eher nachgeordnete Theorierolle. Schaut man etwa in den Index zu Keynes' General Theory, so erscheint „Banking System" mit 6 Nennungen, „Interest, Rate of" hingegen mit 50.[198] Dieses Bild ändert sich in den 60er Jahren des 20. Jahrhunderts, in denen wohl auch der Begriff „Finanzintermediär"[199] geprägt wird. Ab dieser Periode wird indirekter Finanzierung wieder zunehmendes Forschungsinteresse entgegengebracht. Spezialisierung könne in der Finanzintermediation zu Skalenerträgen durch sinkende Durchschnittskosten führen, heißt es bei Gurley und Shaw.[200] Allerdings kann in diesem Stadium der Theorieentwicklung noch nicht formal begründet werden, welche Abweichungen vom Ideal des Walrasianischen Paradigmas (Rn. 19) zu diesem Ergebnis führen.

125
Ursprung des Begriffs „Finanzintermediär"

---

[193] Vgl. Gerschenkron (1962), S. 11-21.
[194] Vgl. Kindleberger (1984), S. 89.
[195] Vgl. Tucker (1839/1996), S. 160-162.
[196] Vgl. Wilson (1847), S. 10.
[197] Vgl. Bagehot (1906), S. 304.
[198] Vgl. Keynes (1936), S. 385 und S. 392.
[199] Gurley/Shaw (1960), S. 192.
[200] Vgl. Gurley/Shaw (1960), S. 194.

5.3.3 Die Neuere Theorie der Finanzintermediation

Zwischen älteren und jüngeren Ansätzen in der Theorie der Finanzintermediation lässt sich eine trennscharfe Grenzlinie anhand des Kriteriums ziehen, ob konkrete Abweichungen vom Walrasianischen Paradigma als Begründung für das Phänomen indirekter Finanzierung herangezogen werden. In den 70er Jahren des 20. Jahrhunderts diffundieren nämlich Schritt für Schritt die Forschungsleitbilder der Transaktionskosten[201] und der Informationsasymmetrien[202] auch in die Theorie der Finanzintermediation. Dies führt zu einer Initialzündung in der theoretischen Entwicklung, die bis heute anhält. Wir wollen die entsprechende Phase in der Theorieentwicklung als „Neuere Theorie der Finanzintermediation (NTFI)" bezeichnen. Die folgenden weiteren Eckpunkte stecken überwiegend die Methode der NTFI ab:

- Die Analyseebene verlagert sich von der verbalen Argumentation zur Bildung formaler Modelle.

- Das schwerpunktmäßig genutzte Medium der Veröffentlichung verlagert sich - entsprechend dem allgemeinen Trend - von der Monographie in Heimatsprache zum englischsprachigen Journalartikel. (Es wird sogar ein eigenes „Journal of Financial Intermediation" ins Leben gerufen.) Dies ist in vieler Hinsicht plausibel, weil diverse Grundsatzprobleme früherer Jahre als gelöst oder zumindest als bearbeitet gelten können. Allerdings geht die Entwicklung zu Lasten der Übersichtlichkeit, woraus sich wohl auch die Vielzahl der – ebenfalls meist in den einschlägigen Journals – nun erscheinenden Übersichtsartikel erklären dürfte.[203]

Bei der Bildung der formalen Modelle werden die folgenden Hilfsmittel von der NTFI häufig eingesetzt:

- Kardinale Nutzenfunktionen[204]
- Binomiale Stochastik[205]

Welche Beiträge vermag die Theorie der Finanzintermediation nun zur Erklärung der finanzierungsspezifischen Funktionen von Finanzintermediären bis dato zu erbringen? Die nachfolgenden Abschnitte (Rn. 127-132) beantworten diese Frage in Form eines strukturierten Überblicks.

---

[201] Vgl. Benston/Smith (1976), S. 222.

[202] Vgl. Leland/Pyle (1977), S. 371.

[203] Vgl. Dewatripont/Tirole (1993), S. 103-112, Bhattacharya/Thakor (1993), Allen/ Santomero (1998), Boot (2000).

[204] So etwa bei Diamond/Dybvig (1983), S. 406, Ramakrishnan/Thakor (1984), S. 418, Diamond (1984), S. 396, und Allen/Gale (1999), S. 1244.

[205] Beispielsweise bei Ramakrishnan/Thakor (1984), S. 417, Berlin/Loeys (1988), S. 399, Smith/Stutzer (1990), S. 128, Gale (1993), S. 121, und Boot/Thakor (1994), S. 901.

5.3.4 Risikotransformation und Risikoselektion

Der Grundgedanke der Risikodiversifikation (Rn. 72) lässt sich schon im 18. Jahrhundert bei Daniel Bernoulli finden.[206] Erste Übertragungen auf die Theorie der Finanzintermediation[207] begründen jedoch noch nicht, warum zwischengeschaltete Institutionen statt einzelner Wirtschaftssubjekte diese Aufgabe zum Zwecke der Risikotransformation (Rn. 109) übernehmen sollen. In der Konsequenz verbindet Diamond[208] den Gedanken der Risikodiversifikation mit dem Konzept der Informationsasymmetrie im Rahmen einer Zweizeitpunktmodellierung:

127
Delegated
Monitoring

Während potenzielle Finanziers bei Vertragsabschluss die Wahrscheinlichkeitsverteilung der Ergebnisse genau kennen, die ein von ihnen finanzierter Unternehmer mit seinen Investitionsprojekten erzielen kann, kann der Unternehmer zum Ende des Vertrages die tatsächlich von ihm erwirtschafteten Ergebnisse verschleiern (so genannte „Ex post Informationsasymmetrie"). Diesem Risiko lässt sich sowohl durch Überwachung der erzielten Ergebnisse („Monitoring") als auch durch anreizverträgliche Finanzierungsverträge begegnen. Hierbei handelt es sich um Fremdfinanzierungsverträge, deren Sanktion für das Ausbleiben vertraglich vereinbarter Zahlungen nichtpekuniäre, gleichwohl aber pekuniär messbare und damit kardinale Insolvenzstrafen sind. Durch sie kann es trotz allgemeiner Risikoneutralität mittels Finanzintermediation zu einer Verbesserung für alle Entscheidungsträger kommen. Für den Unternehmer kann Überwachung bei bestimmten Konstellationen vorteilhaft sein, weil er bei eigenem Misserfolg dann die Insolvenzstrafen nicht zu erdulden braucht. Die Delegation dieser Überwachung kann zudem für ihn kosteneffizient sein, da dann nur einmalig Überwachungskosten anfallen, bei dezentraler Überwachung durch die originären Finanziers hingegen vielfach. Damit stellt sich allerdings immer noch die Frage nach der Überwachung des Finanzintermediärs. Diversifiziert er jedoch hinlänglich sein Aktivportfolio, schwanken die von ihm erwirtschafteten Ergebnisse immer weniger, sodass für ihn unmittelbar und für die von ihm finanzierten Unternehmer mittelbar die Insolvenzstrafen aus den Einlagenverträgen immer weniger eine Bedrohung darstellen. Überwachung des Finanzintermediärs durch seine Einleger wird deshalb tendenziell suboptimal gegenüber anreizverträglichen Einlagenverträgen mit Insolvenzstrafe.

---

[206] Vgl. Bernoulli, D. (1738/1954), S. 30, der als Beispiel den Transport von Waren per Schiff nennt.

[207] Vgl. Gurley/Shaw (1960), S. 194, und Arnold (1976), Sp. 1513.

[208] Diamond (1984), S. 394; vgl. auch das erläuternde Beispiel bei Diamond (1996) und die dynamische Erweiterung in Diamond (1991).

Für die Theorie der Finanzintermediation hat sich das Monitoring-Konzept als ungemein inspirierend erwiesen[209], wobei Informationsgewinnung durch Finanzintermediäre neben der Kontrolle realisierter Ergebnisse zunehmend an Facetten gewinnt und beispielsweise auch die Sortierung guter und schlechter Kreditnehmer umfasst (Rn. 128; „Screening"). Neben der im Diamond-Modell unterstellten, wirtschaftstheoretisch jedoch heiklen Nutzenkardinalität erscheint allerdings insbesondere die Ex-post-Verifikation erzielter Ergebnisse viel eher die Aufgabe von Wirtschaftsprüfern und Steuerverwaltungen als die von Finanzintermediären zu sein. Dies spricht an sich für das annähernd zeitgleich veröffentlichte Modell von Ramakrishnan und Thakor, die „Finanzintermediation" durch Ex-ante-Informationsproduktion erklären.[210] Jedoch sind die im Modell von Ramakrishnan und Thakor behandelten Institutionen Informations-Broker, die gar nicht notwendig für eigene Rechnung Finanzierungsverträge kontrahieren und dann nicht unter unsere Definition des Finanzintermediärs fallen.

128

Screening

Neben der kausal von der Aktivseite zur Passivseite der Bilanz des Finanzintermediärs laufenden Risikotransformation hatten wir auch die Selektion guter Kreditrisiken (Rn. 110) zur Reduzierung des Risikogehalts des Aktivportfolios in den Leistungskatalog der Finanzintermediäre aufgenommen. In der Wirtschaftstheorie werden solche Auswahlaktivitäten häufig als „Screening" bezeichnet.[211] In einschlägigen Modellen[212] [213] wurde der Gedanke des Screenings auf die Finanzintermediation übertragen, was gleichermaßen unter Rentabilitätsaspekten wie unter Risikoaspekten sinnvoll sein kann.

5.3.5 Zentralisierte Ausübung von Verfügungs- und Informationsrechten

129

Festigung der Hausbankbeziehung

Zwischenzeitliche Informationsrechte bedeuten für einen Finanzier eine verbesserte Basis, um seine ursprüngliche Investitionsentscheidung zu überprüfen und gegebenenfalls durch vorzeitigen Ausstieg zu revidieren. Bestehen ferner zwischenzeitliche Verfügungsrechte, kann die ursprüngliche Entscheidung möglicherweise sogar innerhalb des laufenden Finanzierungsvertrages revidiert werden, indem auf die Politik des Finanzierten Einfluss genommen wird (Rn. 77f.). Sollte vor Abschluss eines Finanzierungsvertrages ein potenzieller Finanzier stärker ausgeprägte Verfügungs-

---

[209] Vgl. etwa die empirische Untersuchung von Hansen/Torregrosa (1992) oder die Berücksichtigung von Sicherheiten durch Berlin/Loeys (1988).

[210] Ramakrishnan/Thakor (1984), S. 415.

[211] Vgl. Bester (1985), S. 850.

[212] Vgl. Gale (1993), S. 125.

[213] Vgl. Chan/Greenbaum/Thakor (1986), S. 248.

und Informationsrechte fordern, als ein potenzieller Finanzierter einzuräumen bereit ist, ansonsten jedoch Konsens bestehen, ist eine Heraufschleusung, eine Transformation durch einen Finanzintermediär nicht vorstellbar. Wohl aber erscheint es denkbar, dass angesichts der Kosten, die die Wahrnehmung dieser Rechte mit sich bringen kann, eine zentralisierte Ausübung durch einen Finanzintermediär ins Kalkül gezogen wird (Rn. 111). Der Erklärungsgehalt der verschiedenen Screening-Modelle (Rn. 128) sollte sich hierbei grundsätzlich vom Zeitpunkt der Entscheidung über den Abschluss eines Finanzierungsvertrages auf den Zeitpunkt der Entscheidungsrevision übertragen lassen. Ein weiterer Aspekt kommt hinzu: In Finanzierungsverträgen verbriefte Verfügungsrechte können es den Finanzintermediären ermöglichen, Unternehmen mit Finanzbedarf an sich zu binden und hierdurch ein Umschalten der Unternehmensfinanzierung auf intermediärlose Finanzierungsformen oder auf andere Finanzintermediäre zu verhindern.[214]

5.3.6 Liquiditätstransformation, insb. Fristentransformation

Durch Risikoselektion (Rn. 110, 128) und Risikotransformation (Rn. 109, 127) kann ein Finanzintermediär den Risikogehalt seines Aktivportfolios reduzieren sowie ferner von der Aktivseite zur Passivseite den Risikogehalt seiner Refinanzierung durch Diversifizierung herunterschleusen. Ganz ähnliche Überlegungen greifen auch im Bezug auf das passivische Risiko, dem ein Finanzintermediär durch zwischenzeitlichen Abzug von Zahlungsmitteln vor Ablauf der ex ante geplanten Vertragslaufzeit ausgesetzt ist. Während die Theorie der Finanzintermediation bis dato Selektionsaspekten in diesem Zusammenhang eher wenig Beachtung geschenkt hat, schaut die Diversifizierung hier bereits auf rund 150 Jahre Theoriegeschichte zurück.

130
„Versicherung"
gegen
unerwarteten
Zahlungs-
mittelbedarf

Adolph Wagner hatte bereits bei der Darlegung seiner Erfahrungssätze für das Abzugsverhalten von Einlegern (Rn. 122) darauf abgestellt, dass zwar ein stets fälliges Deposit nicht langfristig verwendet werden dürfe, es aber unrichtig sei, „daraus den Schluss zu ziehen, dass 1000 stets fällige Depositen ebenfalls nicht verwendet werden dürfen".[215] Schmalenbach entwickelt hieraus sein Transformationskonzept und verweist - bereits etwas mathematisierend - auf das Gesetz der großen Zahlen.[216] Einen formalen Rahmen liefert in der Folge die Veröffentlichung von Diamond und Dybvig. In ihrem Dreizeitpunktmodell wissen potenzielle Financiers, die im Gegensatz zu Diamonds Monitoring-Modell (Rn. 127) nun risikoavers sind, bei Vertrags-

---

[214] Vgl. Kaiser (1994), S. 128.
[215] Wagner (1857), S. 166f.
[216] Vgl. Schmalenbach (1951), S. 139.

abschluss in t=0 nicht, ob sie Zahlungsmittel erst dann benötigen, wenn die von ihnen mitfinanzierte Investition Überschüsse erwirtschaftet (t=2) oder bereits zwischenzeitlich (t=1).[217] Kündbare Einlagen könnten grundsätzlich wie eine „Versicherung" gegen diese Unsicherheit wirken. Da es sich bei der zeitlichen Verteilung des Zahlungsmittelbedarfs jedoch um private, nicht verifizierbare Information handelt, scheidet eine intermediärlose Lösung zwischen je einem Finanzier und einem Finanzierten aus, da es sich für Finanziers mit spätem Zahlungsmittelbedarf stets lohnt, frühen Zahlungsmittelbedarf vorzugeben und die ausgezahlte Versicherungsleistung vorzutragen. Innerhalb der Institution des Finanzintermediärs, in der viele Einlagen und viele Kreditauslagen gepoolt werden, ändert sich diese Entscheidungssituation in ein spieltheoretisches Szenario, in dem das eigene Täuschungsmanöver auch die anderen Einleger erst zu Entsprechendem veranlasst. Es ist ein gewisser Anreiz vorhanden, nicht ohne wirklichen Zahlungsmittelbedarf Einlagen vorzeitig zu kündigen. Gleichwohl kann es ohne weitere Vorkehrungen zu dieser Entscheidung kommen - individuell und erst recht im Kollektiv. Das Resultat ist ein Bank Run. Ein in spezieller Weise steuerfinanziertes Einlagensicherungssystem kann diesem zweiten der beiden so genannten „Nash"-Gleichgewichte allerdings die Grundlage entziehen. Eine derart geschickt konstruierte Steuer (die allerdings auch innerhalb des rigiden Prämissenkranzes von Diamond und Dybvig noch vieler Information bedarf) lässt die Bank dann verlässlich Fristentransformation betreiben. Sie vermag nun den Anteil der Einleger, die ihre Einlagen zwischenzeitlich kündigen, seriös zu prognostizieren und das nicht gekündigte Komplement langfristig zu investieren.

5.3.7   Konditionierungstransformation

131
Versicherungs-
mathematik und
Theorie der
Finanzinter-
mediation

Passivischem Risiko kann ein Finanzintermediär nicht nur durch kündbare Einlagen, sondern auch durch Refinanzierung ausgesetzt sein, die auf stochastische Entwicklungen im Umfeld des Finanziers konditioniert ist (Rn. 10). Auch gegenüber dieser zweiten Kategorie finden sich Selektion und Diversifikation als Instrumente im Werkzeugkasten des Finanzintermediärs. Nicht umsonst hatte bereits Daniel Bernoulli sein Konzept der Diversifikation von Risiken an versicherungstheoretischen Überlegungen im Zusammenhang mit dem Seetransport von Frachtgütern festgemacht.[218] Die heutige Versicherungsmathematik[219] steht in dieser Tradition und hat die Kalkulation versicherungstechnischer Risiken zum Zwecke des hierauf

---

[217] Vgl. Diamond/Dybvig (1983), S. 405.
[218] Vgl. Bernoulli, D. (1738/1954), S. 30f.
[219] Vgl. Führer/Grimmer (2006).

abgestimmten Risikoausgleichs über die Zeit und im Kollektiv (Rn. 116) zu einem beachtlichen Analysenniveau fortentwickelt.

Dass sich nun neben der Versicherungsmathematik auch eine Theorie der Finanzintermediation durch Versicherungsunternehmen ausentwickelt[220], ist wohl insbesondere damit zu erklären, dass diese Institution nicht einfach vorausgesetzt, sondern aus einem Optimierungskalkül hergeleitet werden soll, in dem sich das ökonomische Prinzip widerspiegelt. Auch für dieses Optimierungskalkül sind heute kardinale Nutzenfunktionen ein häufig eingesetztes Modul. So postulieren bereits Friedman und Savage einen besonderen Verlauf der Risikonutzenfunktion, die den Abschluss von Versicherungsverträgen aus der Sicht von Wirtschaftssubjekten sinnvoll werden lässt.[221] Mittlerweile hält zudem auch das Transformationskonzept der kontinentaleuropäischen Entwicklungslinie (Rn. 122) Einzug in die Theorie der Finanzintermediation durch Versicherungsunternehmen.[222] Allerdings wird die Zwischenschaltung der Institution des Versicherungsunternehmens noch nicht stringent aus Abweichungen vom Walrasianischen Paradigma hergeleitet, wie dies ansonsten in der Neueren Theorie der Finanzintermediation gang und gäbe ist. Verschiedene formal ausgearbeitete Herleitungen (wie etwa der Borch-Bedingung und des Gegenseitigkeitsprinzips) bilden viel eher eine Theorie des Handels von Risiken[223], wie er grundsätzlich auch intermediärlos ablaufen könnte.

5.3.8 Integrierte Betrachtung von Kreditinstituten und Versicherungsunternehmen

Anregungen für eine integrierte Theorie der Finanzintermediation, also für ein geschlossenes Modell, das die verschiedenen von Versicherungsunternehmen und Kreditinstituten finanzierungsspezifisch erbrachten Leistungen im Zusammenhang erklärt, sind einschlägigen Veröffentlichungen durchaus zu entnehmen. Für Schmalenbach etwa steht außer Zweifel, dass es für Transformationsprozesse die Regel ist, dass sich ein Institut zwischen Gläubiger und Schuldner schiebt und dass es sich bei diesem Institut je nach Konstellation um Versicherungsunternehmen oder um Kreditinstitute handelt.[224] Ähnlich lautet es im angelsächsischen Bereich.[225] An einer geschlos-

132
Einheitlicher
Prämissenkranz
bleibt
Zielsetzung

---

[220] Vgl. Gollier (1992) für einen Überblick mit weiteren Nachweisen.
[221] Vgl. Friedman/Savage (1948), S. 290.
[222] Vgl. Albrecht (1992), S. 3.
[223] Vgl. Gollier (1992), S. 3.
[224] Vgl. Schmalenbach (1951), S. 110 und S. 143.
[225] Vgl. Gurley/Shaw (1960), S. 193f., sowie Tobin/Brainard (1967), S. 57.

senen Theorie der Finanzintermediation durch Versicherungsunternehmen und Kreditinstitute fehlt es aber.

Die Aufarbeitung des Status Quo der Theorie der Finanzintermediation endet hier. Auf bei weitem nicht alle Aspekte konnte eingegangen werden. Der interessierte Leser sei etwa darauf hingewiesen, dass sich aus der Gerschenkronschen Dreistadientheorie der Finanzsysteme (Rn. 123) mittlerweile ein eigener Theoriezweig entwickelt hat, der das für die kontinentaleuropäischen Hausbankbeziehungen so charakteristische „Commitment", diese implizite Langfristverpflichtung zwischen den Finanzintermediären und den von ihnen finanzierten Unternehmen thematisiert.[226] In diesem (aber nicht nur in diesem) Zusammenhang ist zu beobachten, dass die zur Erklärung eingesetzten Modelle komplexere zeitliche Strukturen erhalten und häufig beispielsweise auf Folgen hintereinander geschalteter Finanzierungsverträge abstellen.[227] Begrifflich scheint hier die Hausbankbeziehung dem „Relationship Lending" Platz zu machen.[228] Modelltheoretisch hergeleitete Hypothesen werden zunehmend empirisch mit Gehalt gefüllt.[229]

Auch in den sich nun anschließenden Passagen wird Finanzintermediation modelltheoretisch analysiert. Die von Kreditinstituten und Versicherungsunternehmen finanzierungsspezifisch erbrachten Funktionen werden innerhalb dieses Modells hergeleitet. Als Entscheidungskriterium wird statt der Erwartungsnutzenmaximierung im Kern die Stochastische Dominanz implementiert, sodass eine kardinale Nutzenfunktion (Rn. 126) entbehrlich ist. Da der Formalisierungsgrad höher als in Kapitel 3 ist, könnte für den Leser ab und an etwas Muße, vielleicht auch eine Denkpause empfehlenswert sein. Da genau das Gebäude der von Finanzintermediären finanzierungsspezifisch erbrachten Funktionen modelltheoretisch abgestützt wird, das wir in Kapitel 4 (Rn. 107-117) bereits errichtet haben, können diese Passagen bei einer ersten Lektüre auch übersprungen werden. Kapitel 6 (Rn. 175) schließt sich dann unmittelbar an. Andererseits sollte die modelltheoretische Analyse interessierten Lesern auch dann die Möglichkeit geben, sich mit grundlegenden Prinzipien für Entscheidungen bei Unsicherheit zu befassen, wenn sie kein vertieftes Interesse an der Theorie der Finanzintermediation haben.

---

[226] Vgl. Mayer (1988), S. 1167, Allen/Gale (1993), S. 1251.
[227] Vgl. Diamond (1991), S. 693, Boot/Thakor (1994), S. 899.
[228] Vgl. Boot (2000), S. 7.
[229] Vgl. Berger/Udell (1995), S. 351, Elsas/Krahnen (1998), S. 1283, Schmidt/Hackethal/Tyrell (1999), S. 36.

5.4 Modelltheoretische Analyse

5.4.1 Grundmechanik des Modells

Wir betrachten in der Ausgangssituation ein im Zeitpunkt t=0 aus n stochastisch unabhängigen Krediten gleicher Höhe K_0/n gebildetes Portfolio K_0. Die Kredite sind zunächst durchweg langfristig und müssen erst zum Zeitpunkt t=2 zurückbezahlt werden. Die zwischenzeitlich, also in t=1, fälligen Zinsen werden kapitalisiert. Alle Kreditnehmer ziehen niedrige Finanzierungskosten hohen vor. Allerdings gibt es „gute" und „schlechte" Kreditnehmer. Wird ein Kredit an einen guten vergeben, beträgt die Wahrscheinlichkeit für dessen Erfolg p. Bei einem schlechten Kreditnehmer ist der Erfolgsfall hingegen mit einer Wahrscheinlichkeit von $\hat{p} < p$ ausgestattet. Gute und schlechte Kreditnehmer lassen sich „rein äußerlich" nicht unterscheiden. Es besteht also aus Sicht potenzieller Kreditgeber ein Informationsrückstand bezüglich der Güte der Kreditnehmer und damit eine Informationsasymmetrie. Aufgrund dieser mangelnden Unterscheidbarkeit beider Kreditnehmergruppen macht eine Kreditvergabe – wenn überhaupt - nur zu einem einheitlichen Zinssatz r_d Sinn.

133
Ungefiltertes Kreditportfolio

Es ist bei unterschiedlichen, äußerlich nicht unterscheidbaren Qualitäten am Markt allerdings keine Selbstverständlichkeit, dass es zum Abschluss von Finanzierungsverträgen kommt. Vielmehr kann diese Informationsasymmetrie dazu führen, dass zu einem gegebenen Zins nur für schlechte Wirtschaftssubjekte ein Anreiz besteht, am Markt zu verbleiben. Die Gegenseite am Markt reagiert auf diese Verschlechterung der Durchschnittsqualität unter bestimmten Bedingungen mit einer Erhöhung des Zinssatzes. Es setzt dann ein Prozess der so genannten „Adversen Selektion"[230] ein, der letztlich zum Zusammenbruch des Marktes führen kann. Diese Möglichkeit ist für unser Explorationsziel keineswegs schädlich. Wenn Finanzintermediation den Abschluss von Finanzierungsverträgen überhaupt erst möglich macht, ist dies ein starkes Argument für sie! Selbst für diesen Fall aber vertieft es das Verständnis, den intermediärlosen Abschluss von Finanzierungsverträgen bei Informationsasymmetrie hypothetisch einmal durchzuspielen.

134
Adverse Selektion

Unabhängig davon, ob es sich um gute oder um schlechte Kreditnehmer handelt, führt das einzelne Kreditengagement im Erfolgsfall in t=2 zum Rückfluss des vollen Kreditbetrages K_0/n sowie zu einer Nettoverzinsung in Höhe von $(1+r_d)^2 - 1 = 2 \cdot r_d + r_d^2$ bezogen auf den Kreditbetrag. Im mit der Gegenwahrscheinlichkeit von $(1-p)$ bei guten Kreditnehmern bzw.

135
Kreditrückflüsse

---

[230] Akerlof (1970), S. 488.

$(1-\hat{p})$ bei schlechten Kreditnehmern ausgestatteten Misserfolgsfall fließen hingegen Zinsen und Tilgung nur in reduziertem Umfang zurück. Beide Größen werden dann auf einen reduzierten Betrag $\hat{K}_0/n$ bezogen; $\hat{K}_0 < K_0$. (Die reduzierte Zahlungsbasis im Misserfolgsfall kann man sich als ein Verhandlungsergebnis vorstellen: Der Kreditnehmer könnte in der Krise zwar noch etwas mehr bezahlen. Der Gläubiger kommt ihm jedoch etwas entgegen. Man bezeichnet dies häufig als einen „Vergleich".) Mit k bezeichnen wir die Anzahl an erfolgreich abgewickelten Kreditengagements innerhalb eines Portfolios aus n Krediten. Die Rückflüsse in t=2 aus einem Portfolio guter Kredite in Abhängigkeit von der Zahl erfolgreich abgewickelter Fälle $K_2^g(k)$ ergeben sich aus folgender Gleichung:

$$(5.1) \qquad K_2^g(k) = \frac{\hat{K}_0}{n} \cdot \left(1 + 2 \cdot r_d + r_d^2\right) \cdot (n-k) + \frac{K_0}{n} \cdot \left(1 + 2 \cdot r_d + r_d^2\right) \cdot k; \quad \tilde{k} : B(n, p)$$

Die 3 Summanden in den runden Klammern repräsentieren jeweils Tilgung, Zins und Zinseszins. Dass n hier nicht nach Möglichkeit gekürzt wird, wird sich später als nützlich erweisen. Und auch auf den im Augenblick unerklärten Ausdruck mit dem „B" werden wir unmittelbar im Anschluss eingehen. Der der Gleichung (5.1) entsprechende Ansatz für die Rückflüsse in t=2 aus einem Portfolio schlechter Kredite $K_2^s(k)$ lautet:

$$(5.2) \qquad K_2^s(k) = \frac{\hat{K}_0}{n} \cdot \left(1 + 2 \cdot r_d + r_d^2\right) \cdot (n-k) + \frac{K_0}{n} \cdot \left(1 + 2 \cdot r_d + r_d^2\right) \cdot k; \quad \tilde{k} : B(n, \hat{p})$$

Der Anteil guter Kreditnehmer an der Unternehmerschaft betrage g, der Anteil schlechter $(1-g)$. Da beide Größen echt von Null verschieden sind, sinkt die Wahrscheinlichkeit für eine ausschließliche Kreditvergabe an gute oder an schlechte Kreditnehmer mit der Anzahl n vergebener Kredite. Grundsätzlich ist ungefiltert (ohne irgendwelches „Screening"; Rn. 128) von einem gemischten Portfolio an Krediten auszugehen, dessen Rückflüsse $K_2^u(k)$ sich in Abhängigkeit von der Anzahl erfolgreich abgewickelter Engagements aus folgender Gleichung ergeben:

$$(5.3) \qquad K_2^u(k) = \frac{\hat{K}_0}{n} \cdot \left(1 + 2 \cdot r_d + r_d^2\right) \cdot (n-k) + \frac{K_0}{n} \cdot \left(1 + 2 \cdot r_d + r_d^2\right) \cdot k$$

$$\tilde{k} : B(n, q) \; ; \quad \hat{p} < q = g \cdot p + (1-g) \cdot \hat{p} < p$$

Die Wahrscheinlichkeit q ist die durchschnittliche Wahrscheinlichkeit, mit einem zufällig ausgewählten Kreditnehmer zu einem erfolgreichen Abschluss des Finanzierungsvertrages zu kommen. Sie ist höher als die Erfolgswahrscheinlichkeit $\hat{p}$ bei einem schlechten Kreditnehmer, aber auch niedriger als die Erfolgswahrscheinlichlichkeit p bei einem guten.

5.4.2 Binomiale Stochastik

Dem Umstand, dass die Zahl der erfolgreich abgewickelten Kreditengagements unsicher ist, wollen wir zusätzliche Aufmerksamkeit schenken. Weil es für den einzelnen Kredit genau zwei mögliche Ergebnisse gibt, handelt es sich um Binomiale Stochastik. Sie ist die einfachstmögliche Darstellung von Unsicherheitsstrukturen. Man kann sie sich anschaulich als Wurf einer Münze vorstellen, die zwei Seiten hat und deshalb „binär" ist. Wirft man die Münze nur einmal, handelt es sich um ein „elementares" Zufallsexperiment. Die beiden möglichen Ergebnisse dieses elementaren Zufallsexperimentes kann man etwa durch „Kopf" oder „Zahl" abbilden oder auch numerisch durch „0" oder „1". In der zweiten Variante wird die „1" zum Indikator für den Erfolgsfall. Man könnte den einmaligen Wurf einer Münze, auf deren Seiten wir eine „0" bzw. „1" geschrieben haben, als Binomiale Zufallsindikatorvariable oder kurz „Binomiale Indikatorvariable" (BI-Variable) auffassen. Wie allgemein üblich, werden wir Zufallsvariablen durch eine Schlange über dem entsprechenden Buchstaben kennzeichnen. Handelt es sich um eine „faire" Münze, werden die Wahrscheinlichkeiten für die Elementarereignisse „0" und „1" jeweils 0,5 betragen. (Im obigen Fall der Vergabe guter Kredite korrespondieren sie mit den Symbolen $(1-p)$ bzw. p .) Werfen wir die Münze mehrfach, das heißt n mal, kann die Zahl der Erfolge k zwischen 0 und n liegen. Die zu der Zufallsvariable $\tilde{k}$ jeweils gehörende Wahrscheinlichkeit bringt die Wahrscheinlichkeitsfunktion $f(k)$ zum Ausdruck. All dies fasst die nun folgende Definition[231] noch einmal formal zusammen:

*136
BI-Variablen
und ihre
Wahrscheinlich-
keitsfunktion*

**Definition 5-2
Die Binomiale Indikatorvariable und ihre Wahrscheinlichkeitsfunktion**

Ein elementares Zufallsexperiment habe nur zwei mögliche Ergebnisse, „Erfolg" und „Misserfolg". p sei die Wahrscheinlichkeit für Erfolg, $(1-p)$ die Gegenwahrscheinlichkeit für Misserfolg. Dieses binäre elementare Zufallsexperiment werde n mal wiederholt. Der Erfolgsfall werde mit der Zahl „1", der Misserfolgsfall mit der Zahl „0" assoziiert. Unter der Binomialen Indikatorvariable $\tilde{k}$ werde die Zahl an Einsen bei diesen n Versuchen verstanden. Deren Wahrscheinlichkeitsfunktion $f(k)$ hat dann folgende Form:

---

[231] Vgl. Spanos (1986), S. 62f.

$$(5.4a) \qquad f(k) \equiv f(k; n, p) \equiv \binom{n}{k} \cdot p^k \cdot (1-p)^{n-k} = \frac{n!}{k! \cdot (n-k)!} \cdot p^k \cdot (1-p)^{n-k}$$

$$\text{für} \quad k \in \{0, 1, \ldots, n\}$$

$$(5.4b) \qquad f(k) \equiv f(k; n, p) \equiv 0 \qquad \text{sonst}$$

Die BI-Variable $\tilde{k}$ ist binomial verteilt mit der Elementarwahrscheinlichkeit p und n Versuchen, was man auch folgendermaßen schreiben kann:

$$(5.5) \qquad \tilde{k} : B(n, p)$$

Für den Erwartungswert E und die Varianz Var dieser BI-Variable gilt:

$$(5.6) \qquad E\left[\tilde{k}\right] = n \cdot p$$

$$(5.7) \qquad Var\left[\tilde{k}\right] = n \cdot p \cdot (1-p)$$

Mit nachfolgender Aufgabe dürften obige Formeln schnell greifbar werden.

Aufgabe 5-1

Antje von der Hallig, Käseeinzelhändlerin in Flensburg, hat an der Volkshochschule den Kurs „Risikomanagement bei Milchprodukten, Teil I" besucht und sich entschlossen, ihr Warenangebot nicht nur von der Käserei Huber aus Sonthofen, sondern auch von der Sachsenkäse aus Dresden zu beziehen. Jeder der beiden Lieferanten liefert mit einer Wahrscheinlichkeit von 0,8 und fällt mit der Gegenwahrscheinlichkeit aus, wobei stochastische Unabhängigkeit zwischen Süden und Osten angenommen werden kann.

(1) Weil Frau von der Hallig Teil II des Kurses noch nicht besuchen konnte, werden Sie gebeten, stellvertretend für sie zu ermitteln, welche Fälle bei dieser Bezugspolitik zu unterscheiden und mit welchen Wahrscheinlichkeiten sie jeweils ausgestattet sind!

(2) Berechnen Sie sodann den Erwartungswert für die Anzahl liefernder Käseproduzenten!

Lösung:

Zu (1)

Es bietet sich an, die beiden Elementarergebnisse „Lieferung" und „Lieferausfall" für den jeweiligen Lieferanten durch eine „1" bzw. durch eine „0" zu symbolisieren. Die unsichere Anzahl liefernder Unternehmen entspricht dann der BI-Variablen $\tilde{k}$ aus Definition 5-2. Bei n=2 Lieferanten ergeben sich damit drei mögliche Fälle: „Beide Lieferanten liefern" (k=2), „ein Lieferant liefert" (k=1) und „kein Lieferant liefert" (k=0). Diese Fälle sind mit folgenden Wahrscheinlichkeiten ausgestattet::

$$f(2)=\binom{2}{2}\cdot 0,8^2\cdot 0,2^{2-2}=\frac{2!}{2!\cdot(2-2)!}\cdot 0,64\cdot 1,0=\frac{2}{2\cdot 1}\cdot 0,64\cdot 1,0=0,64$$

$$f(1)=\binom{2}{1}\cdot 0,8^1\cdot 0,2^{2-1}=\frac{2!}{1!\cdot(2-1)!}\cdot 0,8\cdot 0,2=\frac{2}{1\cdot 1}\cdot 0,8\cdot 0,2=0,32$$

$$f(0)=\binom{2}{0}\cdot 0,8^0\cdot 0,2^{2-0}=\frac{2!}{0!\cdot(2-0)!}\cdot 1,0\cdot 0,04=\frac{2}{1\cdot 2}\cdot 1,0\cdot 0,04=0,04$$

Dass wir hier wohl richtig gerechnet haben, können wir auch daran erkennen, dass sich diese Wahrscheinlichkeiten zu 1 addieren.

Zu (2)

$$E[\tilde{k}]=2\cdot 0,8=1,6$$

(Es fällt sicherlich nicht ganz leicht, sich vorzustellen, was 60% von einem Käseproduzenten sind...)

Wir können nun so lange auf ungefilterte Kreditportfolios fokussieren, wie sich die derart erzielten Ergebnisse problemlos auf andere Konstellationen übertragen lassen. Die Rückflüsse aus einem ungefilterten Portfolio in t=2 sind gemäß Gleichung (5.3) in Abhängigkeit von der Zahl an erfolgreich abgewickelten Kreditengagements eine Zufallsvariable. Hierbei ist es in Anlehnung an den praktischen Sprachgebrauch sinnvoll, die Zahl n als Diversifikationsgrad zu bezeichnen. Zur Berechnung des Erwartungswertes der Rückflüsse ist es zweckmäßig, Gleichung (5.3) etwas umzuformen:

*137
Rückflüsse aus
Kreditporfolio:
1., 2. Momente*

(5.3) $$K_2^u(k)=\frac{\hat{K}_0}{n}\cdot\left(1+2\cdot r_d+r_d^2\right)\cdot(n-k)+\frac{K_0}{n}\cdot\left(1+2\cdot r_d+r_d^2\right)\cdot k \Leftrightarrow$$

(5.3') $$K_2^u(k)=\frac{\hat{K}_0}{n}\cdot\left(1+2\cdot r_d+r_d^2\right)\cdot n+\frac{K_0-\hat{K}_0}{n}\cdot\left(1+2\cdot r_d+r_d^2\right)\cdot k$$

Der erste Summand in (5.3') ist jetzt deterministisch. Damit gilt:

$$E[\tilde{K}_2^u]=\frac{\hat{K}_0}{n}\cdot\left(1+2\cdot r_d+r_d^2\right)\cdot n+\frac{K_0-\hat{K}_0}{n}\cdot\left(1+2\cdot r_d+r_d^2\right)\cdot E[\tilde{k}]$$

$$\overset{(5.6)}{=}\frac{\hat{K}_0}{n}\cdot\left(1+2\cdot r_d+r_d^2\right)\cdot n+\frac{K_0-\hat{K}_0}{n}\cdot\left(1+2\cdot r_d+r_d^2\right)\cdot n\cdot q$$

(5.8) $$E[\tilde{K}_2^u]=\hat{K}_0\cdot\left(1+2\cdot r_d+r_d^2\right)+\left(K_0-\hat{K}_0\right)\cdot\left(1+2\cdot r_d+r_d^2\right)\cdot q$$

Damit ist der Erwartungswert der Rückflüsse aus dem Kreditportfolio von seinem Diversifikationsgrad völlig unabhängig. Für die Varianz der Rückflüsse gilt demgegenüber: Der erste Summand in Gleichung (5.3') ist für die Streuung nicht von Bedeutung, er verschiebt lediglich gleichmäßig deren Werte. Bezogen auf den zweiten Summanden kann der multiplikative Faktor quadriert aus dem Varianzterm gezogen werden. Damit ergibt sich:

$$Var\left[\tilde{K}_2^u\right] \quad = \left[\frac{K_0 - \hat{K}_0}{n} \cdot \left(1 + 2 \cdot r_d + r_d^2\right)\right]^2 \cdot Var\left[\tilde{k}\right]$$

$$\overset{(5.7)}{=} \left[\frac{K_0 - \hat{K}_0}{n} \cdot \left(1 + 2 \cdot r_d + r_d^2\right)\right]^2 \cdot n \cdot q \cdot (1 - q)$$

$$(5.9) \quad Var\left[\tilde{K}_2^u\right] \quad = \left[\left(K_0 - \hat{K}_0\right) \cdot \left(1 + 2 \cdot r_d + r_d^2\right)\right]^2 \cdot \frac{q \cdot (1 - q)}{n}$$

Von der Standardabweichung der Rückflüsse wissen wir bereits, dass sie sich als positive Wurzel aus deren Varianz ergibt:

$$SD\left[\tilde{K}_2^u\right] \quad = +\sqrt{\left[\left(K_0 - \hat{K}_0\right) \cdot \left(1 + 2 \cdot r_d + r_d^2\right)\right]^2 \cdot \frac{q \cdot (1 - q)}{n}}$$

$$(5.10) \quad SD\left[\tilde{K}_2^u\right] \quad = \left(K_0 - \hat{K}_0\right) \cdot \left(1 + 2 \cdot r_d + r_d^2\right) \cdot \sqrt{\frac{q \cdot (1 - q)}{n}}$$

Aufgabe 5-2

Ein Kreditgeber legt ihm in t=0 zur Verfügung stehende Zahlungsmittel in Höhe von $K_0 = 1$ in n stochastisch unabhängige Kredite gleicher Höhe an. (Wir verzichten nun darauf, den Zahlungsmittelbeträgen ausdrücklich die Dimension € zuzuweisen und sie entsprechend mit zwei Nachkommastellen anzugeben. Wir können uns die Bilanzsumme in Höhe von 1 also nun auch wie 100% vorstellen.) Die Kredite verpflichten ähnlich wie der Darlehensvertrag aus Aufgabe 2-1 in t=2 zu folgender Gegenleistung: (1) Tilgung der Vorleistung zum Nennwert; (2) Zahlung eines festen Kreditzinses, wobei die in t=1 fälligen Zinsen zu kapitalisieren sind. Allerdings muss der Kreditgeber nun davon ausgehen, dass es gute und schlechte Kreditnehmer gibt. Der Anteil guter Kreditnehmer beträgt $g = 0,5$, der Anteil schlechter entsprechend $(1 - g) = 0,5$. Für den Misserfolgsfall beträgt bei beiden Gruppen $\hat{K}_0 = 0,9$. Gute Kreditnehmer haben mit einer Wahrscheinlichkeit von $p = 0,9$ Erfolg, schlechte hingegen nur mit einer Wahrscheinlichkeit von $\hat{p} = 0,7$. Da der Kreditgeber die Kreditnehmer bis auf Weiteres nicht unterscheiden kann, setzt er zur Kompensation den Periodenzins höher als in Aufgabe 2-1 an, nämlich mit $r_d = 0,07$.

1) Ermitteln Sie den Erwartungswert der Rückflüsse aus dem Kreditportfolio sowie deren Varianz und Standardabweichung für n=1 und n=2!

2) Wie hoch ist die Erwartete Relative Rentabilität der Investitionen des Kreditgebers?

Lösung:

Zu (1)

Wir müssen zunächst die durchschnittliche Erfolgswahrscheinlichkeit für einen Kredit in einem ungefilterten Portfolio berechnen:

$$q = g \cdot p + (1-g) \cdot \hat{p} = 0,5 \cdot 0,9 + 0,5 \cdot 0,7 = 0,45 + 0,35 = 0,8$$

Für den Erwartungswert des Kreditportfolios ergibt sich nun unabhängig vom Diversifikationsgrad gemäß Gleichung (5.8):

$$\begin{aligned}
E\left[\tilde{K}_2^u\right] &= \hat{K}_0 \cdot \left(1 + 2 \cdot r_d + r_d^2\right) + \left(K_0 - \hat{K}_0\right) \cdot \left(1 + 2 \cdot r_d + r_d^2\right) \cdot q \\
&= 0,9 \cdot \left(1 + 2 \cdot 0,07 + 0,07^2\right) + (1,0 - 0,9) \cdot \left(1 + 2 \cdot 0,07 + 0,07^2\right) \cdot 0,8 \\
&= 1,0304100 + 0,0915920 = 1,1220020
\end{aligned}$$

Varianz und Standardabweichung sinken hingegen mit dem Diversifikationsgrad. Diversifikation ist für unseren Kreditgeber eine das Risiko mindernde Aktivität, sofern wir Varianz oder Standardabweichung als Messzahl für das Risiko akzeptieren. Es gilt gemäß Gleichung (5.9):

$$\begin{aligned}
Var\left[\tilde{K}_2^u\right] &= \left[\left(K_0 - \hat{K}_0\right) \cdot \left(1 + 2 \cdot r_d + r_d^2\right)\right]^2 \cdot \frac{q \cdot (1-q)}{n} \\
&= \left[(1,0 - 0,9) \cdot \left(1 + 2 \cdot 0,07 + 0,07^2\right)\right]^2 \cdot \frac{0,8 \cdot (1 - 0,8)}{n} \\
&= [0,1 \cdot 1,1449]^2 \cdot \frac{0,8 \cdot 0,2}{n} = 0,0131079 \cdot \frac{0,16}{n} = \frac{0,0020972}{n}
\end{aligned}$$

Für n=1:

$$Var\left[\tilde{K}_2^u\right] = \frac{0,0020972}{1} = 0,0020972; \quad SD\left[\tilde{K}_2^u\right] = +\sqrt{0,0020972} = 0,0457951$$

Für n=2:

$$Var\left[\tilde{K}_2^u\right] = \frac{0,0020972}{2} = 0,0010486; \quad SD\left[\tilde{K}_2^u\right] = +\sqrt{0,0010486} = 0,0323820$$

(Im Hinblick auf die nachfolgende Rn. 138 beobachten wir im Übrigen:

$$\frac{0,0323820}{0,0457951} = 0,7071062 = \frac{1}{\sqrt{2}}$$)

Zu (2)

Relevant ist Gleichung (3.12). Zu berücksichtigen ist, dass die Größe e_0 bei einer Investition regelmäßig negativ ist, die korrespondierende Größe K_0 hier hingegen positiv. Aus diesem Grund entfällt das Minuszeichen im Nenner des Radikanden in Gleichung (3.12), und es ergibt sich:

$$r^{*} = +\sqrt{\frac{E\left[\tilde{K}_2^u\right]}{K_0}} - 1 = +\sqrt{\frac{1,1220020}{1}} - 1 = 1,0592459 - 1 = 0,0592459$$

Das Unsicherheitspotenzial aus nicht vollumfänglicher Rückzahlung von Krediten führt hier also dazu, dass die Erwartete Rentabilität des Kreditportfolios mit rd. 5,9% um mehr als einen Prozentpunkt unter dem vertraglich vereinbarten Zins in Höhe von 7,00% liegt.

138
Quadrat-
wurzelgesetz

Tendenziell lässt sich im ersten Teil von Aufgabe 5-2 bereits das so genannte „Quadratwurzelgesetz" erkennen. Übertragen auf unser Modell impliziert es, dass sich Varianz und Standardabweichung eines aus stochastisch unabhängigen Einzelrisiken bestehenden Kreditportfolios durch immer höheren Diversifikationsgrad beliebig nahe an Null führen lassen. Formal können wir dieses Resultat aus Gleichung (5.9) folgendermaßen herleiten:

$$\lim_{n\to\infty} Var\left[\tilde{K}_2^u\right] = \lim_{n\to\infty}\left[\left(K_0 - \hat{K}_0\right)\cdot\left(1 + 2\cdot r_d + r_d^2\right)\right]^2 \cdot \frac{q\cdot(1-q)}{n}$$

$$= \left[\left(K_0 - \hat{K}_0\right)\cdot\left(1 + 2\cdot r_d + r_d^2\right)\right]^2 \cdot q\cdot(1-q)\cdot\lim_{n\to\infty}\frac{1}{n}$$

$$= \left[\left(K_0 - \hat{K}_0\right)\cdot\left(1 + 2\cdot r_d + r_d^2\right)\right]^2 \cdot q\cdot(1-q)\cdot 0$$

$$(5.11) \qquad \lim_{n\to\infty} Var\left[\tilde{K}_2^u\right] = 0$$

In der Praxis können sich Kreditgeber offensichtlich nicht von jeglichem wirtschaftlichen Risiko frei machen. Unsere obigen Überlegungen legen Erklärungen für diesen Befund nahe: Mangelnde stochastische Unabhängigkeit der verschiedenen Engagements ist eine, ein niedriger Diversifikationsgrad eine andere. Ursächlich für eine geringe Zahl n an ausgelegten Krediten können eine begrenzte Anzahl überhaupt zur Verfügung stehender Investitionsmöglichkeiten, Interessenkonflikte zwischen verschiedenen Finanziergruppen (Rn. 141) oder auch (an dieser Stelle nicht modellierte) Kosten der Diversifikation sein, die man sich beispielsweise in Form fixer Bearbeitungskosten pro Kreditengagement vorstellen kann.

139
FI: Sonderform
des Kreditgebers

Hat sich der Leser unter einem „Kreditgeber" bereits einen Finanzintermediär vorgestellt, liegt er auf Kurs. Genau in diese Richtung zielt unser Modell. Gleichwohl müssen wir konstatieren, dass es bis hierhin innerhalb des Modells kein Argument gibt, warum sich ein Intermediär im Wege des gegenläufigen Abschlusses von Finanzierungsverträgen zwischen originäre Finanzierte und originäre Finanziers schalten sollte. Im Vorgriff auf solche Argumente können wir aber bereits die Bilanzidentität eines Finanzintermediärs strukturieren. Er vergibt Kredit im Umfang von K_0, finanziert seine Aktiva jedoch nicht aus bei ihm vorhandenen Mitteln, sondern aus ihm in t=0 passivseitig aus der Eigenrefinanzierung und aus der Fremdrefinanzierung zufließenden Mitteln E_0 bzw. F_0. Da wir seine anhand der Bilanzsumme gemessene Größe auf 1 normieren, können wir die Summanden der Bilanzsumme als Prozentzahlen auffassen. Für die Bilanzidentität in t=0 gilt:

(5.12) $E_0 + F_0 \equiv K_0 = 1$

Als Verteilungsregel für die Schlüsselung der in t=2 anfallenden Rückflüsse aus dem Kreditportfolio auf die Refinanziers eines Finanzintermediärs wollen wir praxisnah unterstellen, dass zuerst die Fremdrefinanziers so lange bedient werden, bis der von ihnen vorgeschossene Betrag und die hierauf vereinbarten Zinsen r_d vollständig beglichen sind. Überschießende Rückflüsse gehen ab dann in vollem Umfang an die Eigenrefinanziers:

140
Verteilungsregel

$$(5.13a) \quad F_2 = \begin{cases} F_0 \cdot (1+r_d)^2 & , \text{ wenn } K_2^u \geq F_0 \cdot (1+r_d)^2 \\ K_2^u & , \text{ wenn } K_2^u < F_0 \cdot (1+r_d)^2 \end{cases}$$

$$(5.13b) \quad E_2 = \begin{cases} K_2^u - F_0 \cdot (1+r_d)^2 & , \text{ wenn } K_2^u \geq F_0 \cdot (1+r_d)^2 \\ 0 & , \text{ wenn } K_2^u < F_0 \cdot (1+r_d)^2 \end{cases}$$

Aufgabe 5-3

Frank hat nach seinem wirtschaftswissenschaftlichen Studium eine Stellung als Vorstandsassistent bei der Finanzintermediär AG angetreten. Die AG hat das gleiche Kreditportfolio wie der Kreditgeber in Aufgabe 5-2. Die Größe ihres Portfolios wird auf $K_0 = 1$ normiert. Ihre Refinanzierung setzt sich aus Fremdrefinanzierung in Höhe von $F_0 = 0,96$ und Eigenrefinanzierung in Höhe von $E_0 = 0,04$ zusammen. Für die Fremdrefinanzierung sind in t=2 folgende Zahlungen fällig: (1) Tilgung der Vorleistung zum Nennwert; (2) Zahlung eines festen Zinses in Höhe von $r_d = 0,07$ pro Periode, wobei die in t=1 fälligen Zinsen kapitalisiert werden.

Ermitteln Sie stellvertretend für Frank, der seinen ersten Vermerk für den Vorstand der Finanzintermediär AG zu diesem Thema schreiben soll, die Rückzahlungen an die Eigenrefinanzierung und an die Fremdrefinanzierung der AG, und zwar jeweils für die Diversifikationsgrade n=1 und n=2!

Lösung:

Für den Diversifikationsgrad n=1 sind nur zwei Fälle zu unterscheiden: entweder wird ein oder kein Kredit erfolgreich abgewickelt. Die zugehörigen Elementarwahrscheinlichkeiten betragen 0,8 bzw. 0,2. Die Rückzahlungen an die Refinanziers in Abhängigkeit von der Anzahl erfolgreich abgewickelter Kreditengagements ergeben sich dann gemäß folgender Tabelle:

Tabelle 5-1 | *Rückflüsse an Refinanzierung, Grundmodell Finanzintermediär, n=1*

n	k	f (k)	K_2^u (k)	F_2^u (k)	E_2^u (k)
1	0	0,20	1,0304100	1,0304100	0,0000000
	1	0,80	1,1449000	1,0991040	0,0457960

Wird der eine ausgelegte Kredit nicht erfolgreich abgewickelt (k=0), fließen Zins und Tilgung auf den reduzierten Ausgangsbetrag von 0,9 zurück, was dem bereits errechneten Betrag von 1,0304100 entspricht. Hat der Kredit Erfolg, ist der volle Nominalbetrag von 1 die Bezugsgröße, und es errechnet sich eine Rückzahlung an den Finanzintermediär in Höhe von 1,1449000. Der Anspruch der Fremdrefinanzierung beträgt aber gemäß (5.13a):

$$F_0 \cdot (1 + r_d)^2 = 0,96 \cdot 1,07^2 = 1,0991040$$

Er kann offensichtlich nur im Fall k=1 voll erfüllt werden. Nur dann ist der jeweils obere Teil der Bedingungen (5.13a) und (5.13b) relevant, so dass es auch nur dann zu einer Zahlung an die Eigenrefinanzierung kommt. Sie errechnet sich wie folgt:

$$E_2 (1) = 1,1449000 - 1,0991040 = 0,0457960$$

Für den Diversifikationsgrad n=2 müssten wir nun eigentlich zunächst die Wahrscheinlichkeiten bestimmen, mit denen 2 Kredite, 1 Kredit und kein Kredit erfolgreich abgewickelt werden. Diese Werte entsprechen jedoch genau denen, die wir in Aufgabe 5-1 stellvertretend für Frau von der Hallig ausgerechnet haben. Die Rückzahlungen an die Refinanzierung in diesen drei Fällen ergeben sich wie in folgender Tabelle:

Tabelle 5-2 | *Rückflüsse an Refinanzierung, Grundmodell Finanzintermediär, n=2*

n	k	f (k)	K_2^u (k)	F_2^u (k)	E_2^u (k)
2	0	0,04	1,0304100	1,0304100	0,0000000
	1	0,32	1,0876550	1,0876550	0,0000000
	2	0,64	1,1449000	1,0991040	0,0457960

Die Wahrscheinlichkeit, dass beispielsweise k=1 Kredit erfolgreich abgewickelt wird (zweite Zeile), beträgt für unsere Parameterwahl 0,32. Da vom Finanzintermediär beim Diversifikationsgrad n=2 in den einzelnen Kredit 0,5 vorgeleistet wird, beträgt der gesamte Rückfluss aus dem Kreditportfolio gemäß Gleichung (5.3') in diesem Fall:

$$K_2^u(1) = \frac{\hat{K}_0}{2} \cdot \left(1 + 2 \cdot r_d + r_d^2\right) \cdot n + \frac{K_0 - \hat{K}_0}{2} \cdot \left(1 + 2 \cdot r_d + r_d^2\right) \cdot 1$$

$$= \frac{0.9}{2} \cdot \left(1 + 2 \cdot 0.07 + 0.07^2\right) \cdot 2 + \frac{1.0 - 0.9}{2} \cdot \left(1 + 2 \cdot 0.07 + 0.07^2\right) \cdot 1$$

$$= 1.0304100 + 0.0572450 = 1.0876550$$

Damit reichen bei einem erfolgreich abgewickelten Kredit die Rückflüsse aus dem Kreditportfolio in Höhe von 1,0876550 (oder rd. 108,77% der Bilanzsumme in t=0) noch nicht aus, um die Ansprüche der Fremdrefinanzierung vollständig zu begleichen, die wir mit 1,0991040 errechnet haben. Erst im Fall k=2 kann ein Überschuss an die Eigenrefinanzierung gezahlt werden.

Arbeiten wir mit den soeben errechneten Werten gleich weiter.

141
Mindest-
diversifikations-
vorschriften
in KWG und VAG

Aufgabe 5-4

Berechnen Sie stellvertretend für Frank für die soeben in Aufgabe 5-3 hergeleiteten Rückflüsse (Diversifikationsgrade n=1 und n=2) die Erwarteten Relativen Rentabilitäten r^* gemäß Definition 3-5 bzw. Gleichung (3.12) und die relativen Risiken $SD[\tilde{r}^*]$ gemäß Definition 3-7 bzw. Gleichung (3.14b)!

Lösung:

Relative Rentabilitäten und Risiken, Grundmodell Finanzintermediär, n=1

Tabelle 5-3

n=1	$K_2^u(k)$	$F_2^u(k)$	$E_2^u(k)$
$E[...]$	1,1220020	1,0853652	0,0366368
$r^*(...)$	0,0592460	0,0632915	-0,0429629
$Var[\tilde{r}^*(...)]$	0,0004824	0,0001847	0,1933925
$SD[\tilde{r}^*(...)]$	0,0219647	0,0135911	0,4397641

In der Spalte für die Rückflüsse aus dem Kreditportfolio wurde wie folgt gerechnet:

1. Zeile, sinngemäße Anwendung von Gleichung (3.10):

$$E\left[K_2^u(\tilde{k})\right] = 0.2 \cdot 1.0304100 + 0.8 \cdot 1.1449000 = 0.2060820 + 0.9159200 = 1.1220020$$

2. Zeile, sinngemäße Anwendung von Gleichung (3.12):

$$r^*(...) = +\sqrt{\frac{1,1220020}{1}} - 1 = 0,0592460$$

3. Zeile, sinngemäße Anwendung von Gleichung (3.14a):

$$Var[\tilde{r}^*] = \left[\frac{\left(\sqrt{1,0304100} - \sqrt{1,1220020}\right)^2}{1}\right] \cdot 0,2 + \left[\frac{\left(\sqrt{1,1449000} - \sqrt{1,1220020}\right)^2}{1}\right] \cdot 0,8$$

$$= 0,0003899 + 0,0000924 = 0,0004824$$

4. Zeile, sinngemäße Anwendung von Gleichung (3.14b):

$$SD[\tilde{r}^*] = +\sqrt{0,0004824} = 0,0219647$$

(Man beachte, dass die den Tabellen unterliegenden Rechnungen mit höherer Genauigkeit nach dem Komma durchgeführt wurden, als hier abgebildet werden kann.)

Tabelle 5-4 | *Relative Rentabilitäten und Risiken, Grundmodell Finanzintermediär, n=2*

n=2	K_2^u (k)	F_2^u (k)	E_2^u (k)
$E[...]$	1,1220020	1,0926926	0,0293094
$r^*(...)$	0,0592460	0,0668746	-0,1440000
$Var[\tilde{r}^*(...)]$	0,0002374	0,0000463	0,2930944
$SD[\tilde{r}^*(...)]$	0,0154087	0,0068018	0,5413819

Kommentieren wir die soeben berechneten Zahlen: Während die Diversifikation für die Relative Rentabilität der aus dem Kreditportfolio erwirtschafteten Rückflüsse (konstant 5,9%) keine Auswirkungen hat, ist sie aus Sicht der Eigenrefinanzierung und der Fremdrefinanzierung im Hinblick auf die Relative Rentabilität und das Relative Risiko durchaus relevant:

■ Durch die Verdopplung der Zahl ausgelegter Kredite steigt die Rentabilität der Fremdrefinanzierung von 6,3% auf 6,7% an. Aus Sicht der Eigenrefinanzierung lohnt sich das Geschäft zurzeit noch nicht: Sie erzielen in beiden Fällen negative Rentabilitäten. Durch die Verdopplung sinkt die Rentabilität der Eigenrefinanzierung zudem von -4,3% auf -14,4%.

■ Das mittels der Standardabweichung des Internen Zinsfußes gemessene Risiko der Fremdrefinanzierung sinkt durch die stärkere Diversifikation von 1,4% auf 0,7%. Das ebenso gemessene Risiko der Eigenrefinanzierung steigt hingegen von 44,0% auf 54,1%.

Beschränken wir uns alleine auf obige Kennzahlen, stellt die Diversifikation aus Sicht risikoaverser Fremdrefinanzierung auf jeden Fall eine Verbesserung dar, da sie die Rentabilität erhöht und das Risiko senkt. Für die Eigenrefinanzierung ergibt sich hingegen ein Rückgang der Rentabilität bei Anstieg des Risikos. Zwischen beiden Gruppen kommt es damit zu einem Interessenkonflikt. Die Fremdrefinanzierung verfügt grundsätzlich über keine Verfügungs- und Informationsrechte („Voice"[232]). Sollte es ihr zudem nicht möglich sein, durch Umsteigen auf stärker diversifizierte Finanzintermediäre („Exit"[233]) ihre Interessen durchzusetzen, ist sie der Eigenrefinanzierung quasi ausgeliefert. Dieser denkbare Interessenkonflikt kann deshalb gemeinsam mit einem besonderen Schutzbedürfnis für die Fremdrefinanziers von Finanzintermediären als ökonomische Begründung für die bei Versicherungsunternehmen wie auch bei Kreditinstituten im jeweiligen Aufsichtsrecht anzutreffenden Mindestdiversifikationsvorschriften angesehen werden. Man vergleiche hierzu beispielsweise die Streuungsvorschriften in § 3 AnlV in Verbindung mit § 54 VAG für Versicherungsunternehmen und die Großkrediteinzelobergrenze in § 13 III KWG für Kreditinstitute.

Die Refinanzierung von Finanzintermediären wird häufig durch viele Eigenrefinanziers wie auch viele Fremdrefinanziers dargestellt. Da dieser Sachverhalt später noch von Bedeutung sein wird, wollen wir hier bereits die pro Kopf („per capita") an die o Eigenrefinanziers und m Fremdrefinanziers gehenden Rückflüsse algebraisch formulieren und sie mit $E_2^{'}$ bzw. $F_2^{'}$ bezeichnen. Dabei wird unterstellt, jeder Eigenrefinanzier und jeder Fremdrefinanzier schösse innerhalb seiner Klasse jeweils den gleichen Betrag vor und habe dementsprechend auch den gleichen Anspruch auf Gegenleistung:

142
Verteilungsregel
per capita

$$(5.14a) \quad F_2^{'} = \frac{F_2}{m} = \begin{cases} \frac{1}{m} \cdot \left[F_0 \cdot (1+r_d)^2 \right] & , \ wenn \ K_2^u \geq F_0 \cdot (1+r_d)^2 \\ \frac{K_2^u}{m} & , \ wenn \ K_2^u < F_0 \cdot (1+r_d)^2 \end{cases}$$

$$(5.14b) \quad E_2^{'} = \frac{E_2}{o} = \begin{cases} \frac{1}{o} \cdot \left[K_2^u - F_0 \cdot (1+r_d)^2 \right] & , \ wenn \ K_2^u \geq F_0 \cdot (1+r_d)^2 \\ 0 & , \ wenn \ K_2^u < F_0 \cdot (1+r_d)^2 \end{cases}$$

Aufgabe 5-5

Alle Parameter aus Aufgabe 5-3 bleiben unverändert. Frank hat sich informiert und erfahren, dass die Refinanzierung der Finanzintermediär AG auf $o = 4$ Eigenrefinanziers und $m = 4$ Fremdrefinanziers verteilt wurde.

[232] Hirschman (1970), S. 30.
[233] Hirschman (1970), S. 21.

Berechnen Sie stellvertretend für Frank für einen Diversifikationsgrad von n=2 nach dem Schema in Tabelle 5-2 die Per-capita-Rückflüsse an die einzelnen Refinanziers!

Lösung:

Gegenüber Tabelle 5-2 müssen hier lediglich die Rückflüsse in der vorletzten und der letzten Spalte jeweils durch 4 geteilt werden:

Tabelle 5-5 | *Per-capita-Rückflüsse an Refinanzierung, Grundmodell Finanzintermediär, n=2*

n	k	f (k)	K_2^u (k)	F_2^u ' (k)	E_2^u ' (k)
2	0	0,04	1,0304100	0,2576025	0,0000000
	1	0,32	1,0876550	0,2719138	0,0000000
	2	0,64	1,1449000	0,2747760	0,0114490

5.4.3 Institutionell zentralisierte Kreditrisikoanalyse und Kreditrisikoselektion

5.4.3.1 Das Potenzial der Kreditrisikoanalyse aus Sicht der originären Finanziers

Aufgrund des bei Informationsasymmetrie möglichen Marktversagens durch Adverse Selektion (Rn. 134) ist es keinesfalls zwingend, dass es ohne flankierende Maßnahmen zum Abschluss von Finanzierungsverträgen kommt, sodass die vergangenen Passagen in Bezug auf die Realität möglicherweise rein hypothetischen Charakter haben. Gleichwohl bilden sie auch für diesen Fall immer noch einen geeigneten gedanklichen Vergleichspunkt für unsere weiteren Überlegungen. Hierbei nehmen wir zunächst wieder statt der Perspektive eines Finanzintermediärs die eines originären Finanziers ein, der Kredite aus bei ihm vorhandenen Zahlungsmitteln vergibt. Es bestehe für diesen Finanzier nun die Möglichkeit einer Kreditrisikoanalyse, die gute und schlechte Kreditnehmer unterscheidbar macht und hierdurch die Informationsasymmetrie beseitigt. Allerdings verursacht diese Analyseaktivität fixe Kosten in Höhe von A. Es gibt viele praktische Tätigkeiten, die wir unter „Kreditrisikoanalyse" subsumieren können. So werden insbesondere Jahresabschlüsse regelmäßig intensiv ausgewertet, um hieraus Rückschlüsse auf die Zahlungsfähigkeit finanzierter Unternehmen zu ziehen. Wenn es darüber hinaus beispielsweise ein unterjährliches Berichtswesen gibt, verbessert dies den Informationsstand des Analysten gegenüber dem „informativen Minimum" Jahresabschluss bereits erheblich.

Bei einem einheitlichen Kreditzins r_d hat jedoch kein Kreditnehmer einen Grund, sich einer Kreditrisikoanalyse zu unterziehen. Um ihr einen Markt zu schaffen, muss der Kreditgeber den guten Kreditnehmern einen Kreditzins r_K unterhalb des Zinses r_d anbieten, der sich für ungefilterte Kreditvergabe eingependelt hat. (Man erinnere sich, dass wir für die Kreditnehmer die wohl praxisnahe Annahme getroffen haben, dass sie niedrige Kreditzinsen hohen vorziehen; Rn. 133.) Da der Zins r_d jedoch nur für gemischte Portfolios kostendeckend ist, muss bei Kreditrisikoanalyse schlechten Kreditnehmern ein erhöhter Kreditzins $\hat{r}_K$ in Rechnung gestellt werden, um die geringere Erfolgswahrscheinlichkeit zu kompensieren. Es ergibt sich folgendes Gefüge für die Zinsstruktur bei Kreditrisikoanalyse:

144
Induzierte
Zinseffekte

$$(5.15) \quad \hat{r}_K > r_d > r_K$$

Warum aber wechseln schlechte Kreditnehmer zu den neuen Finanzierungsverträgen mit Kreditrisikoanalyse, wenn dies doch aus ihrer Sicht höhere Finanzierungskosten bedeutet? Diese Frage ist nur marktweit zu beantworten. Halten es genügend potenzielle Kreditgeber für vorteilhaft, Kreditrisikoanalyse und Zinsdifferenzierung zu betreiben, gibt es für die schlechten Kreditnehmer gar keine Alternative zu dem erhöhten Kreditzins $\hat{r}_K$. Wann jedoch ist eine Aktion bei Unsicherheit als „vorteilhaft" anzusehen? Mit den wichtigsten zur Verfügung stehenden Entscheidungskriterien werden wir uns in den nächsten Abschnitten (Rn. 147-150) näher befassen.

Zur Anwendung dieser Entscheidungskriterien wird es sich zuvor als vorteilhaft erweisen, wenn wir in die sich bei Kreditrisikoanalyse und Zinsdifferenzierung auftuenden Aktionsmöglichkeiten etwas Struktur bringen. Da durch die Analyse Kreditnehmer unterscheidbar werden, wird nämlich auch die Zusammensetzung eines Portfolios aus guten und schlechten Kreditnehmern zu einem Instrument im Dienste eines Kreditnehmers: Bei n ausgelegten Krediten gibt es $n+1$ unterschiedliche Mischungsverhältnisse, die man für steigendes n immer schwerer erfassen kann. Um die Besonderheiten der Kreditvergabe an gute und an schlechte Kreditnehmer zu studieren, liegt es nahe, die beiden Mischungsverhältnisse am Rande der Portfoliomöglichkeiten zu erfassen. Paradoxerweise ist die Kreditvergabe an ausschließlich gute Kreditnehmer von der Absenkung des Zinsniveaus auf r_K in gewisser Hinsicht hart betroffen: Bei Misserfolg erwirtschaftet sie aus einem einzelnen Kredit mit Analyse weniger als bei ungefilterter Kreditvergabe. Die Verbesserung der Verteilungsqualität ist insofern ohne Bedeutung. Aus diesem Grunde ist eine Koalition aus zwei Kreditgebern möglicherweise besonders schlagkräftig, die folgendes Verhalten vereinbart: Kreditgeber 1 spezialisiert sich auf schlechte Kreditnehmer und vergibt Kredite an diese zum erhöhten Zinssatz $\hat{r}_K$, Kreditgeber 2 auf gute Kreditnehmer zum redu-

145
Arbeitsteilung
in Koalition

zierten Zinssatz r_K. Sind beide Kreditgeber ausreichend marktstark oder folgen andere Kreditgeber dem Muster der Koalition, ist durch diese Zinsdifferenzierung gewährleistet, dass es marktweit zu einer Selektion guter und schlechter Kreditrisiken kommt. Die Kosten der Kreditrisikoanalyse A werden von Kreditgeber 1 getragen, der ferner einkalkuliert, dass er Kreditgeber 2 die Zinsabsenkung gegebenenfalls durch eine koalitionsinterne Subvention S ersetzen muss. Für Kreditgeber 1 ergeben sich aus einem Portfolio schlechter Kredite damit folgende Rückflüsse:

$$(5.16) \quad K_2^s(k) = \frac{\hat{K}_0}{n} \cdot \left(1 + 2 \cdot \hat{r}_K + \hat{r}_K^2\right) \cdot (n-k) + \frac{K_0}{n} \cdot \left(1 + 2 \cdot \hat{r}_K + \hat{r}_K^2\right) \cdot k - A - S; \quad \tilde{k} : B(n, \hat{p})$$

Man beachte, dass sich für Kreditgeber 1 im Misserfolgsfall (1. Summand) durch die Zinserhöhung eine Verbesserung gegenüber der ungefilterten Kreditvergabe ergibt, wie sie in Gleichung (5.3) dargestellt ist. Wie wir sehen werden, ist sie es, die trotz der Absenkung der Erfolgswahrscheinlichkeit von q auf $\hat{p}$ im durchweg schlechten Kreditportfolio die Übernahme der Kosten der Kreditrisikoanalyse und die koalitionsinterne Subventionierung möglich machen kann. Nun die Rückflüsse des zweiten Kreditgebers:

$$(5.17) \quad K_2^g(k) = \frac{\hat{K}_0}{n} \cdot \left(1 + 2 \cdot r_K + r_K^2\right) \cdot (n-k) + \frac{K_0}{n} \cdot \left(1 + 2 \cdot r_K + r_K^2\right) \cdot k + S; \quad \tilde{k} : B(n, p)$$

Die Koalition um Randportfolios hat für uns neben der Möglichkeit der internen Subventionierung den rechentechnischen Charme, dass Kreditrückflüsse aus gemischten Portfolios nicht formuliert zu werden brauchen.

Aufgabe 5-6

Cool, Vollkrass & Partner lässt Viktor noch etwas Zeit, um sich der Anlage seines Vermögens zu widmen. Viktoria ist ebenfalls an der optimalen Anlage ihres Geldes sehr interessiert. Beide denken über eine Koalition nach. Ihre Portfolios würden jeweils auf die Größe $K_0 = 1$ normiert. Viktoria würde die Kreditrisikoanalyse betreiben, die sie $A = 0,01$ kostet, und $n = 2$ Kredite an schlechte Kreditnehmer, deren Erfolgswahrscheinlichkeit unverändert $\hat{p} = 0,7$ beträgt, zum Zinssatz $\hat{r}_K = 0,12$ vergeben. Sie würde ferner eine Subvention in Höhe von $S = 0,025$ an Viktor zahlen, der $n = 2$ Kredite an gute Kreditnehmer zum Zinssatz $r_K = 0,068$ vergeben würde. Die Erfolgswahrscheinlichkeit der guten Kreditnehmer beträgt $p = 0,9$. Im Misserfolgsfall ist $\hat{K}_0 = 0,9$ bei guten wie auch bei schlechten Kreditnehmern.

1) *Die Rückflüsse aus einem ungefilterten Portfolio und die Wahrscheinlichkeiten, mit denen die zugehörigen Zustände ausgestattet sind, kennen wir bereits (Tabelle 5-2). Bestimmen Sie nun, welche Rück-*

flüsse Viktoria und Viktor mit ihren Kreditportfolios innerhalb ihrer Koalition bei den entsprechenden Zuständen jeweils erzielen und mit welchen Wahrscheinlichkeiten diese Zustände ausgestattet sind!

2) Berechnen Sie die Erwartete Relative Rentabilität und das Erwartete Relative Risiko der Rückflüsse, die an Viktoria bzw. an Viktor gehen!

Lösung:

Zu (1)

Bei Viktoria ergibt sich folgendes Bild:

Rückflüsse, schlechtes Kreditportfolio, Koalition				*Tabelle 5-6*

n	k	f (k)	K_2^s (k)
2	0	0,09	1,0939600
	1	0,42	1,1566800
	2	0,49	1,2194000

Für den Zustand $k = 1$ rechnet man beispielsweise wie folgt:

$$f(1) = \binom{2}{1} \cdot 0,7^1 \cdot 0,3^{2-1} = \frac{2!}{1! \cdot (2-1)!} \cdot 0,7 \cdot 0,3 = \frac{2}{1 \cdot 1} \cdot 0,7 \cdot 0,3 = 0,42$$

$$K_2^s(1) = \frac{\hat{K}_0}{n} \cdot \left(1 + 2 \cdot \hat{r}_K + \hat{r}_K^2\right) \cdot (n-k) + \frac{K_0}{n} \cdot \left(1 + 2 \cdot \hat{r}_K + \hat{r}_K^2\right) \cdot k - A - S$$

$$= \frac{0,9}{2} \cdot \left(1 + 2 \cdot 0,12 + 0,12^2\right) \cdot 2 + \frac{1,0 - 0,9}{2} \cdot \left(1 + 2 \cdot 0,12 + 0,12^2\right) \cdot 1 - 0,01 - 0,025$$

$$= 1,1289600 + 0,0627200 - 0,01 - 0,025 = 1,1566800$$

Nun die entsprechende Tabelle für Viktor:

Rückflüsse, gutes Kreditportfolio, Koalition				*Tabelle 5-7*

n	k^g	f (k^g)	K_2^g (k)
2	0	0,01	1,0515616
	1	0,18	1,1085928
	2	0,81	1,1656240

Hier rechnet man beispielsweise für den Zustand $k = 1$ folgendermaßen:

Spezielle Theorie der Finanzintermediation

$$f(1) = \binom{2}{1} \cdot 0.9^1 \cdot 0.1^{2-1} = \frac{2!}{1! \cdot (2-1)!} \cdot 0.9 \cdot 0.1 = \frac{2}{1 \cdot 1} \cdot 0.9 \cdot 0.1 = 0.18$$

$$K_2^g(k) = \frac{\hat{K}_0}{n} \cdot \left(1 + 2 \cdot r_K + r_K^2\right) \cdot (n-k) + \frac{\hat{K}_0}{n} \cdot \left(1 + 2 \cdot r_K + r_K^2\right) \cdot k + S$$

$$= \frac{0.9}{2} \cdot \left(1 + 2 \cdot 0.068 + 0.068^2\right) \cdot 2 + \frac{1 - 0.9}{2} \cdot \left(1 + 2 \cdot 0.068 + 0.068^2\right) \cdot 1 + 0.025$$

$$= 1.0265616 + 0.0570312 + 0.025 = 1.1085928$$

Zu (2)

Für Viktoria errechnet man ausgehend von Tabelle 5-6 folgende Werte:

Tabelle 5-8 | *Relative Rentabilität und Relatives Risiko, schlechtes Kreditportfolio, Koalition*

---

n=2	K_2^s (k)
$E[...]$	1,1817680
$r^*(...)$	0,0870915
$Var[\tilde{r}^*(...)]$	0,0003535
$SD[\tilde{r}^*(...)]$	0,0188029

Dementsprechend für Viktor:

Tabelle 5-9 | *Relative Rentabilität und Relatives Risiko, gutes Kreditportfolio, Koalition*

---

n=2	K_2^g (k)
$E[...]$	1,1542178
$r^*(...)$	0,0743453
$Var[\tilde{r}^*(...)]$	0,0001294
$SD[\tilde{r}^*(...)]$	0,0113762

Mit verschiedenen Rückflüssen, Rentabilitäten und Risiken, die wir im Rahmen dieser Aufgabe 5-6 errechnet haben, werden wir später weiter arbeiten.

5.4.3.2 Grundlegende Prinzipien für Entscheidungen bei Unsicherheit

Die Wirtschaftswissenschaft ist eine entscheidungsorientierte Wissenschaft. Gleich zu Beginn eines Studiums beschäftigt man sich mit optimalen Allokationsentscheidungen unter der Nebenbedingung beschränkter Ressourcen. Das Problem wird jedoch deutlich komplexer, wenn man sich von deterministischen Szenarien der Unsicherheit zuwendet. Gegebene Aktionen führen dann zu unsicheren Ergebnissen. Wenn Entscheidungsfindung in diesem Kontext eine solide logische Grundlage haben soll, ist es von Vorteil, wenn die gesamte stochastische Verteilung der Ergebnisse bekannt ist. In diesem Fall sprechen wir von Risiko statt von Unsicherheit (Rn. 67). Ein schwächeres Postulat ist es, wenn zumindest bestimmte Parameter der Verteilung wie etwa der Erwartungswert und die Varianz verfügbar sein sollen (Rn. 34).

146
Aktionen
und
Ergebnisse

Für Szenarien mit bekannter Verteilung oder bekannten Verteilungsparametern bietet uns die Entscheidungstheorie grundsätzlich drei verschiedene Prinzipien:

147
Drei
Entscheidungs-
prinzipien

1. Der früheste Ansatz ist die „Stochastische Dominanz", bei der vollständige Verteilungen miteinander verglichen werden. Die Grundidee geht auf Jakob Bernoulli (1654-1705) zurück, wurde allerdings erst 12 Jahre nach seinem Tod erstmals publiziert.[234]

2. Der Stochastischen Dominanz folgte sehr bald das Prinzip der – modern ausgedrückt – „Erwartungsnutzenmaximierung", das von Daniel Bernoulli (1700-1782, Jakobs Neffe) im Jahre 1738 veröffentlicht wurde.[235] Hierbei werden die Verteilungen mit Hilfe einer kardinalen, also messbaren Risikonutzenfunktion miteinander verglichen, die die Risikoeinstellung des Entscheidungsträgers widerspiegelt. Nach der Wiederentdeckung des Prinzips durch John von Neumann und Oskar Morgenstern im Jahre 1944[236] haben kardinale Nutzenfunktionen ihren Gang vom ursprünglichen Einsatzgebiet Haushaltstheorie zu vielen anderen Teilbereichen der Wirtschaftswissenschaft angetreten. Die Informationsanforderungen sind bei der Erwartungsnutzenmaximierung höher als bei der Stochastischen Dominanz, da neben der Verteilung auch die Risikonutzenfunktion bekannt sein muss.

3. Deutlich länger brauchte die Wirtschaftstheorie, um von der Erwartungsnutzenmaximierung zu dem Spektrum an Entscheidungsregeln zu gelangen, die heute oft – und etwas paradox – als „klassische Entschei-

---

[234] Vgl. Bernoulli, J. (1713/1999), S. 236f.

[235] Vgl. Bernoulli, D. (1738/1954), S. 24. Was heute „Erwartungsnutzenmaximierung" genannt wird, betitelte Daniel Bernoulli damals noch als „emolumentum medium", also als mittleren Nutzen.

[236] Vgl. Neumann/Morgenstern (1944), S. 28, Fn. 2.

dungsprinzipien" bezeichnet werden.[237] Hier werden die möglichen Ergebnisse verschiedener Aktionen ebenfalls mittels einer mathematischen Funktion verglichen. Im Gegensatz zu Daniel Bernoullis Risikonutzenfunktion betrachtet diese (wiederum kardinale) „Präferenzfunktion" jedoch nicht die gesamte Verteilung, sondern nur bestimmte ihrer Charakteristika. Der Mean-Variability-Approach (Rn. 34) etwa, der zu einer heutzutage häufig eingesetzten Präferenzfunktion führt, stellt alleine auf bestimmte stochastische Momente erster und zweiter Ordnung, nämlich Erwartungswert und Varianz, ab. Seine aktuelle Bedeutung können wir auch daran ablesen, dass er unter anderem die Entwicklung des Finanzmarktmodells CAPM auslöste (Rn. 36).

Auf die Stochastische Dominanz werden wir im nächsten Abschnitt ausführlicher eingehen. Die anderen beiden Entscheidungsprinzipien dürften dem Leser zuvor vertrauter werden, wenn er Aufgabe 5-7 (Mean-Variability-Approach) und Aufgabe 5-8 (Erwartungsnutzenmaximierung) löst.

Aufgabe 5-7

Viktoria und Viktor belassen es jeweils bei einem Diversifikationsgrad in Höhe von $n = 2$. Sie müssen sich entscheiden, ob sie autonom und ungefiltert Kredit vergeben (Tab. 5-2 und Tab. 5-4) oder eine Koalition bilden, um Kreditrisikoanalyse zu betreiben und die Zinsen zu differenzieren. Sie vergleichen hierzu die Rückflüsse aus den entsprechenden Kreditportfolios (Tab. 5-6 und Tab. 5-8 für Viktoria, Tab. 5-7 und Tab. 5-9 für Viktor) miteinander. In ihrem Studium haben beide von „Klassischen Entscheidungsprinzipien" gehört und finden in ihren alten Mitschriften zu diesem Thema unter der Überschrift „Mean-Variability-Approach" folgende Präferenzfunktion:

(5.18) $\Phi = r^* - 5 \cdot SD\left[\tilde{r}^*\right]$

(Die Präferenzfunktion wertet eine hohe Erwartete Relative Rentabilität als nutzensteigernd, ein hohes Relatives Risiko hingegen als nutzensenkend. Sie spiegelt also Risikoaversion wider.)

(1)   Welche Entscheidung würde Viktoria auf der Grundlage dieser Präferenzfunktion treffen?

(2)   Nun entsprechend für Viktor!

Lösung:

Zu (1)

Viktoria muss für beide Aktionen die Erwartete Relative Rentabilität und das Relative Risiko in die Präferenzfunktion einsetzen. Dann ergibt sich für das ungefilterte Portfolio gemäß Tab. 5-4:

---

[237] Vgl. Schneeweiß (1967), S. 46.

$\Phi = 0,0592460 - 5 \cdot 0,0154087 = -0,0177975$

Für ein schlechtes Kreditportfolio in der Koalition folgt aus Tab. 5-8:

$\Phi = 0,0870915 - 5 \cdot 0,0188029 = -0,0069230$

Viktoria ist überrascht: Beide Alternativen erhalten einen negativen Präferenzwert und sind nach diesem Entscheidungskriterium abzulehnen. Die zweite Alternative schneidet zudem nicht ganz so schlecht ab wie die erste, obwohl bei ihr doch für beliebige Rückflüsse stets mehr Wahrscheinlichkeitsmasse für noch höhere Rückflüsse verbleibt. In der Tat kann das Kriterium zu menschlicher Intuition widersprechenden Ergebnissen führen, wenn man den Parameter in der Präferenzfunktion (hier: $\alpha = -5$) ungünstig wählt. Die konkreten Ergebnisse hängen von der Wahl der Präferenzfunktion ab.

Zu (2)

Wenn Viktor sich in der Koalition auf die Vergabe von Kredit an gute Kreditnehmer spezialisiert, erzielt er ausgehend von den Werten in Tab. 5-9 folgenden Präferenzwert:

$\Phi = 0,0743453 - 5 \cdot 0,0113762 = 0,0174643$

Für Viktor ist die Spezialisierung auf gute Kredite und der Erhalt einer Subvention vorteilhaft. Dies impliziert zusammen mit den überraschenden Präferenzwerten für Viktoria, dass sich beide bei Zugrundelegung der Präferenzfunktion (5.18) nicht auf die Bildung der Koalition werden einigen können.

Aufgabe 5-8

Wegen der aus Präferenzfunktion (5.18) resultierenden Probleme lesen Viktoria und Viktor in ihren Unterlagen weiter und kommen zur „Erwartungsnutzenmaximierung". Dort finden Sie folgende Risikonutzenfunktion:

$$(5.19) \qquad E\big[\tilde{U}\big] = \sum_{k=1}^{n} f(k) \cdot \ln\big[K_2(k)\big]$$

(„U" steht für Nutzen. „ln" symbolisiert den natürlichen Logarithmus.)

(1) Welche Entscheidung würde Viktoria auf der Grundlage von Tab. 5-2 und Tab. 5-6 sowie dieser Präferenzfunktion treffen?

(2) Nun entsprechend für Viktor (Tab. 5-7)!

Lösung:

Zu (1)

Es sind zunächst die natürlichen Logarithmen der Rückflüsse aus den Kreditportfolios zu berechnen. Für das ungefilterte Kreditportfolio (Tab. 5-2) erhalten wir dann folgenden Erwartungsnutzen:

$$E[\tilde{u}] = 0{,}04 \cdot \ln 1{,}0304100 + 0{,}32 \cdot \ln 1{,}0876550 + 0{,}64 \cdot \ln 1{,}1449000$$
$$= 0{,}04 \cdot 0{,}0299568 + 0{,}32 \cdot 0{,}0840240 + 0{,}64 \cdot 0{,}1353173$$
$$= 0{,}0011983 + 0{,}0268877 + 0{,}0866031 = 0{,}1146890$$

Entsprechend ergibt sich für ein schlechtes Kreditportfolio (Tab. 5-6):

$$E[\tilde{u}] = 0{,}09 \cdot \ln 1{,}0939600 + 0{,}42 \cdot \ln 1{,}1566800 + 0{,}49 \cdot \ln 1{,}2194000$$
$$= 0{,}09 \cdot 0{,}08980414 + 0{,}42 \cdot 0{,}14555383 + 0{,}49 \cdot 0{,}19835893$$
$$= 0{,}0080824 + 0{,}0611326 + 0{,}0971959 = 0{,}1664109$$

Die Ergebnisse erscheinen Viktoria insofern plausibler, als sich nun für beide Alternativen positive Erwartungsnutzen ergeben und zudem für die zweite der höhere. Andererseits meint sie, auch schon Entscheidungen unter Unsicherheit getroffen zu haben, bevor sie in der Schule den Logarithmus durchgenommen hat. Bei einer anderen Wahl der Risikonutzenfunktion würde sie zudem andere Ergebnisse erhalten.

Zu (2)

Für ein gutes Kreditportfolio (Tab. 5-7) ergibt sich:

$$E[\tilde{u}] = 0{,}01 \cdot \ln 1{,}0515616 + 0{,}18 \cdot \ln 1{,}1085928 + 0{,}81 \cdot \ln 1{,}1656240$$
$$= 0{,}01 \cdot 0{,}0502763 + 0{,}18 \cdot 0{,}1030915 + 0{,}81 \cdot 0{,}1532566$$
$$= 0{,}0005028 + 0{,}0185565 + 0{,}1241378 = 0{,}1431970$$

Auch Viktor findet es ansprechend, dass die intuitiv überzeugende Verteilung der Rückflüsse an ihn in der Koalition sich in einem höheren Erwartungsnutzen widerspiegelt. Anschließend fragen sich Viktoria und Viktor aber, welche ihnen bekannte Einheit diese Erwartungsnutzen in Höhe von rd. 0,17 bzw. rd. 0,14 haben. Kann man sie zu ihrem allgemeinen Befinden ohne Kreditvergabe in Bezug setzen? Kann man sie untereinander verteilen? Antworten auf diese Fragen finden sie nicht. Die kardinale Nutzenfunktion unterstellt nämlich eine Messbarkeit subjektiver Größen, die wenig plausibel ist.

Verschiedene Fragen bleiben also bis hierhin offen. Betrachten wir nun das verbleibende Entscheidungskriterium, die Stochastische Dominanz.

5.4.3.3 Verteilungsfunktion und Stochastische Dominanz

148
Verteilungs-
funktion

Wir haben mit der Wahrscheinlichkeitsfunktion (Rn. 136 für Binomiale Stochastik) bereits die erste wichtige Darstellung einer stochastischen Verteilung kennen gelernt. Die zweite bildet die Verteilungsfunktion, die man sich – einfach gesagt – als kumulierte Wahrscheinlichkeitsfunktion vorstellen kann (obwohl wahrscheinlichkeitstheoretisch die Kausalität von der Verteilungsfunktion zur Wahrscheinlichkeitsfunktion geht):

Definition 5-3
Verteilungsfunktion (Allgemeiner Fall)

Zu einer eindimensionalen Zufallsvariable $\tilde{k}$ bezeichnen wir die Funktion F, die jeder zwischen $-\infty$ und $+\infty$ liegenden Zahl k' die Wahrscheinlichkeit P zuordnet, dass die Zufallsvariable diese Zahl nicht überschreitet, das heißt

$$(5.20) \quad F(k') = P(\tilde{k} \le k'),$$

als Verteilungsfunktion von $\tilde{k}$. Aufgrund der Eigenschaften des Wahrscheinlichkeitsmaßes P gilt für ihren Wertebereich: $F \in [0,1]$.

Da unser Modell auf Binomiale Stochastik gründet, bietet es sich an, die Verteilungsfunktion für BI-Variablen spezieller zu definieren:

Definition 5-4
Verteilungsfunktion (Binomiale Indikatorvariable)

Handelt es sich bei einer eindimensionalen Zufallsvariable $\tilde{k}$ um eine Binomiale Indikatorvariable mit der Elementarwahrscheinlichkeit p und n Versuchen gemäß Definition 5-2, hat ihre Verteilungsfunktion $F(k')$ nach Definition 5-3 folgende spezielle Form:

$$(5.21a) \quad F(k') \equiv F(k';n,p) = 0 \quad \text{für } k' < 0$$

$$(5.21b) \quad F(k') \equiv F(k';n,p) = \sum_{k=0}^{k'} \binom{n}{k} \cdot p^k \cdot (1-p)^{n-k} \quad \text{für } k' \in \{0,1,...,n\}$$

$$(5.21c) \quad F(k') \equiv F(k';n,p) = \sum_{k=0}^{k''} \binom{n}{k} \cdot p^k \cdot (1-p)^{n-k}$$
$$\text{für } k' \in [0,n]/\{0,1,..,n\} \text{ und } k'' = \arg\max_{\{0,n\}} k'' < k'$$

$$(5.21d) \quad F(k') \equiv F(k';n,p) = 1 \quad \text{für } k' > n$$

Das Konzept der Verteilungsfunktion dürfte für den Leser mit der nächsten Aufgabe schnell greifbar werden.

Aufgabe 5-9

Zeichnen Sie die Verteilungsfunktionen für ungefilterte Kreditvergabe (Tab. 5-2, Tab. 5-4) sowie für ein gutes Kreditportfolio (Viktor, Tab. 5-7, Tab. 5-9) und ein schlechtes (Viktoria, Tab. 5-6, Tab. 5-8) in der Koalition!

Lösung:

Abbildung 5-1 | *Verteilungsfunktionen „ungefiltert" und „gut in Koalition" (Viktor)*

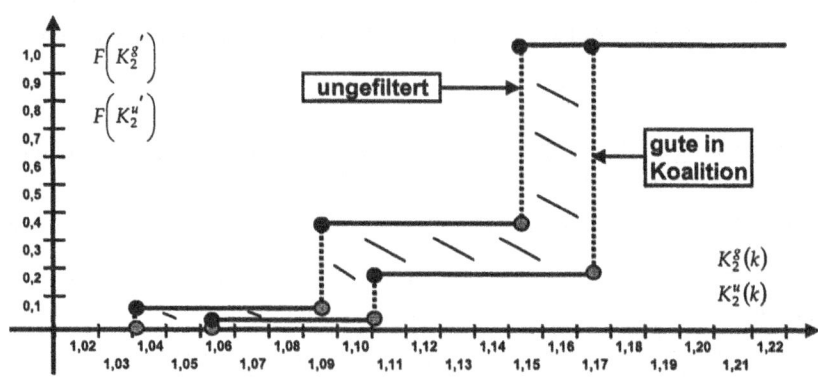

Abbildung 5-2 | *Verteilungsfunktionen „ungefiltert" und „schlecht in Koalition" (Viktoria)*

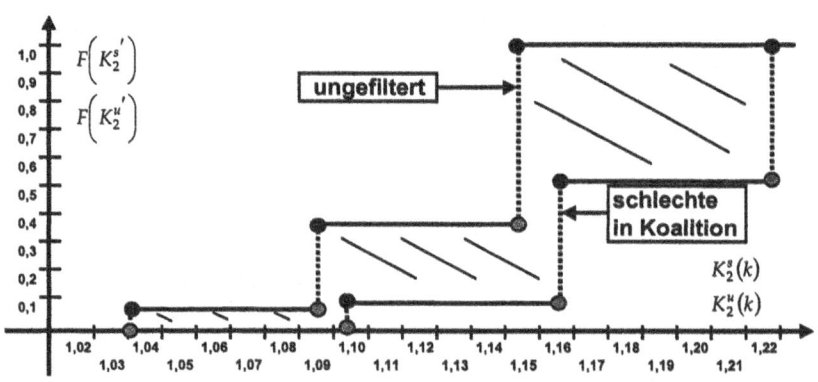

Unsere Abbildungen zeigen, was Viktor und Viktoria auch schon intuitiv wahrgenommen haben. Wenn sie sich zu einer Koalition zusammenschließen, liegen ihre jeweiligen Verteilungsfunktionen stets „rechts neben" der Verteilungsfunktion, die sich für ungefilterte Kreditvergabe ergibt. Für höhere Rückflüsse verbleibt in der Kreditrisikoanalyse betreibenden Koalition sowohl für Viktor als auch für Viktoria stets mehr Wahrscheinlichkeitsmasse als bei ungefilterter Kreditvergabe. Im Gegensatz zur Erwartungsnutzenmaximierung und zum Mean-Variability-Approach bedarf diese Klassifizierung nicht der Ausformulierung einer Nutzenfunktion bzw. Präferenzfunktion. Wir werden sie gleich im Anschluss als „Stochastische Dominanz" bezeichnen.

Nach dem Kriterium der Stochastischen Dominanz ist eine beliebige stochastische Verteilung I einer anderen stochastischen Verteilung II vorzuziehen, wenn für jede gegebene Zahl k' die Wahrscheinlichkeit, dass die Zufallsvariable diese Zahl gerade erreicht oder unterschreitet, bei Verteilung II durchweg mindestens so hoch ist wie oder sogar höher als bei Verteilung I. Damit also Stochastische Dominanz vorliegt, muss Verteilung I immer mindestens so viel Wahrscheinlichkeitsmasse bei Werten größer als k' belassen wie Verteilung II.[238] Bei Verteilung I verbleibt stets mehr Wahrscheinlichkeitsmasse auf den besseren Werten, sodass sie vorzuziehen ist.

*149
Stochastische
Dominanz*

Definition 5-5
Stochastische Dominanz (Allgemeiner Fall)

Wir betrachten die zu den stochastischen Verteilungen I und II gehörenden Verteilungsfunktionen F_I und F_{II} gemäß Definition 5-3. Verteilung I dominiert Verteilung II stochastisch, wenn für jedes beliebige k' aus dem gemeinsamen Definitionsbereich Δ der beiden Verteilungsfunktionen gilt:

$$(5.22) \quad F_{II}(k') \geq F_I(k')$$

Definition 5-5 lässt sich für BI-Variablen gleichen Diversifikationsgrades n mit Hilfe der zu den Verteilungen $B(n,p)$ und $B(n,q)$ gehörenden Verteilungsfunktionen $F(k';n,p)$ bzw. $F(k';n,q)$ stärker konkretisieren.

Definition 5-6
Stochastische Dominanz (Binomiale Indikatorvariablen)

Für eine gegebene natürliche Zahl $n \in N$ an Versuchen werden zwei Binomiale Indikatorvariablen gemäß Definition 5-2 betrachtet, die sich alleine durch ihre Elementarwahrscheinlichkeiten p und q unterscheiden; $p \neq q$. Die zu der einen gehörende Binomialverteilung $B(n,p)$ dominiert die zu der anderen gehörende Binomialverteilung $B(n,q)$ stochastisch, wenn für die entsprechenden Verteilungsfunktionen $F(k';n,p)$ bzw. $F(k';n,q)$ gilt:

---

[238] Vgl. Schneeweiß (1967), S. 39.

$$(5.23) \quad \sum_{k=0}^{k'} \binom{n}{k} \cdot q^k \cdot (1-q)^{n-k} \geq \sum_{k=0}^{k'} \binom{n}{k} \cdot p^k \cdot (1-p)^{n-k} \quad \text{für alle } k' \in \{0,1,...,n\}$$

In Aufgabe 5-9 hatten wir für den Status Quo unseres Entscheidungsproblems bereits Stochastische Dominanz durch „Anschauen" der Verteilungsfunktionen vermutet. Es dürfte gleichwohl sinnvoll sein, das Entscheidungskriterium noch einmal formal ausführlich anzuwenden.

Aufgabe 5-10

„Ungefilterte Kreditvergabe jeder für sich" (Tab. 5-2, Tab. 5-4) oder „Bildung einer Koalition mit Kreditrisikoanalyse und Zinsdifferenzierung" (Tab. 5-7 und Tab. 5-9 für Viktor, Tab. 5-6 und Tab. 5-8 für Viktoria) – für welche Variante werden sich Viktoria und Viktor ausgehend von Aufgabe 5-9 nach dem Kriterium der Stochastischen Dominanz jeweils entscheiden?

Lösung:

Sinnvoll ist es, jeweils 7 verschiedene Bereiche A bis G für die Rückflüsse aus Kreditportfolios zu unterscheiden. Aus Sicht von Viktor:

$A:$ $\qquad\qquad K_2 < 1{,}030410$

$B:$ $\qquad 1{,}030410 \leq K_2 < 1{,}051562$

$C:$ $\qquad 1{,}051562 \leq K_2 < 1{,}087655$

$D:$ $\qquad 1{,}087655 \leq K_2 < 1{,}108593$

$E:$ $\qquad 1{,}108593 \leq K_2 < 1{,}144900$

$F:$ $\qquad 1{,}144900 \leq K_2 < 1{,}165624$

$G:$ $\qquad 1{,}165624 \leq K_2$

In diesen Bereichen gilt jeweils:

$A:$ $\quad F\!\left(K_2^u(k')\right) = 0{,}00 = F\!\left(K_2^g(k')\right) = 0{,}00$

$B:$ $\quad F\!\left(K_2^u(k')\right) = 0{,}04 > F\!\left(K_2^g(k')\right) = 0{,}00$

$C:$ $\quad F\!\left(K_2^u(k')\right) = 0{,}04 > F\!\left(K_2^g(k')\right) = 0{,}01$

$D:$ $\quad F\!\left(K_2^u(k')\right) = 0{,}36 > F\!\left(K_2^g(k')\right) = 0{,}01$

$E:$ $\quad F\!\left(K_2^u(k')\right) = 0{,}36 > F\!\left(K_2^g(k')\right) = 0{,}19$

$F:$ $\quad F\!\left(K_2^u(k')\right) = 1{,}00 > F\!\left(K_2^g(k')\right) = 0{,}19$

$G:$ $\quad F\!\left(K_2^u(k')\right) = 1{,}00 = F\!\left(K_2^g(k')\right) = 1{,}00$

Kriterium (5.22) ist hier also durchweg erfüllt. Aus Sicht von Viktor dominieren die Rückflüsse in der Koalition die Rückflüsse bei ungefilterter Kreditvergabe stochastisch. Nun die Perspektive von Viktoria:

$A:$ $K_2 < 1{,}030410$

$B:$ $1{,}030410 \le K_2 < 1{,}087655$

$C:$ $1{,}087655 \le K_2 < 1{,}093960$

$D:$ $1{,}093960 \le K_2 < 1{,}144900$

$E:$ $1{,}144900 \le K_2 < 1{,}156680$

$F:$ $1{,}156680 \le K_2 < 1{,}219400$

$G:$ $1{,}219400 \le K_2$

Hier gilt dann jeweils:

$A:$ $F\big(K_2^u(k')\big) = 0{,}00 = F\big(K_2^s(k')\big) = 0{,}00$

$B:$ $F\big(K_2^u(k')\big) = 0{,}04 > F\big(K_2^s(k')\big) = 0{,}00$

$C:$ $F\big(K_2^u(k')\big) = 0{,}36 > F\big(K_2^s(k')\big) = 0{,}00$

$D:$ $F\big(K_2^u(k')\big) = 0{,}36 > F\big(K_2^s(k')\big) = 0{,}09$

$E:$ $F\big(K_2^u(k')\big) = 1{,}00 > F\big(K_2^s(k')\big) = 0{,}09$

$F:$ $F\big(K_2^u(k')\big) = 1{,}00 > F\big(K_2^s(k')\big) = 0{,}51$

$G:$ $F\big(K_2^u(k')\big) = 1{,}00 = F\big(K_2^s(k')\big) = 1{,}00$

Kriterium (5.22) ist auch aus Viktorias Sicht erfüllt, sodass sich Viktor und Viktoria nach dem Kriterium der Stochastischen Dominanz durchweg verbessert fühlen und auf die Bildung einer Koalition einigen dürften.

An dieser Stelle wird klar, dass auf das Kriterium der Stochastischen Dominanz gegründete Entscheidungen im Gegensatz zu den klassischen Prinzipien stets auf alle Informationen gestützt sind, die die Verteilungen der in Rede stehenden Alternativen determinieren. Daneben hat die Stochastische Dominanz den Vorzug, dass ihre Anwendung im Gegensatz zur Erwartungsnutzenmaximierung und zum Mean-Variability-Approach keiner kardinalen Risikonutzenfunktion bzw. kardinalen Präferenzfunktion *bedarf* - eines theoretischen Konzeptes, das lange vor seiner Renaissance im Jahre 1944 im Bereich der deterministischen Haushaltstheorie schon als wenig modern angesehen wurde[239]. Wenn Entscheidungen auf die Stochastische Dominanz gestützt werden, braucht der Entscheidungsträger lediglich die Verteilungsfunktionen der in Rede stehenden Aktionen zu kennen und nicht die ansonsten jeweils erforderliche, kardinale Funktion. Vorziehenswürdigkeit auf der Grundlage der Stochastischen Dominanz *impliziert* vielmehr die Monotonie der Präferenzordnung des Entscheidungsträgers.[240] Monotonie besagt, dass größere Mengen kleineren vorgezogen werden. („Mehr ist bes-

150 Vollinformation, nichtkardinales Nutzenkonzept, unvollständige Ordnung

---

[239] Vgl. Stigler (1950), S. 377-384.
[240] Vgl. Hildenbrand/Kirman (1988), S. 64.

ser.") Diese Monotonieeigenschaft wie auch den entscheidenden Nachteil des Entscheidungsprinzips der Stochastischen Dominanz veranschaulicht ein weiteres, getrennt von unserer Aufgabenkette zu betrachtendes Beispiel.

Nehmen wir an, zwei elementare binomiale Zufallsexperimente I und II stünden zur Entscheidung. Zufallsexperiment I erbringe im Erfolgsfall einen Zahlungsmittelzufluss in Höhe von x_1, im Misserfolgsfall jedoch nur einen Zahlungsmittelzufluss in Höhe von $x_1 - c$. Hierbei sei c eine positive Konstante, die kleiner als x_1 ist. Der Erfolgsfall sei mit einer Elementarwahrscheinlichkeit von p ausgestattet, der Misserfolgsfall trete entsprechend mit der Gegenwahrscheinlichkeit $(1-p)$ ein. Zufallsexperiment II ist Zufallsexperiment I sehr ähnlich, allerdings wird hier der Zahlungsmittelzufluss x_1 durch einen kleineren, aber immer noch positiven Betrag x_2 ersetzt. Für die positive Konstante c soll nun zusätzlich gelten, dass sie kleiner als x_2 und größer als die Differenz $x_1 - x_2$ beider Zahlungsmittelzuflüsse ist:

$$(5.24) \qquad I : \tilde{x}_I = \begin{cases} x_1 & (p) \\ x_1 - c & (1-p) \end{cases} \qquad II : \tilde{x}_{II} = \begin{cases} x_2 & (p) \\ x_2 - c & (1-p) \end{cases}$$

$$x_1 > x_2 > c > x_1 - x_2 > 0$$

Die Zufallsvariable $\tilde{x}_I$ dominiert die Zufallsvariable $\tilde{x}_{II}$ stochastisch, weil die Zahlungsmittelzuflüsse der ersten in jedem Zustand der Welt die Zahlungsmittelzuflüsse der zweiten übersteigen, sodass die Verteilungsfunktion F_I der ersten immer rechts von der Verteilungsfunktion F_{II} der zweiten Zufallsvariable liegt oder diese höchstens erreicht. Die durch die beiden Zufallsvariablen jeweils generierten, erwarteten Zahlungsmittelzuflüsse sind dann durch folgende Gleichungen gegeben:

$$(5.25a) \quad E[\tilde{x}_I] = p \cdot x_1 + (1-p) \cdot (x_1 - c)$$
$$(5.25b) \quad E[\tilde{x}_{II}] = p \cdot x_2 + (1-p) \cdot (x_2 - c)$$

Wenn sich nun die positive Konstante c dem Wert 0 nähert, wenn also beide Zufallsvariablen dem deterministischen Fall näher kommen, werden die jeweiligen Erwartungswerte in folgender Weise degenerieren:

$$(5.26a) \quad \lim_{c \to 0} E[\tilde{x}_I] = x_1 \; ; \qquad\qquad (5.26b) \quad \lim_{c \to 0} E[\tilde{x}_{II}] = x_2$$

Entschiede sich ein Wirtschaftssubjekt für die stochastisch dominierte Zufallsvariable $\tilde{x}_{II}$ und gegen $\tilde{x}_I$, würde dies implizieren, dass es an der Grenze zur Deterministik kleinere Mengen größeren vorzieht und dass seine Entscheidungen deshalb mit der Monotonieeigenschaft unvereinbar sind. Der fundamentale Nachteil der Stochastischen Dominanz liegt darin, dass sie keine vollständige Ordnung[241] über beliebige betrachtete Aktionen impliziert. Dies wird beispielsweise deutlich, wenn man die Zufallsvariable $\tilde{x}_I$ mit einer weiteren binomialen Zufallsvariable $\tilde{x}_{III}$ vergleicht, die sich aus dem zweiten Teil der folgenden Entscheidungssituation (5.27) ergibt:

$$(5.27) \quad I : \tilde{x}_I = \begin{cases} x_1 & (p) \\ x_1 - c & (1-p) \end{cases} \qquad III : \tilde{x}_{III} = \begin{cases} x_1 + c & (p) \\ x_2 - c & (1-p) \end{cases}$$

$$x_1 > x_2 > c > x_1 - x_2 > 0$$

Die Wahrscheinlichkeiten für die beiden Zustände der Welt „Erfolg" und „Misserfolg" sind gegenüber Entscheidungssituation (5.24) offensichtlich unverändert. Zufallsvariable $\tilde{x}_{III}$ erbringt im Misserfolgsfall jedoch einen kleineren Zahlungsmittelzufluss als $\tilde{x}_I$. Da F_I, die Verteilungsfunktion der Zufallsvariable $\tilde{x}_I$, nicht durchweg rechts von F_{III}, der Verteilungsfunktion der Zufallsvariable $\tilde{x}_{III}$, liegt (oder diese höchstens erreicht), und da F_{III} auch nicht durchweg rechts von F_I liegt (oder diese höchstens erreicht), können die Alternativen I und III auf der Basis der Stochastischen Dominanz nicht geordnet werden. Dies ergibt sich auch aus der folgenden Abbildung:

Verteilungsfunktionen der Zufallsexperimente I, II und III | *Abbildung 5-3*

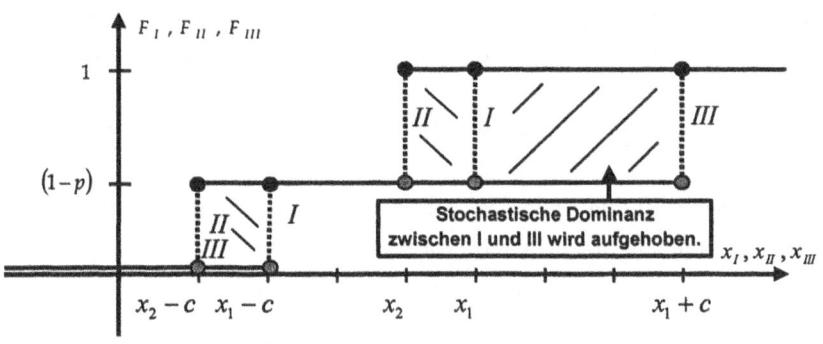

In der nicht vollständigen Ordnungsfähigkeit der Stochastischen Dominanz ist wohl einer der Gründe dafür zu sehen, dass sie trotz ihrer intuitiven Plausibilität bedeutungsmäßig vielfach hinter Erwartungsnutzenmaximie-

---

[241] Vgl. Debreu (1954), S. 160.

rung und Mean-Variability-Approach zurückgetreten ist.[242] Beschränkt man sich auf Binomiale Stochastik, ergibt sich allerdings ein anderes Bild.

5.4.3.4 Die Bedeutung der Stochastischen Dominanz für Binomiale Indikatorvariablen

151
*Vollständige
Ordnung über
BI-Variablen*

Das nachfolgende Theorem besagt, dass für eine gegebene Zahl an Versuchen n zwei beliebige Binomiale Indikatorvariablen mit Hilfe des Kriteriums der Stochastischen Dominanz geordnet werden können:

Theorem 1

Für zwei beliebige Wahrscheinlichkeiten $p, q \in {]}0,1{[}$, die der Bedingung $p > q$ genügen, dominiert die Verteilung $B(n, p)$ die Verteilung $B(n, q)$ stochastisch gemäß Definition 5-6. (Für $p = q$ ist ein Entscheidungsträger nach dem Kriterium der Stochastischen Dominanz zwischen beiden Alternativen indifferent.)

Beweis von Theorem 1

(„ N " symbolisiert die Menge der Natürlichen Zahlen.) Die Differenz $d(k)$ der beiden Wahrscheinlichkeitsfunktionen $f(k; n, p)$ und $f(k; n, q)$ ist für jede gegebene Zahl $n \in N$ und für jedes $k \in \{0, ..., n\}$ wie folgt vorgegeben:

$$(5.28) \qquad d(k) \equiv f(k; n, p) - f(k; n, q) = \binom{n}{k} \cdot \left[p^k \cdot (1-p)^{n-k} - q^k \cdot (1-q)^{n-k} \right]$$

Entsprechend ist die Differenz $D(k')$ der beiden Verteilungsfunktionen $F(k'; n, p)$ und $F(k'; n, q)$ wie folgt vorgegeben:

$$(5.29) \qquad D(k') \equiv F(k'; n, p) - F(k'; n, q)$$

$$= \sum_{k=0}^{k'} \binom{n}{k} \cdot \left[p^k \cdot (1-p)^{n-k} - q^k \cdot (1-q)^{n-k} \right] = \sum_{k=0}^{k'} d(k)$$

Es muss nun gezeigt werden, dass die Differenz $D(k')$ für jedes $k' \in \{0, ..., n\}$ stets kleiner oder gleich Null ist. In diesem Zusammenhang wird sich folgende Definition als nützlich erweisen:

---

[242] Mittlerweile ist aber wieder ein verstärktes Forschungsinteresse an der Stochastischen Dominanz festzustellen. Es werden auch empirische Untersuchungen auf ihrer Grundlage erstellt. Vgl. Shalit/Yitzhaki (1994) und Kuosmanen/Post (2002).

Ein Zahlenpaar $\{\overline{k};\overline{k}+1\}$ mit $\overline{k}\in N$ heißt Nullsprungstelle der Differenz $d(k)$, wenn eine der beiden folgenden Bedingungen erfüllt ist:

(5.30a) $\begin{cases} d(\overline{k})\le 0 \\ d(\overline{k}+1)> 0 \end{cases}$

oder alternativ:

(5.30b) $\begin{cases} d(\overline{k})> 0 \\ d(\overline{k}+1)\le 0 \end{cases}$

Dem Beweis von Theorem 1 liegt folgende Idee zugrunde:

1. Die Differenz $d(k)$ ist streng negativ für $k=0$, das heißt: $d(0)<0$.

2. Die Differenz $d(k)$ ist streng positiv für $k=n$, das heißt: $d(n)>0$.

3. Ausgehend von 1. und 2. lässt sich zeigen, dass die Differenz $d(k)$ genau eine Nullsprungstelle hat.

4. Die Differenz $D(k')$ ist streng negativ für $k=0$, das heißt: $D(0)<0$.

5. Die Differenz $D(k')$ ist gleich 0 für $k=n$, das heißt: $D(n)=0$.

6. Aus 1. bis 5. folgt, dass die Differenz $D(k')$ trotz teilweise positiver Summanden nicht positiv werden kann, da andernfalls die Differenz $d(k)$ eine weitere Nullsprungstelle haben müsste. Dies aber wäre ein Widerspruch zu 3.

Zu 1.

Für $k=0$ gilt bezüglich Differenz $d(k)$:

(5.31) $\binom{n}{0}\cdot[p^0\cdot(1-p)^n - q^0\cdot(1-q)^n]=(1-p)^n-(1-q)^n \overset{!}{<}0$

$\Leftrightarrow \quad (1-p)^n < (1-q)^n \qquad \qquad \big|\sqrt[n]{}$

$\Leftrightarrow \quad 1-p < 1-q \qquad \qquad \quad \big|\cdot(-1)$

$\Leftrightarrow \quad p-1 > q-1 \qquad \qquad \quad \big|+1$

$\Leftrightarrow \quad p > q$

Die durch die letzte Umformung ausgedrückte Bedingung entspricht genau der Ausgangsannahme von Theorem 1.

Zu 2.

Für $k = n$ gilt bezüglich Differenz $d(k)$:

$$(5.32) \quad \binom{n}{n} \cdot \left[p^n \cdot (1-p)^{n-n} - q^n \cdot (1-q)^{n-n} \right] = p^n - q^n \overset{!}{>} 0$$

$$\Leftrightarrow \quad p^n > q^n \qquad\qquad |\sqrt[n]{}$$

$$\Leftrightarrow \quad p > q$$

Letzteres entspricht wiederum exakt der Ausgangsannahme von Theorem 1.

Zu 3.

Gemäß der Ausgangsannahme des Theorems 1 ist $p > q$ und damit $1 - p < 1 - q$. Damit aber gelten auch die beiden folgenden Beziehungen:

$$(5.33a) \quad \frac{p}{1-p} > \frac{q}{1-q}$$

und

$$(5.33b) \quad \frac{1-p}{p} < \frac{1-q}{q}$$

Sie sind von entscheidender Bedeutung für den Beweis des nachfolgend in den Beweis von Theorem 1 eingeschobenen

Theorem 2

Für jedes $l \in \{1, ..., n-1\}$ gilt:

$$(5.34a) \quad d(l) \leq 0 \Rightarrow d(l-1) \leq 0$$

$$(5.34b) \quad d(l) > 0 \Rightarrow d(l+1) > 0$$

Beweis von Theorem 2, Teil (5.34a)

An dieser Stelle sei folgendes Szenario der Ausgangspunkt:

$$d(l) = \binom{n}{l} \cdot \left[p^l \cdot (1-p)^{n-l} - q^l \cdot (1-q)^{n-l} \right] > 0$$

Die Elemente des vor der eckigen Klammer stehenden Binomialkoeffizienten sind stets größer oder gleich 1.[243] Also sind diese Elemente auch stets größer 0. Wir wissen damit, dass insbesondere

$$\binom{n}{l} > 0 \quad \text{für alle} \quad l \in \{1, ..., n-1\}$$

ist und können für unser Szenario folgenden Schluss ziehen:

$$p^l \cdot (1-p)^{n-l} > q^l \cdot (1-q)^{n-l}$$

Mit (5.33a) folgt dann:

$$\frac{p}{1-p} \cdot p^l \cdot (1-p)^{n-l} > \frac{q}{1-q} \cdot q^l \cdot (1-q)^{n-l}$$

$$\Leftrightarrow \quad p^{l+1} \cdot (1-p)^{n-(l+1)} > q^{l+1} \cdot (1-q)^{n-(l+1)}$$

Weiterhin wissen wir gemäß vorangegangener Überlegung, dass

$$\binom{n}{l+1} > 0 \quad \text{für alle} \quad l \in \{1, ..., n-1\}$$

ist, womit auch $d(l+1) > 0$ folgt.

Beweis von Theorem 2, Teil (5.34b)

Nun gelte kontrastierend folgendes Szenario als Ausgangspunkt:

$$d(l) = \binom{n}{l} \cdot \left[p^l \cdot (1-p)^{n-l} - q^l \cdot (1-q)^{n-l} \right] \leq 0$$

Analog zu Beweisteil (5.34a) folgt nun:

$$p^l \cdot (1-p)^{n-l} \leq q^l \cdot (1-q)^{n-l}$$

Auf dieser Grundlage können wir aus (5.33b) folgenden Schluss ziehen:

$$\frac{1-p}{p} \cdot p^l \cdot (1-p)^{n-l} \leq \frac{1-q}{q} \cdot q^l \cdot (1-q)^{n-l}$$

$$\Leftrightarrow \quad p^{l-1} \cdot (1-p)^{n-(l-1)} \leq q^{l-1} \cdot (1-q)^{n-(l-1)}$$

Da wir gemäß vorangegangener Überlegung wissen, dass

$$\binom{n}{l-1} > 0 \quad \text{für alle} \quad l \in \{1, ..., n-1\}$$

---

[243] Vgl. Bronstein/Semendjajew (1981), S. 104.

ist, können wir folgern, dass auch $d(l-1) \leq 0$ ist.   q. e. d. (Theorem 2)

Wir befinden uns weiterhin im Beweis von Theorem 1, 3. Teil der Beweis-idee. Es folgt nun aus 1., 2. und Theorem 2, dass die Differenz $d(k)$ genau eine Nullsprungstelle $\{\overline{k}, \overline{k}+1\}$ haben muss.

Zu 4.

Folgende Gleichungskette ist gültig:

$$D(0) = \sum_{k=0}^{0} d(0) = d(0)$$

Wegen 1. ist der zugehörige Wert stets streng negativ.

Zu 5.

Es gilt folgende Gleichungskette:

$$D(n) = F(n; n, p) - F(n; n, q) = 1 - 1 = 0$$

Zu 6.

Die nachfolgende Abbildung 5-4 veranschaulicht die in 1. bis 5. hergeleiteten Ergebnisse für die Differenz $d(k)$, deren von der Abszisse ausgehende Sprungstellen gestrichelt dargestellt sind. Sie veranschaulicht weiterhin die für die Differenz $D(k')$ in 1. bis 5. hergeleiteten Ergebnisse, welche als Li-nienzug dargestellt ist. Bei beiden Differenzen symbolisieren ausgefüllte Kästchen das Vorliegen eines Funktionswertes an der entsprechenden Stelle, leere Kästchen dessen Fehlen. Die kumulierte Differenz $D(k')$ kann zwischen $k' = 0$ und $k' = \overline{k}$ nicht positiv werden, da in diesem Bereich ausschließlich streng negative Zahlen aufsummiert werden. Weiterhin kann die kumulierte Differenz $D(k')$ aber auch zwischen $k' = \overline{k}$ und $k' = n$ nicht positiv werden, da ansonsten Differenz $d(k)$ eine weitere Nullsprungstelle haben müsste. Dies aber würde einen Widerspruch zu 3. darstellen.

     q. e. d. (Theorem 1)

Veranschaulichung des Beweises von Theorem 1

Abbildung 5-4

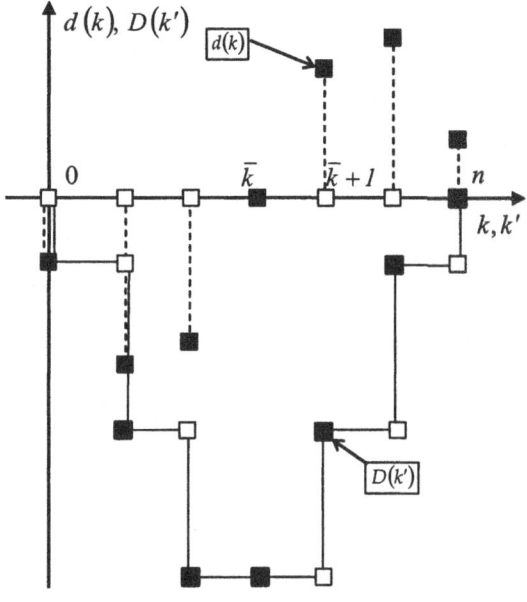

Die Stochastische Dominanz erweist sich gemäß Theorem 1 über den Binomialen Indikatorvariablen (und damit über der grundlegendsten Darstellung von Unsicherheitsstrukturen) sehr wohl als vollständige Ordnung: Beliebige zwei BI-Variablen gleichen Diversifikationsgrades n lassen sich ordnen. Allerdings stellen die Rückflüsse, die aus einem Kreditportfolio fließen, keine BI-Variablen, sondern Monoton-lineare Transformationen derselben dar. Betrachten wir diese Transformationen näher.

5.4.3.5 Monoton-lineare Transformationen Binomialer Indikatorvariablen

In Definition 5-8 werden nun Monoton-lineare Transformationen (Ml-Transformationen) definiert. Sodann wird klar, dass es sich bei den in den Gleichungen (5.3), (5.16) und (5.17) definierten Rückflüssen aus Kreditportfolios um Ml-Transformationen von BI-Variablen handelt. Die stochastische Verteilung dieser Transformationen ergibt sich dann unmittelbar.

152
Ml-
Transformation

Definition 5-8
Monoton-lineare Transformation

Unter einer Transformation verstehen wir eine Funktion, also eine Abbildung einer Definitionsmenge Δ auf eine Wertemenge Ω, die in dem Sinne eindeutig ist, dass jedem $k \in \Delta$ genau ein $K \in \Omega$ zugeordnet wird. Handelt es sich bei einer Transformation um ein Polynom 1. Grades, gilt also

(5.35) $K(k) = v + w \cdot k$,

und ist zudem v beliebig und $w > 0$, sagen wir, dass auf k eine Monoton-lineare Transformation angewendet wird.

Betrachten wir Rückflüsse aus Kreditportfolios gemäß den Gleichungen (5.3), (5.16) und (5.17) und damit die Fälle ungefilterter Kreditvergabe („u") sowie ausschließlicher Vergabe an schlechte Kreditnehmer in der Koalition („s") und ausschließlicher Vergabe an gute Kreditnehmer in der Koalition („g"). Es ergeben sich fallbezogen für v und w folgende Ausdrücke:

„u"

(5.36a) $v^u = \hat{K}_0 \cdot \left(1 + 2 \cdot r_d + r_d^2\right)$

(5.36b) $w^u = \dfrac{K_0 - \hat{K}_0}{n} \cdot \left(1 + 2 \cdot r_d + r_d^2\right)$

„s"

(5.37a) $v^s = \hat{K}_0 \cdot \left(1 + 2 \cdot \hat{r}_K + \hat{r}_K^2\right) - A - S$

(5.37b) $w^s = \dfrac{K_0 - \hat{K}_0}{n} \cdot \left(1 + 2 \cdot \hat{r}_K + \hat{r}_K^2\right)$

„g"

(5.38a) $v^g = \hat{K}_0 \cdot \left(1 + 2 \cdot r_K + r_K^2\right) + S$

(5.38b) $w^g = \dfrac{K_0 - \hat{K}_0}{n} \cdot \left(1 + 2 \cdot r_K + r_K^2\right)$

Modelltheoretische Analyse

5.4

153
*Verteilung
einer Ml-
Transformation*

Da die Ml-Transformationen in unserem Modell auf BI-Variablen angewendet werden, ist es sinnvoll, die Wahrscheinlichkeitsfunktion und die Verteilungsfunktion für diese Konstellation zu definieren.

Definition 5-9
Wahrscheinlichkeitsfunktion und Verteilungsfunktion für den Fall Monoton-linearer Transformationen von Binomialen Indikatorvariablen

---

Eine Monoton-lineare Transformation gemäß Definition 5-8 werde auf eine Binomiale Indikatorvariable $\tilde{k}$ gemäß Definition 5-2 mit Elementarwahrscheinlichkeit p und Anzahl n an Versuchen angewandt, indem für jede Erfolgszahl $k \in \{0,...,n\}$ das tatsächliche Ergebnis bei dieser Erfolgszahl $K(k) = v + w \cdot k$ beträgt, wobei $w > 0$ gilt. Zu der Zufallsvariable $\tilde{K}$ ist die Wahrscheinlichkeitsfunktion f, die einer jeden reellen Zahl K die Wahrscheinlichkeit zuordnet, mit der diese reelle Zahl von der Zufallsvariablen angenommen wird, wie folgt gegeben:

$$(5.39a) \quad f(K) \equiv f(K; K(n), p) = \left(\frac{\frac{K(n) - v}{w}}{\frac{K(k) - v}{w}} \right) \cdot p^{\frac{K(k) - v}{w}} \cdot (1 - p)^{\frac{K(n) - K(k)}{w}}$$

$$\text{für } K \in \{K(0), K(1), ..., K(n)\}$$

$$(5.39b) \quad f(K) \equiv f(K; K(n), p) = 0$$

$$\text{sonst}$$

Zu der Zufallsvariable $\tilde{K}$ ist die Funktion F, die jeder zwischen $-\infty$ und $+\infty$ liegenden Zahl K' die Wahrscheinlichkeit $F(K') = P(\tilde{K} \leq K')$ zuordnet, also die Verteilungsfunktion von $\tilde{K}$, durch folgenden Ausdruck gegeben:

$$(5.40a) \quad F(K') \equiv F(K'; K(n), p) = 0$$

$$\text{für } K' < K(0)$$

$$(5.40b) \quad F(K') \equiv F(K'; K(n), p) =$$

$$\sum_{K(k)=K(0)}^{K(k')} \left(\frac{\frac{K(n) - v}{w}}{\frac{K(k) - v}{w}} \right) \cdot p^{\frac{K(k) - v}{w}} \cdot (1 - p)^{\frac{K(n) - K(k)}{w}}$$

$$\text{für } K' \in \{K(0), K(1), ..., K(n)\}$$

$(5.40c)$ $F(K') \equiv F(K'; K(n), p) =$

$$\sum_{K(k)=K(0)}^{K(k^n)} \begin{pmatrix} \dfrac{K(n)-v}{w} \\ \dfrac{K(k)-v}{w} \end{pmatrix} \cdot p^{\frac{K(k)-v}{w}} \cdot (1-p)^{\frac{K(n)-K(k)}{w}}$$

$$\text{für } K' \in [K(0), K(n)] / \{K(0), K(1), ..., K(n)\}$$

$$\text{und } K(k^n) = \arg\max_{\{K(0), K(1), ..., K(n)\}} K(k^n) < K'$$

$[5.40d]$ $F(K') \equiv F(K'; K(n), p) = 1$

$$\text{für } K' > K(n)$$

Im sich anschließenden Theorem 3 ergibt sich in diesem Zusammenhang unser erstes wichtiges Resultat: Die Stochastische Dominanzbeziehung zwischen zwei BI-Variablen gemäß Theorem 1 bleibt erhalten, wenn beide zum Gegenstand der gleichen Monoton-linearen Transformation werden.

Theorem 3

Für eine gegebene Zahl an Versuchen n, beliebige zwei Elementarwahrscheinlichkeiten $p, q \in {]}0,1{[}$, die der Bedingung $p > q$ genügen, sowie eine gegebene Monoton-lineare Transformation $K(k) = v + w \cdot k$ dominiert die durch die Wahrscheinlichkeitsfunktion $f(K; K(n), p)$ gemäß Definition 5-9 determinierte Verteilung die durch die sinngemäß definierte Wahrscheinlichkeitsfunktion $f(K; K(n), q)$ determinierte Verteilung stochastisch.

Beweis

Die von 0 verschiedenen Werte der Wahrscheinlichkeitsfunktionen der beiden Monoton-linearen Transformationen ergeben sich wie folgt:

$$f(K; K(n), p) = \begin{pmatrix} \dfrac{K(n)-v}{w} \\ \dfrac{K(k)-v}{w} \end{pmatrix} \cdot p^{\frac{K(k)-v}{w}} \cdot (1-p)^{\frac{K(n)-K(k)}{w}}$$

bzw.

$$f(K; K(n), q) = \begin{pmatrix} \dfrac{K(n)-v}{w} \\ \dfrac{K(k)-v}{w} \end{pmatrix} \cdot q^{\frac{K(k)-v}{w}} \cdot (1-q)^{\frac{K(n)-K(k)}{w}}$$

Setzen wir nun die umgestellte Transformation (5.35) ein, das heißt

$$K(k) = v + w \cdot k \Leftrightarrow k = \frac{K(k) - v}{w}$$

bzw.

$$K(n) = v + w \cdot n \Leftrightarrow n = \frac{K(n) - v}{w},$$

ergibt sich für jedes gegebene $\breve{k}$ bzw. für jedes zugehörige $K(\breve{k})$:

$$f\left(K(\breve{k}); K(n), p\right) = \binom{n}{\breve{k}} \cdot p^{\breve{k}} \cdot (1-p)^{n-\breve{k}} = f\left(\breve{k}; n, p\right)$$

und

$$f\left(K(\breve{k}); K(n), q\right) = \binom{n}{\breve{k}} \cdot q^{\breve{k}} \cdot (1-q)^{n-\breve{k}} = f\left(\breve{k}; n, q\right)$$

Damit liegt wegen Theorem 1 unmittelbar Stochastische Dominanz gemäß Beziehung (5.23) vor.   q. e. d.

Bei der Monoton-linearen Transformation in Theorem 3 handelt es sich anschaulich um eine Kombination aus

■ einer horizontalen Verschiebung der beiden Verteilungsfunktionen um den jeweils gleichen Wert v ($v > 0$: Rechtsverschiebung; $v < 0$: Linksverschiebung) und

■ einer horizontalen Streckung ($w > 1$) oder einer horizontalen Stauchung ($0 < w < 1$) der beiden Verteilungsfunktionen um den gleichen Faktor w.

Man beachte, dass Theorem 3 insbesondere insofern keineswegs tautologisch ist, als der Faktor w nicht negativ gewählt werden darf: Es ergäben sich dann nämlich monoton fallende „Verteilungsfunktionen", was mit unserer Vorstellung von der Kumulation von Wahrscheinlichkeiten nicht in Einklang stehen kann.

Die Stochastische Dominanzbeziehung zwischen Verteilungen von BI-Variablen gemäß Theorem 1 bleibt nach Theorem 3 erhalten, wenn auf beide Zufallsvariablen die gleiche MI-Transformation angewendet wird. Damit aber stellt sich die Frage, welche Klassen unterschiedlicher Transformationen die Stochastische Dominanz ebenfalls erhalten. Da viele Transformationen möglich sind, würde eine umfassende Antwort den Rahmen sprengen. Das nachfolgende Theorem 4 formuliert einen aus unserer Sicht wichtigen Bedingungskranz von vielen denkbaren, unter dem verschiedene Monoton-

155
Anwendung
unterschiedlicher
MI-Trans-
formationen

lineare Transformationen die Stochastische Dominanzbeziehung nicht auflösen. (Der Leser beachte beim Studium dieses Satzes, dass die Sprungstellen der Verteilungsfunktionen der unterschiedlichen Transformationen nun nicht mehr paarweise bei den gleichen Abszissenwerten liegen müssen.)

Theorem 4

Betrachtet werden:

1. beliebige zwei Elementarwahrscheinlichkeiten $p, q \in {]}0,1{[}$, die der Bedingung $p > q$ genügen;
2. eine gegebene Zahl an Versuchen n ;
3. zwei Monoton-lineare Transformationen $K(k) = v + w \cdot k$ und $\hat{K}(k) = \hat{v} + \hat{w} \cdot k$, mit $w \geq \hat{w} > 0$ und $v \geq \hat{v}$.

Die beiden Monoton-linearen Transformationen werden derart auf die Binomiale Indikatorvariable $\tilde{k}$ angewendet, dass im Falle der hohen Elementarwahrscheinlichkeit p für jede Erfolgszahl $k \in \{0,1,...,n\}$ die zugehörigen Ergebnisse

$$K(k) = v + w \cdot k$$

betragen, sodass gilt:

$$K(k) \in \{K(0), K(1),..., K(n)\} .$$

Im Falle der niedrigen Elementarwahrscheinlichkeit q betragen die zu jeder Erfolgszahl $k \in \{0,1,...,n\}$ gehörenden Ergebnisse hingegen

$$\hat{K}(k) = \hat{v} + \hat{w} \cdot k ,$$

sodass gilt:

$$\hat{K}(k) \in \{\hat{K}(0), \hat{K}(1),..., \hat{K}(n)\} .$$

Die durch die Wahrscheinlichkeitsfunktion $f\big(K; K(n), p\big)$ determinierte Verteilung dominiert dann die durch die Wahrscheinlichkeitsfunktion $f\big(\hat{K}; \hat{K}(n), q\big)$ determinierte Verteilung stochastisch, was mit folgender Bedingung gleichbedeutend ist:

$$(5.41) \qquad \sum_{\hat{K}(k)=\hat{K}(0)}^{\hat{K}(k')} f\big(\hat{K}(k); \hat{K}(n), q\big) \geq \sum_{K(k)=K(0)}^{K(k')} f\big(K(k); K(n), p\big)$$

$$\text{für alle } \big(\hat{K}(k'), K(k')\big) \in \big\{\big(\hat{K}(0), K(0)\big), \big(\hat{K}(1), K(1)\big),..., \big(\hat{K}(n), K(n)\big)\big\}$$

Beweis

Aufgrund der geltenden Parameterrestriktionen (also: $v \geq \hat{v}$ und $w \geq \hat{w} > 0$) nehmen sowohl die $\hat{K}(k)$ als auch die $K(k)$ mit k zu. Ferner ergibt sich

$$\hat{K}(0) \leq K(0)$$

und

$$\hat{K}(n) \leq K(n).$$

Für ein beliebiges y aus dem (reellwertigen) Definitionsbereich lassen sich deshalb für die beiden Verteilungsfunktionen $F\left(\hat{K}'; \hat{K}(n), q\right)$ und $F\left(K'; K(n), p\right)$ drei charakteristische Bereiche unterscheiden: (1) $y < \hat{K}(0)$; (2). $\hat{K}(0) \leq y < K(n)$; (3) $K(n) \leq y$.

Zu (1); $y < \hat{K}(0)$

Aus Definition 5-9 folgt hier:

$$F\left(\hat{K}'; \hat{K}(n), q\right) = F\left(K'; K(n), p\right) = 0$$

Zu (2); $\hat{K}(0) \leq y < K(n)$

Aufgrund der Monotonieeigenschaft der jeweiligen Verteilungsfunktion bedeutet in diesem Intervall jede Sprungstelle einen Wertzuwachs. Der Verlauf dieses Wertzuwachses wird vollständig determiniert durch:

- die kumulierte Höhe der verschiedenen Sprungstellen;

- die Verteilung der Sprungstellen über das Intervall.

**Kumulierte Höhe
der Sprungstellen**

Wegen Theorem 1 ist für jede gegebene Anzahl an Sprungstellen $(k'+1)$ (man beachte: auch $k = 0$ ist bereits eine Sprungstelle) deren kumulierte Höhe bei der Verteilungsfunktion $F\left(k'; n, q\right)$ stets größer oder gleich der kumulierten Höhe bei der Verteilungsfunktion $F\left(k'; n, p\right)$. Wird nun auf diese Sprungstellen im Falle der niedrigen Elementarwahrscheinlichkeit q die Ml-Transformation $\hat{K}(k) = \hat{v} + \hat{w} \cdot k$ zur Anwendung gebracht, im Falle der hohen Elementarwahrscheinlichkeit p hingegen die Ml-Transformation $K(k) = v + w \cdot k$, ändert sich für eine weiterhin gegebene Anzahl an Sprungstellen an diesem Befund nichts. Für jede gegebene Anzahl an Sprungstellen ist deren kumulierte Höhe auch bei der Verteilungsfunktion

$$F\left(\hat{K}'; \hat{K}(n), q\right)$$

stets größer oder mindestens gleich der kumulierten Höhe der Sprungstellen bei der Verteilungsfunktion

$$F\left(K'; K(n), p\right).$$

Die Verteilungsfunktion $F\left(\hat{K}'; \hat{K}(n), q\right)$ liegt für gegebene Anzahl der Sprungstellen also stets links von der Verteilungsfunktion $F(K'; K(n), p)$.

**Verteilung
der Sprungstellen**

Wir betrachten nun ein beliebiges $y \in \left[\hat{K}(0); K(n)\right[$.

Sei $\hat{K}_S$ die größte Sprungstelle (nicht: der höchste Sprung!) der Verteilungsfunktion $F\left(\hat{K}'; \hat{K}(n), q\right)$, die der Bedingung $\hat{K}(k) \leq y$ genügt.

Entsprechend sei K_S die größte Sprungstelle der Verteilungsfunktion $F\left(K'; K(n), p\right)$, die der Bedingung $K(k) \leq y$ genügt. Die Mengen der Sprungstellen für dieses y sind dann $\left\{\hat{K}(0), \hat{K}(1), ..., \hat{K}_S\right\}$ bzw. $\left\{K(0), K(1), ..., K_S\right\}$.

Wegen $v \geq \hat{v}$ und $w \geq \hat{w} > 0$ ist für jedes beliebige y die Anzahl der Elemente in der ersten Menge stets mindestens so hoch wie oder sogar höher als die Anzahl der Elemente in der zweiten.

Damit weist die Verteilungsfunktion $F\left(\hat{K}'; \hat{K}(n), q\right)$ nicht nur für eine gegebene Anzahl an Sprungstellen $(k'+1)$ die im Vergleich zu $F(K'; K(n), p)$ größere kumulierte Höhe auf. Sie hat auch bereits mindestens so viele Sprungstellen wie sie durchlaufen und liegt damit im betrachteten Intervall erst recht links von ihr oder wird von ihr höchstens erreicht.

Zu (3); $K(n) \leq y$

Hier folgt aus Definition 5-9:

$$F\left(\hat{K}'; \hat{K}(n), q\right) = F\left(K'; K(n), p\right) = 1$$

Betrachten wir die drei untersuchten charakteristischen Bereiche nun in ihrer Abfolge, wird ersichtlich, dass tatsächlich Stochastische Dominanz im Sinne von Definition 5-5 und Definition 5-6 vorliegt.   q. e. d.

Anschaulich gesprochen handelt es sich bei den Ml-Transformationen in Theorem 4 um eine Kombination aus

- horizontalen Verschiebungen der beiden Verteilungsfunktionen, die für die Elementarwahrscheinlichkeit p stärker nach rechts $(v > 0, \hat{v} > 0)$ als bzw. weniger stark nach links $(v < 0, \hat{v} < 0)$ gehen wie für die Elementarwahrscheinlichkeit q und

- horizontalen Streckungen $(w > 1, \hat{w} > 1)$ oder Stauchungen $(0 < w < 1; 0 < \hat{w} < 1)$, die für die Elementarwahrscheinlichkeit p stärker nach rechts als oder weniger stark nach links gehen wie für die Elementarwahrscheinlichkeit q.

Schlagen wir die Brücke zwischen Theorem 4 und unserem Binomialen Modell, erscheint das Resultat ernüchternd. Betrachten wir es zunächst aus Sicht der Partei, die Kredit in der Koalition ausschließlich an schlechte Kreditnehmer vergibt und die Kosten der Kreditrisikoanalyse sowie die interne Subvention trägt. Für sie verschlechtert sich die Elementarwahrscheinlichkeit des einzelnen Kredits von q auf $\hat{p}$, sodass Theorem 4 im gewünschten Sinne gar nicht anwendbar ist. Vergleichen wir zudem die Parameter in den Gleichungen (5.36a) und (5.36b) mit denen in den Gleichungen (5.37a) und (5.37b), ist wegen der Zinsstruktur (5.15) $w^s > w^u$. Bezüglich der Parameter v^s und v^u lässt sich eine ähnlich allgemeine Aussage nicht ohne weiteres treffen, da der Anstieg des Zinses von r_d auf $\hat{r}_K$ und der Abzug der Kosten der Kreditrisikoanalyse A sowie der internen Subvention S gegenläufige Wirkungen zeigen, sodass der Nettoeffekt nicht eindeutig ist. Im Lichte von Theorem 4 ist damit für die Rückflüsse aus einem schlechten Kreditportfolio in der Koalition vieles möglich und eine allgemeine Stochastische Dominanz gegenüber ungefilterter Kreditvergabe nicht begründbar. Für die Rückflüsse aus einem ausschließlich an gute Kreditnehmer vergebenen Kreditportfolio in der Koalition sind demgegenüber die Senkung des Zinses von r_d auf r_K, die Subvention S und der Anstieg der Elementarwahrscheinlichkeit von $\hat{p}$ auf p zu analysieren. Durch die höhere Elementarwahrscheinlichkeit liegt zwar gemäß Theorem 1 auf der Ebene der BI-Variablen die gewünschte Stochastische Dominanzbeziehung vor. Gleichen wir jedoch die Parameter in den Gleichungen (5.38a) und (5.38b) mit denen in den Gleichungen (5.36a) und (5.36b) ab, liegt wiederum keine Ausgangsbasis für die Anwendung von Theorem 4 vor. Wegen der Zinsstruktur (5.15) ist eindeutig $w^g < w^u$. Bezüglich der Parameter v^g und v^u ist wiederum zunächst vieles möglich, da die Subvention und der Zinsrückgang gegenläufige Wirkungsrichtung haben.

156
Abgleich
Theorem 4
mit Modell

Einen Aspekt haben wir jedoch noch nicht berücksichtigt. Wir können die Erhöhung des schlechten Kreditnehmern in Rechnung gestellten Zinses und die Zahlung einer Subvention an einen Kreditgeber, der sich auf gute Kreditnehmer spezialisiert, nicht nur dem Grunde, sondern auch der Höhe nach als Politikvariable auffassen. Die Zinserhöhung verschiebt die Verteilungsfunktion für die Rückflüsse aus einem schlechten Kreditportfolio nach rechts, der Erhalt der Subvention die Verteilungsfunktion für die Rückflüsse aus einem guten Kreditportfolio in die gleiche Richtung. Das nun folgende Theorem 5 lässt erkennen, dass Zinspolitik und Interne Subvention Instrumente zur Etablierung Stochastischer Dominanzbeziehungen sein können.

Wir wollen im Folgenden bei Wahrscheinlichkeitsfunktionen und Verteilungsfunktionen auf die Nennung von n als Formvariable verzichten, da die Anzahl an Versuchen als fixiert unterstellt wird. Auch die Nennung von Elementarwahrscheinlichkeiten wie etwa p, $\hat{p}$ oder q ist entbehrlich, da Theorem 5 von einem sehr weit gefassten Prämissenkranz ausgeht. Die Indizes „II" und „III" werden in der nachfolgenden Gleichung (5.42b) im Übrigen bewusst simultan verwendet, was spätestens beim Erreichen der Gleichung (5.42c) evident wird.

Theorem 5

Betrachtet werden zunächst die beiden folgenden Ml-Transformationen Binomialer Indikatorvariablen:

$$(5.42a) \quad K^{I}(k) = v^{I} + w^{I} \cdot k \quad ;$$

$$(5.42b) \quad K^{III}(k) = v^{III} + w^{II} \cdot k$$

Hierbei gelte folgende Parameterrestriktion:

$$(5.43) \quad w^{I}, w^{II} > 0$$

Die Verteilung der Zufallsvariablen $\tilde{K}^{III}$ dominiere nicht die Verteilung der Zufallsvariablen $\tilde{K}^{I}$ stochastisch. Es gebe also bezogen auf die Verteilungsfunktionen der beiden Transformationen mindestens einen Wert $\overline{K}'$ ihres Definitionsbereiches, für den gilt:

$$(5.44) \quad F^{III}(\overline{K}') > F^{I}(\overline{K}')$$

Durch eine ausreichende Vergrößerung des Parameters v^{III} auf ein bestimmtes Niveau $v^{II} > v^{III}$ kann dann stets erreicht werden, dass die Verteilung der zugehörigen Ml-Transformation

(5.42c) $K^{II}(k) = v^{II} + w^{II} \cdot k$

die Verteilung der Transformation $K^I(k)$ aus (5.42a) stochastisch dominiert, dass also für die zugehörigen Verteilungsfunktionen für beliebiges K' gilt:

(5.45) $F^{II}(K') \leq F^I(K')$

Beweis

Die Menge MSS^I der Sprungstellen der Verteilungsfunktion F^I lautet:

(5.46a) $MSS^I = \left\{ K^I(0) = v^I, K^I(1) = v^I + w^I, ..., K^I(n) = v^I + w^I \cdot n \right\}$

Für gegebenes n ist diese Menge abzählbar. Aufgrund der Parameterwahl (5.43) ist sie nach unten durch $K^I(0) = v^I$ und nach oben durch $K^I(n) = v^I + w^I \cdot n$ mit $F^I\left(K^I(n)\right) = 1$ beschränkt. Ferner ist $K^I(k+1) > K^I(k)$, sofern $k < n$.

Die Menge MSS^{II} der Sprungstellen der Verteilungsfunktion F^{II} lautet:

(5.46b) $MSS^{II} = \left\{ K^{II}(0) = v^{II}, K^{II}(1) = v^{II} + w^{II}, ..., K^I(n) = v^{II} + w^{II} \cdot n \right\}$

Für gegebenes n ist diese Menge wiederum abzählbar. Aufgrund der Parameterwahl (5.43) ist auch sie nach unten durch $K^{II}(0) = v^{II}$ und nach oben durch $K^{II}(n) = v^{II} + w^{II} \cdot n$ mit $F^{II}\left(K^{II}(n)\right) = 1$ beschränkt. Wiederum ist $K^{II}(k+1) > K^{II}(k)$, sofern $k < n$.

Wählen wir nun:

(5.47) $v^{II} = v^I + w^I \cdot n + \varepsilon$, wobei $\varepsilon > 0$

Es gilt dann:

$F^I\left[K^I(n)\right] = 1 > F^{II}\left[K^I(n)\right] = 0$.

Damit können wir zwei Fälle unterscheiden.

Fall (1)

$K' < K^I(n) \Rightarrow \left. \begin{cases} 0 \leq F^I[K'] < 1 \\ F^{II}[K'] = 0 \end{cases} \right\} \Rightarrow F^{II}[K'] \leq F^I[K']$

Der obere Teil der ersten Schlussfolgerung beruht auf zwei Faktoren: Zum einen liegt der Wertebereich einer Verteilungsfunktion definitionsgemäß zwischen 0 und 1. Zum anderen sind Verteilungsfunktionen monoton, sodass an allen Sprungstellen vor der letzten der Wert der Verteilungsfunktion kleiner sein muss als an der letzten. Der untere Teil der ersten Schlussfolgerung resultiert aus der Parameterwahl (5.47). Die zweite Schlussfolgerung ist unmittelbar evident.

Fall (2)

$$K' \geq K^I(n) \Rightarrow \begin{cases} F^I[K']=1 \\ 0 \leq F^{II}[K'] \leq 1 \end{cases} \Rightarrow F^{II}[K'] \leq F^I[K']$$

Zur Begründung der verschiedenen Schlussfolgerungen gilt das zu Fall (1) Gesagte sinngemäß.

Betrachtet man die beiden Fälle in ihrem Verlauf, ist unmittelbar erkennbar, dass Bedingung (5.45) für Stochastische Dominanz durchweg erfüllt ist.

q. e. d.

Die Parameterwahl (5.47) ist ausgesprochen komfortabel, was die Beweisführung zu Theorem 5 erleichtert. Tatsächlich kann der Wert v^{II} niedriger gewählt werden, um Stochastische Dominanz in der bezeichneten Art zu etablieren. Es reicht, die Verteilungsfunktion F^{III} um den maximalen rechtsseitigen Abstand zur Verteilungsfunktion F^I nach rechts zu verschieben, was bei Ansicht entsprechender Verteilungsfunktionen (man vergleiche etwa die Abbildungen 5-1 und 5-2) unmittelbar plausibel sein dürfte.

Bezogen auf unsere Fragestellung ist Theorem 5 von fundamentaler Bedeutung. Die per Kreditrisikoanalyse eröffnete Möglichkeit der Zinsdifferenzierung schafft einen finanziellen Spielraum. Kreditnehmern mit geringer Erfolgswahrscheinlichkeit kann ein erhöhter Kreditzins in Rechnung gestellt werden. Dieser erhöhte Zins kann es ermöglichen, die zwingend anfallenden Kosten der Kreditrisikoanalyse wie auch die erforderliche Subventionierung der Kredite an Kreditnehmer mit hoher Erfolgswahrscheinlichkeit zu finanzieren. Sind entsprechend hohe Kreditzinsen $\hat{r}_K$ von den schlechten Kreditrisiken tragbar und ihnen gegenüber auch durchsetzbar, können die Größen v^s in Gleichung (5.37a) und v^g in Gleichung (5.38a) auf ein solches Niveau angehoben werden, dass sie jeweils eindeutig größer sind als v^u. Dies kann die gegenläufigen Effekte $\hat{p} < q$ und $w^g < w^u$ überkompensieren. (Dass eine Erhöhung des Zinses $\hat{r}_K$ den Unterschied zwischen den Parametern $w^s > w^u$ zudem immer größer werden lässt, kann sich im Übrigen gemäß Theorem 4 nur günstig auf die Etablierung der beiden Stochastischen Dominanzbeziehungen auswirken.) In Aufgabe 5-10 haben wir die Existenz einer entsprechenden Parameterkonstellation bereits aufgezeigt. Den Schluss, dass sich für beliebige Parameterkonstellationen Stochastische Dominanzbeziehungen durch Zinserhöhung und Interne Subventionierung etablieren lassen, dürfen wir hieraus allerdings nicht ziehen.

5.4.3.6 Institutionelle Zentralisierung

Ein wesentliches Ziel unserer Untersuchung besteht darin, Bedingungen für die Vorteilhaftigkeit von indirekt über die Institution des Finanzintermediärs verlaufenden Finanzierungsprozessen gegenüber direkter Finanzierung herzuleiten. Hierzu ist Kreditrisikoanalyse mit Zinsdifferenzierung ein Baustein, sodass wir im Folgenden davon ausgehen wollen, dass unsere Bedingungen für deren Vorteilhaftigkeit erfüllt sind. Die Argumentationskette ist aber noch nicht geschlossen. Grundsätzlich könnte ein originärer Finanzier die Analyse ja auch selbst durchführen. Nun machen es Beschränkungen der individuell zur Verfügung stehenden Zahlungsmittel und Unteilbarkeiten von Investitionsprojekten aber (neben anderen Faktoren) plausibel, dass sich eine Vielzahl originärer Finanziers zur Finanzierung von Portfolios zusammenschließt. Empirisch ist zudem festzustellen, dass bei dieser Finanzierung im Kollektiv sowohl Eigen- als auch Fremdfinanzierung kontrahiert wird. Damit sollten wir unsere Analyseperspektive erweitern und die Fragen aufwerfen, wie sie sich einer von o potenziellen Eigenfinanziers und einer von m potenziellen Fremdfinanziers stellt, wenn es um die kollektive Finanzierung eines Kreditportfolios geht. (Die Regel zur Verteilung von Rückflüssen aus Kreditportfolios auf einzelne Eigenfinanziers und Fremdfinanziers wurde bereits neben Rn. 142 beschrieben.) Um unser Entscheidungsproblem gut handhaben und unsere bisher erzielten Ergebnisse unmittelbar anwenden zu können, bietet es sich an, den Sachverhalt in folgender Weise zu strukturieren:

158 Finanzierung im Kollektiv

- Wir betrachten weiterhin Kreditportfolios mit einem Diversifikationsgrad von n. Die einzelnen, nicht weiter reduzierbaren Investitionsprojekte haben unverändert eine Größe von K_0/n.

- Für den Zusammenschluss originärer Eigen- und Fremdfinanziers stehen zwei Organisationsformen zur Verfügung:

  (1) Sie können direkt mit originären Finanzierten Eigenfinanzierungsverträge der Größenordnung E_0/o und Fremdfinanzierungsverträge der Größenordnung F_0/m kontrahieren, wobei jeweils o solcher Eigenfinanzierungsverträge und m solcher Fremdfinanzierungsverträge im losen Verbund (quasi „per Telefon") zu Paketen der Größenordnung $K_0=1$ geschnürt und an n originäre Finanziers ausgelegt werden. Gruppenweise gilt also die bekannte Bilanzidentität

  $$(5.12) \quad K_0 \equiv E_0 + F_0 = 1.$$

(2) Sie werden zu Refinanziers eines rechtlich verselbstständigten Finanzintermediärs, der seinerseits mit den originären Finanzierten Fremdfinanzierungsverträge abschließt, für den ansonsten aber alle Parameterangaben wie zu (1) und damit auch die Bilanzidentität (5.12) gelten.

■ In beiden Organisationsformen besteht die Möglichkeit, Kreditrisikoanalyse zu betreiben. Für den Fall des losen Verbunds können sich deshalb insbesondere drei unterschiedliche, in sich aber homogene Eckgruppen herausbilden:

(1) Bei den „u-Gruppen" vereinbaren die Mitglieder, keine Kreditrisikoanalyse zu betreiben und ungefiltert Kredit zum Zinssatz r_d zu vergeben.

(2) Bei den „s-Gruppen" vereinbaren die Mitglieder, individuell Kreditrisikoanalyse zu betreiben und Kredit ausschließlich an Kreditnehmer mit geringer Erfolgswahrscheinlichkeit zu vergeben, und zwar zum Zinssatz $\hat{r}_K$.

(3) Bei den „g-Gruppen" vereinbaren die Mitglieder, individuell Kreditrisikoanalyse zu betreiben und Kredit ausschließlich an Kreditnehmer mit hoher Erfolgswahrscheinlichkeit zu vergeben, und zwar zum Zinssatz r_K .

Rechtlich verselbstständigte Finanzintermediäre sollen sinngemäß in den gleichen drei Formen auftreten können. „u-Intermediäre" haben das Ziel, ungefilterten Kredit zu vergeben. „s-Intermediäre" wollen Kreditrisikoanalyse betreiben und alleine an schlechte Kreditnehmer auslegen. „g-Intermediäre" wollen die Analyseergebnisse Dritter nutzen und ausschließlich mit guten Kreditnehmern kontrahieren. Die Zinssätze sollen jeweils denen im Fall des losen Verbunds entsprechen.

Die neben diesen „Eckportfolios" mögliche Zusammenstellung beliebig aus guten und schlechten Risiken gemischter Kreditportfolios wollen wir wie bisher zur Vereinfachung außen vorlassen, da sie es erforderlich machen würde, Verteilungen für gemischte stochastische Phänomene zu untersuchen. Es wird sich herausstellen, dass dieser Verzicht im Hinblick auf unser Erklärungsziel keine wesentliche Einschränkung darstellt. Auch soll hier nicht näher auf die Möglichkeit eingegangen werden, dass im losen Verbund eine zentrale Kreditrisikoanalyse betrieben wird (quasi in der „Telefonzentrale"), weil dieses Szenario dem rechtlich verselbstständigten Finanzintermediär doch recht nahe kommt.

■ Wie wir gesehen haben, können Subventionierungen implementiert werden, um die Vorteilhaftigkeit der Spezialisierung auf jeweils eine der beiden Kreditnehmergruppen mittels des Entscheidungskriteriums der

Stochastischen Dominanz zu begründen. Notwendige Bedingung dafür, dass s-Gruppen, g-Gruppen, s-Intermediäre und g-Intermediäre ihre Arbeit aufnehmen, ist also ein funktionierender Abrechnungsmechanismus für Subventionen, verbunden mit einer effizienten Überlassung von Kreditrisikoanalyseergebnissen. Organisatorisch wird dies durch die Bildung von s-g-Paaren dargestellt. s-Intermediäre zahlen jeweils eine Subvention in Höhe von S an einen g-Intermediär oder an eine g-Gruppe und überlassen ihm bzw. ihr ihre Analyseergebnisse. Einzelfinanziers in s-Gruppen können ebenfalls auf einen g-Intermediär oder auf eine g-Gruppe gegen Überlassung ihrer Analyseergebnisse zurückgreifen. In diesem Fall wird die Subvention verursachungsgerecht umgelegt: Der einzelne s-Fremdfinanzier erhält eine Rechnung in Höhe von $S \cdot F_0 / m$, der einzelne s-Eigenfinanzier in Höhe von $S \cdot E_0 / o$.

Ein originärer Finanzier steht damit vor der Frage, ob er gänzlich auf die Kreditrisikoanalyse verzichten, sie selbst durchführen oder an einen Finanzintermediär „delegieren"[244] soll. Betrachten wir zunächst die Rückflüsse an einen originären Fremdfinanzier, der sich auf die Vergabe von Kredit an schlechte Kreditnehmer spezialisieren möchte („s-Kalkül"; das Ornament „ ' " signalisiert hierbei Pro-Kopf-Betrachtung und nicht etwa Ableitungen der Differentialrechnung; zur Erhöhung der Übersichtlichkeit wurde die Fallunterscheidung auf Teilgleichungen verteilt):

159
s-Kalkül
(originärer
Fremdfinanzier)

Ohne Kreditrisikoanalyse

(5.50a) $$[F_2(k)]' = \frac{F_0}{m} \cdot (1+r_d)^2 \quad mit \quad \tilde{k}:B(n,q), \; wenn$$

$$\hat{K}_0 \cdot (1+2 \cdot r_d + r_d^2) + \frac{K_0 - \hat{K}_0}{n} \cdot (1+2 \cdot r_d + r_d^2) \cdot k \geq F_0 \cdot (1+r_d)^2$$

(5.50b) $$[F_2(k)]' = \frac{1}{m} \cdot \left[\hat{K}_0 \cdot (1+2 \cdot r_d + r_d^2) + \frac{K_0 - \hat{K}_0}{n} \cdot (1+2 \cdot r_d + r_d^2) \cdot k \right]$$

$$mit \; \tilde{k}:B(n,q), \; wenn$$

$$\hat{K}_0 \cdot (1+2 \cdot r_d + r_d^2) + \frac{K_0 - \hat{K}_0}{n} \cdot (1+2 \cdot r_d + r_d^2) \cdot k < F_0 \cdot (1+r_d)^2$$

Eigene Kreditrisikoanalyse

(5.51a) $$[F_2(k)]' - A - S \cdot \frac{F_0}{m} = \frac{F_0}{m} \cdot (1+r_d)^2 - A - S \cdot \frac{F_0}{m} \quad mit \quad \tilde{k}:B(n,\hat{p}),$$

$$wenn \quad \hat{K}_0 \cdot (1+2 \cdot \hat{r}_K + \hat{r}_K^2) + \frac{K_0 - \hat{K}_0}{n} \cdot (1+2 \cdot \hat{r}_K + \hat{r}_K^2) \cdot k \geq F_0 \cdot (1+r_d)^2$$

---

[244] Diamond (1984), S. 393.

(5.51b) $\left[F_2(k)\right]' - A - S \cdot \dfrac{F_0}{m} =$

$$\dfrac{1}{m} \cdot \left[\hat{K}_0 \cdot \left(1 + 2 \cdot \hat{r}_K + \hat{r}_K^2\right) + \dfrac{K_0 - \hat{K}_0}{n} \cdot \left(1 + 2 \cdot \hat{r}_K + \hat{r}_K^2\right) \cdot k \right] - A - S \cdot \dfrac{F_0}{m}$$

$mit \ \ \tilde{k} : B(n, \hat{p}), \ \ wenn$

$$\hat{K}_0 \cdot \left(1 + 2 \cdot \hat{r}_K + \hat{r}_K^2\right) + \dfrac{K_0 - \hat{K}_0}{n} \cdot \left(1 + 2 \cdot \hat{r}_K + \hat{r}_K^2\right) \cdot k < F_0 \cdot \left(1 + r_d\right)^2$$

Delegation der Kreditrisikoanalyse

(5.52a) $\left[F_2(k) - A - S\right]' = \dfrac{1}{m} \cdot \left[F_0 \cdot \left(1 + r_d\right)^2\right] \ \ mit \ \ \tilde{k} : B(n, \hat{p}), \ \ wenn$

$$\hat{K}_0 \cdot \left(1 + 2 \cdot \hat{r}_K + \hat{r}_K^2\right) + \dfrac{K_0 - \hat{K}_0}{n} \cdot \left(1 + 2 \cdot \hat{r}_K + \hat{r}_K^2\right) \cdot k - A - S \geq F_0 \cdot \left(1 + r_d\right)^2$$

(5.52b) $\left[F_2(k) - A - S\right]' = \dfrac{1}{m} \cdot \left[\hat{K}_0 \cdot \left(1 + 2 \cdot \hat{r}_K + \hat{r}_K^2\right) + \dfrac{K_0 - \hat{K}_0}{n} \cdot \left(1 + 2 \cdot \hat{r}_K + \hat{r}_K^2\right) \cdot k - A - S \right]$

$mit \ \ \tilde{k} : B(n, \hat{p}), \ \ wenn$

$$\hat{K}_0 \cdot \left(1 + 2 \cdot \hat{r}_K + \hat{r}_K^2\right) + \dfrac{K_0 - \hat{K}_0}{n} \cdot \left(1 + 2 \cdot \hat{r}_K + \hat{r}_K^2\right) \cdot k - A - S < F_0 \cdot \left(1 + r_d\right)^2$$

Um nun eine Vergleichsmöglichkeit mittels unserer zuvor erzielten Resultate zu haben, ist es vorteilhaft, diese zunächst per capita formulierten Rückflüsse auf der Ebene der jeweiligen Finanziergruppen zu betrachten, indem wir mit der Anzahl m an Fremdfinanziers durchmultiplizieren und zudem die Beziehungen (5.3) bzw. (5.16) berücksichtigen. Für die Konstellation ohne Kreditrisikoanalyse ergibt sich:

(5.53a) $m \cdot \left[F_2(k)\right]' = F_0 \cdot \left(1 + r_d\right)^2 \ \ mit \ \ \tilde{k} : B(n, q),$
        $wenn \ \ K_2^u(k) \geq F_0 \cdot \left(1 + r_d\right)^2$

(5.53b) $m \cdot \left[F_2(k)\right]' = K_2^u(k) \ \ mit \ \ \tilde{k} : B(n, q),$
        $wenn \ \ K_2^u(k) < F_0 \cdot \left(1 + r_d\right)^2$

Entsprechend für den Fall eigener Kreditrisikoanalyse:

(5.54a) $m \cdot \left\{ \left[F_2(k)\right]' - A - S \cdot \dfrac{F_0}{m} \right\} = F_0 \cdot \left(1 + r_d\right)^2 - A \cdot m - S \cdot F_0$
        $mit \ \ \tilde{k} : B(n, \hat{p}), \ \ wenn \ \ K_2^s(k) + A + S \geq F_0 \cdot \left(1 + r_d\right)^2$

(5.54b) $m \cdot \left\{ \left[F_2(k)\right]' - A - S \cdot \dfrac{F_0}{m} \right\} = K_2^s(k) - A \cdot (m - 1) + S \cdot E_0$
        $mit \ \ \tilde{k} : B(n, \hat{p}), \ \ wenn \ \ K_2^s(k) + A + S < F_0 \cdot \left(1 + r_d\right)^2$

Schließlich für den Fall der delegierten Kreditrisikoanalyse:

$$(5.55a) \quad m \cdot \left[F_2(k) - A - S \right]' = F_0 \cdot (1 + r_d)^2 \quad mit \quad \tilde{k} : B(n, \hat{p}),$$
$$wenn \quad K_2^s(k) \geq F_0 \cdot (1 + r_d)^2$$

$$(5.55b) \quad m \cdot \left[F_2(k) - A - S \right]' = K_2^s(k) \quad mit \quad \tilde{k} : B(n, \hat{p}),$$
$$wenn \quad K_2^s(k) < F_0 \cdot (1 + r_d)^2$$

Gleichen wir die Situation ohne Kreditrisikoanalyse (5.53) mit der bei delegierter Kreditrisikoanalyse (5.55) ab, können wir darauf zurückgreifen, dass die Rückflüsse aus einem schlechten Kreditportfolio in der Koalition aufgrund der Zinsdifferenzierung steuerbar sind und nach unserer Voraussetzung die Rückflüsse aus einem ungefilterten Portfolio stochastisch dominieren. Da dies über den gesamten Definitionsbereich der Rückflüsse aus Kreditportfolios gilt, ist es erst recht bis zur Stelle $F_0 \cdot (1 + r_d)^2$ der Fall, wo die ursprünglichen Verteilungsfunktionen abgeschnitten werden und vertikal zur Horizontale mit dem Niveau 1 springen.

Zum Abgleich der Fälle (5.54) und (5.55) betrachtet der Leser am besten noch einmal die „schlechte" Verteilungsfunktion in Abb. 5-2. In beiden in Rede stehenden Fällen bildet nämlich diese Verteilungsfunktion für Rückflüsse K_2^s die Ausgangsbasis. Aus Sicht der Fremdfinanziers wird sie an der Stelle $F_0 \cdot (1 + r_d)^2$ abgetrennt und auf die Horizontale mit dem Niveau 1 geworfen. Bei Eigenregie wird die Ausgangsverteilungsfunktion um den Betrag $A + S$ nach rechts verschoben, da auf Gruppenebene Kosten der Kreditrisikoanalyse und Subvention eingespart werden. Fremdfinanziers der Gruppe profitieren von dieser Rechtsverschiebung allerdings nur bereichsweise, nämlich vor dem Sprung zur Horizontalen mit dem Niveau 1. Stets haben Sie hingegen individuell die Kosten der Kreditrisikoanalyse und die anteilige Subvention zu tragen, sodass „ihre" Verteilungsfunktion einschließlich des Sprungs zur Horizontalen mit dem Niveau 1 um $-A \cdot m - S \cdot F_0$ nach links verschoben wird. Hinreichend für Stochastische Dominanz der delegierten Kreditrisikoanalyse ist es damit, wenn die Linksverschiebung betraglich die Rechtsverschiebung übertrifft:

$$A \cdot m + S \cdot F_0 > A + S$$
$$\Leftrightarrow \quad A \cdot (m - 1) > A + S \cdot (1 - F_0) = S \cdot E_0 \Leftrightarrow$$
$$(5.56) \quad m > \frac{S \cdot E_0}{A} + 1$$

Ist die Ersparnis an Kosten der Kreditrisikoanalyse $A \cdot (m - 1)$ größer als die zusätzliche Subventionsbelastung $S \cdot E_0$ durch Einbeziehung der Eigenfinanziers, lohnt sich die Delegation an den Finanzintermediär. Bedingung

(5.56) bringt zum Ausdruck, dass es bei ausreichend hoher Zahl an Fremdfinanziers stets sinnvoll ist, die Kreditrisikoanalyse zu delegieren.

Nehmen wir nun den Blickwinkel eines originären Eigenfinanziers für die drei relevanten Fälle ein.

Ohne Kreditrisikoanalyse

$$(5.57a) \quad [E_2(k)]' =$$

$$\frac{1}{o} \cdot \left[\hat{K}_0 \cdot (1 + 2 \cdot r_d + r_d^2) + \frac{K_0 - \hat{K}_0}{n} \cdot (1 + 2 \cdot r_d + r_d^2) \cdot k - F_0 \cdot (1 + r_d)^2 \right]$$

mit $\tilde{k} : B(n, q)$, *wenn*

$$\hat{K}_0 \cdot (1 + 2 \cdot r_d + r_d^2) + \frac{K_0 - \hat{K}_0}{n} \cdot (1 + 2 \cdot r_d + r_d^2) \cdot k \geq F_0 \cdot (1 + r_d)^2$$

$$(5.57b) \quad [E_2(k)]' = 0 \quad mit \; \tilde{k} : B(n, q),$$

$$wenn \quad \hat{K}_0 \cdot (1 + 2 \cdot r_d + r_d^2) + \frac{K_0 - \hat{K}_0}{n} \cdot (1 + 2 \cdot r_d + r_d^2) \cdot k < F_0 \cdot (1 + r_d)^2$$

Eigene Kreditrisikoanalyse

$$(5.58a) \quad [E_2(k)]' - A - S \cdot \frac{E_0}{o} =$$

$$\frac{1}{o} \cdot \left[\hat{K}_0 \cdot (1 + 2 \cdot \hat{r}_K + \hat{r}_K^2) + \frac{K_0 - \hat{K}_0}{n} \cdot (1 + 2 \cdot \hat{r}_K + \hat{r}_K^2) \cdot k - F_0 \cdot (1 + r_d)^2 \right]$$

$$- A - S \cdot \frac{E_0}{o} \qquad mit \; \tilde{k} : B(n, \hat{p}), \; wenn$$

$$\hat{K}_0 \cdot (1 + 2 \cdot \hat{r}_K + \hat{r}_K^2) + \frac{K_0 - \hat{K}_0}{n} \cdot (1 + 2 \cdot \hat{r}_K + \hat{r}_K^2) \cdot k \geq F_0 \cdot (1 + r_d)^2$$

$$(5.58b) \quad [E_2(k)]' - A - S \cdot \frac{E_0}{o} = -A - S \cdot \frac{E_0}{o} \quad mit \; \tilde{k} : B(n, \hat{p}), \; wenn$$

$$\hat{K}_0 \cdot (1 + 2 \cdot \hat{r}_K + \hat{r}_K^2) + \frac{K_0 - \hat{K}_0}{n} \cdot (1 + 2 \cdot \hat{r}_K + \hat{r}_K^2) \cdot k < F_0 \cdot (1 + r_d)^2$$

Delegation der Kreditrisikoanalyse

(5.59a) $\quad \left[E_2(k) - A - S\right]' =$

$$\frac{1}{o} \cdot \left[\hat{K}_0 \cdot \left(1 + 2 \cdot \hat{r}_K + \hat{r}_K^2\right) + \frac{K_0 - \hat{K}_0}{n} \cdot \left(1 + 2 \cdot \hat{r}_K + \hat{r}_K^2\right) \cdot k - F_0 \cdot (1 + r_d)^2 - A - S\right]$$

$\quad$ *mit* $\tilde{k} : B(n, \hat{p})$, *wenn*

$$\hat{K}_0 \cdot \left(1 + 2 \cdot \hat{r}_K + \hat{r}_K^2\right) + \frac{K_0 - \hat{K}_0}{n} \cdot \left(1 + 2 \cdot \hat{r}_K + \hat{r}_K^2\right) \cdot k - A - S \geq F_0 \cdot (1 + r_d)^2$$

(5.59b) $\quad \left[E_2(k) - A - S\right]' = 0 \quad$ *mit* $\tilde{k} : B(n, \hat{p})$, *wenn*

$$\hat{K}_0 \cdot \left(1 + 2 \cdot \hat{r}_K + \hat{r}_K^2\right) + \frac{K_0 - \hat{K}_0}{n} \cdot \left(1 + 2 \cdot \hat{r}_K + \hat{r}_K^2\right) \cdot k - A - S < F_0 \cdot (1 + r_d)^2$$

Wie im Fall des originären Fremdfinanziers ist es vorteilhaft, durch Multiplikation mit der Anzahl an originären Eigenfinanziers o und Verwendung der Beziehungen (5.3) und (5.16) zur Ebene der Finanziergruppen hochzuaggregieren. Für den Fall ohne Kreditrisikoanalyse ergibt sich:

(5.60a) $\quad o \cdot \left[E_2(k)\right]' = K_2^u(k) - F_0 \cdot (1 + r_d)^2 \quad$ *mit* $\tilde{k} : B(n, q)$, *wenn*

$\quad\quad K_2^u(k) \geq F_0 \cdot (1 + r_d)^2$

(5.60b) $\quad o \cdot \left[E_2(k)\right]' = 0 \quad\quad\quad$ *mit* $\tilde{k} : B(n, q)$, *wenn*

$\quad\quad K_2^u(k) < F_0 \cdot (1 + r_d)^2$

Entsprechend für in Eigenregie durchgeführte Kreditrisikoanalyse:

(5.61a) $\quad o \cdot \left\{\left[E_2(k)\right]' - A - S \cdot \frac{E_0}{o}\right\} =$

$\quad\quad K_2^s(k) - F_0 \cdot (1 + r_d)^2 - A \cdot (o - 1) + S \cdot F_0$

$\quad\quad$ *mit* $\tilde{k} : B(n, \hat{p})$, *wenn* $K_2^s(k) + A + S \geq F_0 \cdot (1 + r_d)^2$

(5.61b) $\quad o \cdot \left\{\left[E_2(k)\right]' - A - S \cdot \frac{E_0}{o}\right\} = -A \cdot o - S \cdot E_0$

$\quad\quad$ *mit* $\tilde{k} : B(n, \hat{p})$, *wenn* $K_2^s(k) + A + S < F_0 \cdot (1 + r_d)^2$

Analog für den Fall der delegierten Kreditrisikoanalyse:

(5.62a) $\quad o \cdot \left[E_2(k) - A - S\right]' = K_2^s(k) - F_0 \cdot (1 + r_d)^2$

$\quad\quad$ *mit* $\tilde{k} : B(n, \hat{p})$, *wenn* $K_2^s(k) \geq F_0 \cdot (1 + r_d)^2$

(5.62b) $\quad o \cdot \left[E_2(k) - A - S\right]' = 0$

$\quad\quad$ *mit* $\tilde{k} : B(n, \hat{p})$, *wenn* $K_2^s(k) < F_0 \cdot (1 + r_d)^2$

Gleichen wir hier zunächst die Situation ohne Kreditrisikoanalyse (5.60) mit der bei delegierter Kreditrisikoanalyse (5.62) ab. Die Kreditrisikoanalyse ermöglicht eine Zinsdifferenzierung, die wiederum als Instrument zur Etablierung einer Stochastischen Dominanzbeziehung angesehen werden kann. Entsprechend sind wir davon ausgegangen, dass die Rückflüsse aus einem ausschließlich an schlechte Kreditnehmer vergebenen Kreditportfolio in der Koalition die Rückflüsse aus einem ungefilterten Portfolio stochastisch dominieren. Beide Verteilungsfunktionen werden nun um den gleichen Faktor $-F_0 \cdot (1+r_d)^2$ nach links verschoben, sodass sich gemäß Theorem 3 an der Stochastischen Dominanzbeziehung nichts ändert. Weiterhin werden beide Verteilungsfunktionen vor der gleichen Stelle $-F_0 \cdot (1+r_d)^2$ abgeschnitten und auf die Horizontale mit dem Niveau 0 geworfen, was die Beziehung ebenfalls nicht berührt. Auch aus Sicht der Eigenfinanziers ist die Situation bei Delegation der ohne Kreditrisikoanalyse also klar vorzuziehen.

Zum Abgleich der Fälle (5.61) und (5.62), also der Eigenregie und der Finanzintermediation aus Sicht eines originären Eigenfinanziers, betrachtet man am besten wieder die „schlechte" Verteilungsfunktion in Abb. 5-2 als Ausgangsposition. Diese wird in beiden Fällen um die Größe $-F_0 \cdot (1+r_d)^2$ nach links verschoben. Da der Abzug von $-F_0 \cdot (1+r_d)^2$ in der „wenn"-Bedingung nicht berücksichtigt wird, wandert diese ebenfalls um diesen Betrag nach links. Entsprechend springt die Verteilungsfunktion der Rückflüsse an die Eigenfinanziers bei Finanzintermediation im Ursprung von der Abszisse zu der um $-F_0 \cdot (1+r_d)^2$ nach links verschobenen Ausgangsverteilungsfunktion. Bei Eigenregie wird die um $-F_0 \cdot (1+r_d)^2$ verschobene Ausgangsverteilungsfunktion ferner noch um $A+S$ nach rechts verschoben, was die Ersparnis der Kosten der Kreditrisikoanalyse und der Subvention auf Gruppenebene zum Ausdruck bringt. Die Eigenfinanziers profitieren hiervon aber nur rechts von der Sprungstelle im Ursprung. Zudem wird die gesamte Verteilungsfunktion für die Rückflüsse an die Eigenfinanziers einschließlich Sprungstelle im Ursprung um den Betrag $-A \cdot o - S \cdot E_0$ nach links verschoben. Dies spiegelt wider, dass die Eigenfinanziers immer individuell die Kosten der Kreditrisikoanalyse und die anteilige Subvention zu tragen haben. Hinreichend für eine Stochastische Dominanz der delegierten Kreditrisikoanalyse gegenüber der Eigenregie ist es damit, wenn der Nettoeffekt der beiden Verschiebungen negativ ist, das heißt:

$$A \cdot o + S \cdot E_0 > A + S$$
$$\Leftrightarrow \quad A \cdot (o-1) > S \cdot (1-E_0) = S \cdot F_0 \Leftrightarrow$$
$$(5.63) \quad o > \frac{S \cdot F_0}{A} + 1$$

Finanzintermediation lohnt sich also gegenüber der Eigenregie aus Sicht originärer Eigenfinanziers, wenn die Ersparnis an Kosten der Kreditrisikoanalyse $A \cdot (o-1)$ größer ist als die anteilige Subvention $S \cdot F_0$, die den Finanzintermediär zusätzlich trifft. Beziehung (5.63) bringt zum Ausdruck, dass mit steigender Anzahl originärer Eigenfinanziers irgendwann die delegierte Kreditrisikoanalyse die in Eigenregie betriebene stochastisch dominieren muss. Neben der durch Kreditrisikoanalyse ermöglichten Zinsdifferenzierung beruht Finanzintermediation in unserer Modellwelt also entscheidend darauf, dass eine hohe Zahl von (Re-)Finanziers die mit Fixkosten behaftete Analyse delegiert.

Aufgabe 5-11

Schätzen Sie ab, ob in unserem Beispiel bei einem Diversifikationsgrad von n=2 die Zahl der originären Eigen- und Fremdfinanziers (vgl. Aufgabe 5-5: $o = 4$, $m = 4$) hoch genug ist, um Finanzintermediation als delegierte Kreditrisikoanalyse mittels Stochastischer Dominanz hinreichend zu begründen!

Lösung:

Einsetzung der Parameterwerte unseres Beispiels in die Beziehungen (5.56) und (5.63) ergibt:

$$m > \frac{S \cdot E_0}{A} + 1 = \frac{0{,}025 \cdot 0{,}04}{0{,}01} + 1 = 0{,}1 + 1 = 1{,}1$$

$$o > \frac{S \cdot F_0}{A} + 1 = \frac{0{,}025 \cdot 0{,}96}{0{,}01} + 1 = 2{,}4 + 1 = 3{,}4$$

Die Zahl von jeweils 4 originären Eigenfinanziers und Fremdfinanziers ist also ausreichend. (Der interessierte Leser kann auch leicht die entsprechenden Per-capita-Rückflüsse herleiten und derart die Stochastische Dominanz des Falls der delegierten Kreditrisikoanalyse überprüfen. Hierzu ein kleiner Tipp. Er bezieht sich auf die Eigenfinanziers im Fall k=2 erfolgreich abgeschlossener Kredite: Aus Tabelle 5-5 wissen wir bereits, dass sich bei ungefilterter Kreditvergabe ein Per-capita-Rückfluss von 0,0114490 ergibt. Bei Eigenregie lautet der entsprechende Wert 0,0285740, bei delegierter Kreditrisikoanalyse 0,0300740).

Kreditrisikoanalyse ermöglicht in unserem Modell eine zinspolitische Differenzierung zwischen Kreditnehmern mit hoher und mit niedriger Erfolgswahrscheinlichkeit. Es kommt zu arbeitsteiliger Kreditvergabe an gute und an schlechte Kreditnehmer. Die Zinserhöhung bei den schlechten Kreditrisiken steht als Instrument zur Verfügung, um eine Stochastische Dominanz

161
g-Kalkül

der Rückflüsse aus gefilterten Kreditportfolios gegenüber den Rückflüssen aus ungefilterten Kreditportfolios zu begründen. Da die Kosten der Kreditrisikoanalyse (die wir durchaus als Repräsentanten für eine Vielzahl finanzierungsnah anfallender Verrichtungen der Praxis auffassen dürfen) Fixkostencharakter aufweisen, wird mit hinreichend hoher Anzahl an originären Eigenfinanziers und originären Fremdfinanziers jeweils ein Schwellenwert überschritten, ab dem die Delegation der Kreditrisikoanalyse an und die indirekte Finanzierung schlechter Kreditrisiken über die Institution des Finanzintermediärs sich lohnen. Kreditrisikoanalyse, Zinsdifferenzierung, Risikoselektion und Fixkostendegression sind damit die Instrumente aus der wirtschaftstheoretischen „Tool Box", die das Phänomen der Finanzintermediation begründen.

Während Kreditrisikoanalyse, Zinsdifferenzierung und Risikoselektion bei der Finanzierung guter Kreditrisiken ebenfalls greifen, ergibt sich bei dieser Klientel keine entsprechende Fixkostendegression. Wollen wir für die Rückflüsse aus einem ausschließlich an gute Kreditnehmer ausgelegten Portfolio eine Stochastische Dominanzbeziehung gegenüber ungefilterter Kreditvergabe schlüssig begründen, dürfen diese Kreditnehmer mit Kosten der Kreditrisikoanalyse gerade nicht belastet werden und bedürfen vielmehr einer Subventionierung. Lassen wir in den Bedingungen (5.56) und (5.63) die Kosten der Kreditrisikoanalyse A gegen 0 gehen, erkennen wir, dass in diesem Fall die indirekte Finanzierung über den Finanzintermediär ihre hinreichende theoretische Begründung verliert. Das Modell spricht also bis hierhin für s-Intermediäre, lässt aber die Frage offen, ob die Kreditvergabe an Unternehmer mit hoher Erfolgswahrscheinlichkeit denn nun besser im Wege der g-Gruppen oder der g-Intermediäre zu organisieren sei.

Finanziergruppen dürften allerdings vielfach eher ein theoretisches Denkmodell denn eine praktische Alternative zur institutionalisierten Finanzintermediation darstellen. Wenn die originären Finanziers eher kleine Wirtschaftssubjekte sind, dann wird für deren Vielzahl die Selbstorganisation eines dezentral entscheidenden Verbundes schon dann zu einem Problem von beachtlicher Komplexität, wenn sich alle Mitglieder kooperativ verhalten. Hinzu kommt aber das „Trittbrettfahrerproblem": Subventionen in Rechnung zu stellen, ohne Kredit an Unternehmer mit hoher Erfolgswahrscheinlichkeit auszulegen, wäre ja für ein Mitglied einer g-Gruppe lukrativ. Ein Finanzier einer s-Gruppe könnte demgegenüber hoffen, dass es die anderen Mitglieder seines Verbundes schon richten und es auf seine eigene Subventionszahlung zur Pflege des Marktes nicht ankomme. Im Gegensatz zu dieser gruppenspezifischen Problematik verfügt ein s-Intermediär bereits über eine eigene Organisation, in die sich das Geschäft mit guten Kreditnehmern leicht integrieren lässt. Hat die Unternehmensführung die Notwendigkeit der Marktpflege durch ein Finanzierungsangebot für gute Kreditnehmer erkannt, kann sie diese durch entsprechende Direktiven leicht veranlassen. Für die Abrechnung der Subvention steht die Interne Kosten- und Leistungsrechnung zur Verfügung. Da sowohl die Rückflüsse aus einem guten Kreditportfolio als auch die aus einem schlechten in der Koalition die Rückflüsse aus einem ungefilterten stochastisch dominieren, ist davon auszugehen, dass die Stochastische Dominanzbeziehung für ein gemischtes Kreditportfolio im Verhältnis zu einem ungefilterten fortbesteht. Formal würde die Analyse eines gemischt-stochastischen Kreditportfolios allerdings unseren Rahmen sprengen. Wir wollen stattdessen auf ein schlechtes Kreditportfolio fokussieren. Für diesen Fall haben wir die Bedingungen für die Vorteilhaftigkeit der Finanzintermediation ja bereits hergeleitet.

5.4.4 Risikotransformation

Obwohl das Entscheidungskriterium der Stochastischen Dominanz hinsichtlich der Präferenzen der Entscheidungsträger keine stringentere als die Monotonieannahme trifft (Rn. 150), trägt es im Rahmen unseres Modells auch zur Begründung einer Mindestdiversifikation der (passivischen) Refinanzierung von Finanzintermediären bei. Aussagen zur (aktivischen) Diversifikation ihres Kreditportfolios und damit zur Risikotransformation (Rn. 109) impliziert es hingegen hier nicht. Eine theoretische Begründung der Risikotransformation ruft deshalb nach der weiter gehenden Annahme der Risikoaversion (Rn. 73): Die Wirtschaftssubjekte empfinden Abweichungen ihrer Zielgröße von einem Referenzwert als nachteilig. Aufgrund des zeitlichen Auseinanderfallens von Vorleistung und Gegenleistung sind die Konkretisierung dieser Zielgröße und des Risikos, dem sie ausgesetzt ist, keine trivialen Fragestellungen. Wir hatten als Zielgrößen den Kapitalwert und den Internen Zinsfuß ins Auge gefasst (Absolute bzw. Relative Rentabilität; Rn. 60f.), um sodann Risiko als Standardabweichung des Kapitalwertes bzw. des Internen Zinsfußes zu operationalisieren (Absolutes bzw. Relatives Risiko, Rn 68f.; der Verzicht auf die Betrachtung höherer stochastischer Momente kann allerdings einen Informationsverlust bedeuten, Rn. 70).

Stellen wir zunächst auf das Absolute Risikokonzept ab. Ausgangsgröße ist die Standardabweichung des Kapitalwertes der Rückflüsse aus einem Kreditportfolio. Ihm stellen wir die auf die Größenordnung der Bilanzsumme des Finanzintermediärs hochgerechnete Standardabweichung des Kapitalwertes der Rückflüsse aus einem einzelnen Kreditengagement gegenüber. (Die sich aus einzelnen Kreditengagements ergebende Standardabweichung wollen wir ähnlich wie die Per-capita-Rückflüsse an die Refinanzierung mit einem „ ' " indexieren.) Die Hochrechnung erfolgt, indem wir mit der Anzahl *n* an Krediten durchmultiplizieren. Hierbei ist es rechnerisch ange-

162
Risiko-
transformations-
indikator (RTI)

nehm, dass die jeweilige Standardabweichung durch Vorleistung, fallweise zu begleichende Kosten der Kreditrisikoanalyse und Subventionen nicht beeinflusst wird, da diese Größen durchweg deterministisch sind. Dies führt uns zum Konzept des Risikotransformationsindikators RTI:

$$(5.64) \qquad RTI \;\equiv\; \frac{SD\big[K\big(\tilde{K}_2^s\big)\big]}{n \cdot SD\Big[K\Big(\tilde{K}_2^{s\,'}\Big)\Big]}$$

(Man beachte, dass wie auch sonst in dieser Untersuchung ein nicht indexiertes K für „Kapitalwert" steht, ein indexiertes wie etwa K_2^s hingegen für „Rückflüsse". Bei ungefilterter Kreditvergabe oder einem guten Kreditportfolio ist der hochgestellte Index „s" durch „u" bzw. „g" zu ersetzen.) Unter sinngemäßer Verwendung der Beziehung (5.10) erhalten wir für stochastisch unabhängige Einzelrisiken gleicher Größe folgende Ausformulierung des Risikotransformationsindikators:

$$RTI \;=\; \frac{\dfrac{1}{(1+r)^2} \cdot \big(K_0 - \hat{K}_0\big) \cdot \big(1 + 2\cdot\hat{r}_K + \hat{r}_K^2\big) \cdot \sqrt{\dfrac{\hat{p}\cdot(1-\hat{p})}{n}}}{n \cdot \dfrac{1}{(1+r)^2} \cdot \dfrac{K_0 - \hat{K}_0}{n} \cdot \big(1 + 2\cdot\hat{r}_K + \hat{r}_K^2\big) \cdot \sqrt{\hat{p}\cdot(1-\hat{p})}}$$

$$\Leftrightarrow \qquad RTI \;=\; \frac{1}{\sqrt{n}}$$

Ist der Diversifikationsgrad des Kreditportfolios des Finanzintermediärs echt größer als 1, ist die Standardabweichung des Kapitalwertes der Rückflüsse aus dem Portfolio kleiner als die hochgerechnete Standardabweichung des Kapitalwertes der Rückflüsse aus einem einzelnen Kreditengagement. Hintergrund ist, dass der tatsächliche Aggregationsfaktor $\sqrt{n}$ in diesem Fall echt kleiner ist als der „eigentliche" Aggregationsfaktor n - ein Reflex des Quadratwurzelgesetzes (Rn. 138). Der Risikotransformationsindikator signalisiert dann durch Werte, die echt kleiner als 1 sind, dass der Finanzintermediär aufgrund der stochastischen Unabhängigkeit Risiko wegdiversifiziert. Diese Risikotransformation wird umso stärker, je höher der Diversifikationsgrad n ist. (Eine Aufgabe zu diesem Resultat dürfte entbehrlich sein, da wir das Quadratwurzelgesetz bereits in Aufgabe 5-2 rechnerisch nachvollzogen hatten.)

163
Verschuldungs grade von Finanz intermediären

Im Vergleich zu Finanzintermediären ist es für Unternehmen des Handels und der Industrie tendenziell schwieriger, ihre Aktivseite zu diversifizieren, da sie regelmäßig aus unteilbaren Realinvestitionen statt aus teilbaren Finanzierungsverträgen besteht. Risikotransformation ist für Finanzintermediäre leichter realisierbar, und dies wäre eine Erklärungsmöglichkeit für den empirischen Befund, dass ihre Eigenkapitalquoten ganz überwiegend hinter denen von Unternehmen des Handels und der Industrie zurückbleiben[245]: Lässt sich aktivisches Kreditrisiko leicht wegdiversifizieren, eröffnet dies Spielraum für einen höheren Verschuldungsgrad auf der Passivseite.

5.4.5 Zentralisierte Ausübung von Verfügungs- und Informationsrechten

Der empirische Befund, dass im Paket gehandelte Aktien häufig deutlich höhere Preise erzielen als einzeln (Rn. 44) harmoniert mit dem Forschungsleitbild der Österreichischen Schule (Rn. 49-52): Zu den Trägern wirtschaftlicher Entscheidungen strömt immer wieder neue Information, sodass zuvor getroffene Entscheidungen sich als revisionsbedürftig erweisen können. Dies gilt speziell für Investitionsentscheidungen in Finanzierungsverträge (Rn. 77), bei denen die Revision in verschiedenen Formen realisiert werden kann:

*164
Multifunktionale „Kreditrisiko-analyse"*

- Besteht ein Kündigungsrecht oder wird der Vertrag an Sekundärmärkten gehandelt, kommt der vorzeitige Ausstieg in Betracht.

- Verbrieft der Vertrag Verfügungsrechte, ist an eine Einflussnahme auf die Unternehmenspolitik zu denken.

Bei beiden Typen der Entscheidungsrevision können sich im Finanzierungsvertrag verbriefte Informationsrechte als vorteilhaft erweisen.

Wird der Abschluss eines Finanzierungsvertrages dadurch behindert, dass die für die Vorleistung vorgesehene Partei ausgeprägtere Verfügungs- und Informationsrechte wünscht, als sie die zur Gegenleistung vorgesehene Partei zu gewähren bereit ist (Rn. 95), kann die Zwischenschaltung eines Finanzintermediärs diese unterschiedlichen Anforderungen ceteris paribus nicht überbrücken. Hinsichtlich des Entscheidungskriteriums der Verfügungs- und Informationsrechte beruht die genuine Leistung von Finanzintermediären vielmehr darauf, dass sie diese Rechte im Vergleich zu einem Kollektiv originärer Finanziers kosteneffizient wahrnehmen können (Rn. 111). Nun erweist es sich als nützlich, dass wir uns die „Kreditrisikoanalyse" im Modell als einen Repräsentanten für diverse praktische Tätigkeiten vorgestellt hatten, die finanzierungsnah wahrgenommen werden (Rn. 143). Die zentrale Verwertung vertragsspezifisch zufließender Information und die zentrale Ausübung vertraglich zugesicherter Verfügungsrechte gehört nämlich dazu! Sie ergänzt sich bestens mit der Filterung guter und schlechter Kreditrisiken durch Finanzintermediäre. Das Modell vermag mittels Kos-

---

245 Vgl. Werner/Padberg (2002), S. 154, die überwiegend einstellige Kernkapitalquoten für Kreditinstitute nennen. Vgl. Farny (2001), S. 454, der recht ähnliche Kennzahlen für Versicherungsunternehmen anführt.

tendegressionseffekten auch zu begründen, warum Verfügungs- und Informationsrechte zentral von Finanzintermediären wahrgenommen werden.

5.4.6 Kreditinstitute: Liquiditätstransformation

165
*Einlagen,
Liquiditäts-
präferenz*

Unser Finanzintermediär übt bis hierhin keine Funktionen aus, die charakteristisch für Kreditinstitute oder für Versicherungsunternehmen sind. (Die Selektion von Kreditrisiken und die Risikotransformation durch Diversifikation realisieren beide.) Wenden wir uns zunächst den Kreditinstituten zu. Finanzintermediation im Sinne der Definition 5-1 ist der Abschluss gegenläufiger Finanzierungsverträge für eigene Rechnung. Beim Katalog der 12 in § 1 I KWG genannten Bankgeschäfte handelt es sich partiell nicht um Geschäft für eigene Rechnung. Bei wirtschaftlicher Betrachtung reduziert sich das Spektrum noch weiter, und zwar auf das aktivische Kreditgeschäft und das passivische Einlagengeschäft. Da aber auch Versicherungsunternehmen Kredite vergeben dürfen, ist für Kreditinstitute letztlich das Einlagengeschäft charakteristisch (Rn. 121). Es gibt in der Praxis eine Vielfalt von Einlagenverträgen, die sich hinsichtlich ihrer Laufzeiten und Kündigungsmodalitäten unterscheiden. Laufzeiten und Kündigungsmöglichkeiten wiederum sind Determinanten der Liquidität von Finanzierungsverträgen (Rn. 80-86). Mithin unterscheiden sich Termineinlagen, Spareinlagen, Sichteinlagen etc. unter Liquiditätsgesichtspunkten deutlich: Einlagen mit mehrtägiger Laufzeit und ausgeprägten Kündigungsmöglichkeiten sind hochliquide, mehrmonatig festgelegte Einlagen ohne Kündigungsmöglichkeit sind es kaum. Einlagenverträge werden umso charakteristischer für das Geschäft der Kreditinstitute, je kürzer die Laufzeit und je ausgeprägter die Kündigungsmöglichkeiten bei ihnen sind. Die liquideste Form stellt die Sichteinlage dar. Bei ihr wird ex ante überhaupt keine Laufzeit vereinbart, da sie jederzeit – sozusagen „auf Sicht" – von beiden Vertragsparteien fällig gestellt werden kann. Stellen wir also auf Sichteinlagen als Repräsentanten für hochliquide Fremdrefinanzierung von Kreditinstituten ab. Langfristige Fremdrefinanzierung können wir uns bei ihnen als langlaufende Termineinlagen vorstellen.

Unser zweiperiodig angelegtes Modell der Finanzintermediation wurde bisher nur einperiodig genutzt, indem wir alleine auf die Zeitpunkte t=0 und t=2 abstellten. Mit der Unterscheidung kurzfristiger und langfristiger Refinanzierung wird nun auch der Zeitpunkt t=1 relevant, und zwar doppelt:

1. Sichteinlagen können zwischenzeitlich, also in t=1, mit sofortiger Wirkung gekündigt werden.

2. Als Anlagemöglichkeit stehen einperiodige Kredite zur Verfügung, die entweder von t=0 bis t=1 laufen oder von t=1 bis t=2.

Es ergibt sich folgende Bilanzidentität des Kreditinstitutes für den Zeitpunkt t=0:

$$(5.65) \qquad F_0 + E_0 \equiv F_0^k + F_0^l + E_0 \equiv K_0^k + K_0^l \equiv K_0 = 1$$

Der Index „k" symbolisiert aktivseitig kurze Laufzeit von Kredit und passivseitig kurzfristige Kündbarkeit von Einlagen. Der Index „l" steht für lange Laufzeit ohne Kündigungsmöglichkeit. Die Struktur der Refinanzierung des Kreditinstitutes ist Abbild des Anlageverhaltens der originären Finanziers. Insbesondere bringt die Liquiditätspräferenz[246] λ die von den Einlegern gewünschte Verteilung auf unterschiedliche Liquiditätssegmente zum Ausdruck. Sie sei konstant über alle Einleger:

$$(5.66) \qquad \lambda_i = \lambda = \frac{F_0^k / m}{F_0^l / m} \qquad \text{für alle } i = 1, \ldots, m$$

$$\overset{(5.65)}{\Rightarrow} \qquad F_0^k = \frac{\lambda}{1 + \lambda} \cdot F_0$$

Eine rechtlich bereits in t=1 kündbare Sichteinlage ist für ein Kreditinstitut nicht zwingend auch wirtschaftlich kurzfristig. Der Hintergrund: Die Einleger verfügen nur im Zeitpunkt t=0 über Überschüsse und sind in den Zeitpunkten t=1 und t=2 defizitär. Hierbei ist ihr Mindestbedarf an Zahlungsmitteln für t=1 deterministisch und bereits in t=0 vollständig bekannt. Darüber hinaus fließen diesen Wirtschaftssubjekten in t=1 weitere Informationen zu (Rn. 49), die es ihnen erlauben, auch die Höhe des Zahlungsmittelbedarfs für den Zeitpunkt t=2 dann mit Sicherheit zu prognostizieren. Ist dieser auf den Zeitpunkt t=2 bezogene Bedarf hoch, zieht der Einleger in t=1 nur den Anteil $(1 - \beta)$ seiner kündbaren Sichteinlagen ab und prolongiert den Anteil β. Ist der Bedarf an Zahlungsmitteln für den Zeitpunkt t=2 hingegen niedrig, kündigt er sämtliche Sichteinlagen in t=1. (Er wird ja dann im Zeitpunkt t=2 immer noch Zahlungsmittel aus seinen langfristigen Einlagen erhalten.) Bezogen auf den einzelnen Einleger stellt das Ereignispaar „teilweise Prolongation" und „vollständiger Sichteinlagenabzug" ein binäres elementares Zufallsexperiment dar (Rn. 136). Das Elementarereignis „teilweise Prolongation" sei mit einer Elementarwahrscheinlichkeit von s ausgestattet, das Gegenereignis „vollständiger Sichteinlagenabzug" mit der Gegenwahrscheinlichkeit $(1 - s)$. Das Prolongationsverhalten jedes einzelnen Einlegers sei von dem der anderen $(m - 1)$ stochastisch unabhängig. Assoziieren wir „teilweise Prolongation" mit einer 1 und „vollständigen Sichteinlagenabzug" mit einer 0, wird innerhalb eines Kollektivs aus m Einlegern die Zahl l der teilweise prolongierenden Einleger zu einer Binomialen Indikatorvariable $\tilde{l}$ mit Verteilung $B(m, s)$. Für das Kreditinstitut sind vom Zeitpunkt t=0

166
Prolongation

---

[246] Ursprung des Begriffs und sachliche Nähe bei Keynes (1936), S. 166.

aus betrachtet (Zinseffekte sind also ohne Bedeutung) der Bodensatz $\hat{F}_0^k$ der rechtlich kurzfristig kündbaren, tatsächlich aber langfristig bis t=2 zur Verfügung stehenden Sichteinlagen (Rn. 113) und der tatsächlich in t=1 erfolgende Abzug an Sichteinlagen $\overline{F}_0^k$ durch folgende Gleichungen gegeben:

(5.67a) $\quad F_0^k = \hat{F}_0^k + \overline{F}_0^k$

(5.67b) $\quad \hat{F}_0^k = \dfrac{F_0^k}{m} \cdot \beta \cdot l$

(5.67c) $\quad \overline{F}_0^k = \dfrac{F_0^k}{m} \cdot (1-\beta) \cdot l + \dfrac{F_0^k}{m} \cdot [m-l] = \dfrac{F_0^k}{m} \cdot (m - \beta \cdot l)$

(5.67d) $\quad \tilde{l} : B(m,s)$

Der auf t=0 bezogene tatsächliche Abzug $\overline{F}_0^k$ von Sichteinlagen in t=1 setzt sich gemäß Gleichung (5.67c) aus den abgezogenen Einlagenteilen der ansonsten prolongierenden Einleger (1. Summand) und sämtlichen Einlagen der nicht prolongierenden Einleger (2. Summand) zusammen.

167

Zum aktivischen das passivische Risiko

Aufgrund dieser zweiten BI-Variable resultiert „Risiko" bei Kreditinstituten nicht alleine aus der Unsicherheit, die den Rückflüssen aus dem aktivischen Kreditportfolio anhaftet, sondern auch aus der Unsicherheit, der die passivische Refinanzierung ausgesetzt ist. Letztere konkretisiert sich in einem derart hohen gewünschten Abzug von Sichteinlagen zum Zeitpunkt t=1, dass (bei geringer Vorsorge des Institutes) nicht mehr jeder Fremdrefinanzier bedient werden kann. Die Eigenrefinanziers muss dieser hohe Einlagenabzug aufgrund der Verteilungsregel (Rn. 140) erst recht treffen, und zwar jeden von ihnen. Der zweite Risikogenerator hat eine wichtige Implikation: Die im Zusammenhang mit der Portfoliotheorie (Rn. 36, 71f.) und der Risikotransformation (Rn. 127, 162) bereits erörterten Diversifikationseffekte entfalten nicht nur bezüglich des aktivischen, sondern auch bezüglich des passivischen Risikos ihre Wirkung. Kreditinstitute diversifizieren letzteres, indem sie ihre Refinanzierung aus Einlagen auf eine Vielzahl originärer Finanziers mit stochastisch unabhängigem Abzugsverhalten verteilen. Die nun folgende Modellergänzung konkretisiert dies.

Für die Sichteinlagen F_0^k wird ein bestimmtes Zinsszenario unterstellt: Zum Zeitpunkt t=1 werden sie mit einem Zinssatz r_d^{01} verzinst. Gegebenenfalls prolongierte Sichteinlagen werden in t=2 noch einmal in gleicher Höhe verzinst, wobei die Forward Rate zur Unterscheidung durch das Symbol r_d^{12} kenntlich gemacht wird. Nicht gekündigte Sichteinlagen können auch im langfristigen geometrischen Mittel nicht das Zinsniveau einer ex ante langfristigen Fremdrefinanzierung erreichen. (Ansonsten würden im Segment der Fremdrefinanzierung nur noch Sichteinlagen kontrahiert: Die Option,

Zahlungsmittel in t=1 zurückerhalten zu können, ist nur um den Preis niedrigerer Rentabilität zu bekommen; „normale Zinsstruktur"; Rn. 84.)

(5.68a) $\quad r_d^{01} = r_d^{12}$

(5.68b) $\quad r_d^{02} = \sqrt{\left(1+r_d^{01}\right)\cdot\left(1+r_d^{12}\right)} - 1 = r_d^{01} = r_d^{12} < r_d$

Aktivseitig wird ein Zinsszenario unterstellt, das dem passivseitigen ähnelt. Das Kreditinstitut kann am Geldmarkt in t=0 einperiodige Kredite vergeben, die risikolos sind und sich in t=1 mit einem Satz $\hat{r}_K^{01}$ verzinsen. Zu diesem Zeitpunkt hat das Kreditinstitut noch einmal die Möglichkeit der Vergabe einperiodig-risikofreier Kredite am Geldmarkt, die zum Zeitpunkt t=2 mit einem Satz $\hat{r}_K^{12}$ verzinst werden. Beide Zinssätze haben die gleiche Höhe und liegen über den korrespondierenden Sätzen bei den Sichteinlagen. Jedoch ist für das Kreditinstitut die Option, gegebenenfalls in t=1 Zahlungsmittel zur Verfügung zu haben, nur um den Preis einer Rentabilität zu erhalten, die im geometrischen Mittel niedriger ist als das Zinsniveau einer ex ante langfristigen Investition:

(5.69a) $\quad \hat{r}_K^{01} = \hat{r}_K^{12} > r_d^{01} = r_d^{12}$

(5.69b) $\quad \hat{r}_K^{02} = \sqrt{\left(1+\hat{r}_K^{01}\right)\cdot\left(1+\hat{r}_K^{12}\right)} - 1 = \hat{r}_K^{01} = \hat{r}_K^{12} < \hat{r}_K$

Für das Kreditinstitut stellt sich damit die Frage nach der im Asset-Liability-Management (Rn. 117), also bei der Abstimmung der Aktiva und Passiva, zu verfolgenden Strategie. Welche Vorsorge soll im Hinblick auf die stochastischen Einlagenabzüge verfolgt werden? Die möglichen Strategien können wir folgendermaßen eingrenzen:

168
Asset-Liability-
Management
bei KI

- ▨ Bei STRATEGIE 1 dehnt das Kreditinstitut seine kurzfristigen Anlagen in t=0 so stark aus, dass es in t=1 auch den maximalen Einlagenabzug $\overline{F}_0^k = F_0^k$ bedienen kann, der sich ergibt, wenn kein Sichteinleger prolongiert (l=0). Diese Strategie ist besonders vorsichtig.

- ▨ Bei STRATEGIE 2 legt das Kreditinstitut in t=0 gerade so viel kurzfristig an, dass es in t=1 noch den minimalen Einlagenabzug $\overline{F}_0^k = F_0^k \cdot (1-\beta)$ bedienen kann, der sich ergibt, wenn alle Sichteinleger teilweise prolongieren (l=m). Diese Strategie ist besonders riskant.

- ▨ Zwischen den Eckstrategien 1 und 2 ist eine Anzahl m-1 MITTLERER STRATEGIEN möglich, bei denen weder für den maximalen noch für den minimalen zwischenzeitlichen Einlagenabzug Vorsorge getroffen wird, sondern für einen Zwischenwert.

Kreditinstitute verfolgen in der Praxis gewöhnlich eine mittlere Strategie. Allerdings ist Strategie 1 rechnerisch gut handhabbar, sodass wir im Folgenden zunächst von ihr ausgehen wollen. Die derart erhaltenen Ergebnisse sind allerdings entsprechend zu relativieren. Wir indexieren die per Strategie 1 erhaltenen Lösungen für das Kreditinstitut mit „opt". Der vom Kreditinstitut in t=0 kurzfristig auszulegende Betrag $K_0^{k,opt}$ und der langfristig zu vergebende Kredit $K_0^{l,opt}$ werden durch folgende Gleichungen bestimmt:

$$K_0^k \cdot \left(1+\hat{r}_K^{01}\right) \overset{!}{=} F_0^k \cdot \left(1+r_d^{01}\right) \quad \Leftrightarrow$$

$$(5.70a) \quad K_0^{k,opt} = F_0^k \cdot \frac{\left(1+r_d^{01}\right)}{\left(1+\hat{r}_K^{01}\right)}$$

$$(5.70b) \quad K_0^{l,opt} \overset{(5.65)}{=} 1 - K_0^{k,opt}$$

Gleichung (5.70a) bringt zum Ausdruck, dass der auf t=0 bezogene, maximale Abzug von Sichteinlagen zunächst mit Hilfe des Sichteinlagenzinses auf t=1 aufzuzinsen ist, um den effektiv auszuzahlenden Betrag im Falle des Maximalabzuges zu bestimmen. Sodann ist er mit Hilfe des kurzfristigen Kreditzinses wieder auf den Zeitpunkt t=0 abzudiskontieren, um den kurzfristig zu investierenden Betrag zu errechnen. Wegen unserer in t=0 auf 1 normierten Bilanzsumme ergibt sich in Gleichung (5.70b) dann sofort der Betrag, der in langfristige Kredite investiert wird. In die Bilanzgleichung des Kreditinstitutes zum Zeitpunkt t=1 gehen diese kurzfristige und diese langfristige Aktivposition nun jeweils aufgezinst ein. Auf den kurzfristigen Kredit wird hierzu der Aufzinsungsfaktor $\left(1+\hat{r}_K^{01}\right)$ angewendet, auf den langfristigen der Aufzinsungsfaktor $\left(1+\hat{r}_K\right)$. Die Aufzinsung geschieht bei letzterem in t=1 allerdings rein kalkulatorisch, da die Rückzahlung erst in t=2 erfolgt. Passivseitig werden die Sichteinlagen auf den Zeitpunkt t=1 mit dem Aufzinsungsfaktor $\left(1+r_d^{01}\right)$ fortgeschrieben, die langfristigen Termineinlagen mit dem Aufzinsungsfaktor $\left(1+r_d\right)$. Bei letzteren geschieht die Aufzinsung wiederum rein kalkulatorisch, da sie ja definitiv erst in t=2 zurückgezahlt werden. Damit gilt für die Bilanzgleichung zum Zeitpunkt t=1:

$$K_0^{k,opt} \cdot \left(1+\hat{r}_K^{01}\right) + K_0^{l,opt} \cdot \left(1+\hat{r}_K\right) = E_1 + F_0^k \cdot \left(1+r_d^{01}\right) + F_0^l \cdot \left(1+r_d\right) \overset{(5.70a),(5.67a-c)}{\Leftrightarrow}$$

$$(5.71) \quad F_0^k \cdot \left(1+r_d^{01}\right) + K_0^{l,opt} \cdot \left(1+\hat{r}_K\right)$$

$$= E_1 + \left[\frac{F_0^k}{m} \cdot \beta \cdot l + \frac{F_0^k}{m} \cdot (m-\beta \cdot l)\right] \cdot \left(1+r_d^{01}\right) + F_0^l \cdot \left(1+r_d\right)$$

Bei der Fortschreibung dieser Beziehung auf den Zeitpunkt t=2 ist zu berücksichtigen, dass passivseitig in t=1 in Abhängigkeit von der jeweiligen Realisation der Zufallsvariable $\tilde{l}$ der Betrag $\left(F_0^k/m\right) \cdot (m-\beta \cdot l) \cdot \left(1+r_d^{01}\right)$ nicht prolongiert wird und aktivseitig nur entsprechend geringere Mittel zur Wiederanlage zur Verfügung stehen. Wenden wir auf die derart gekürzte

Bilanzgleichung per t=1 die jeweils relevanten Aufzinsungsfaktoren an, gelangen wir zur Bilanzgleichung des Kreditinstitutes im Zeitpunkt t=2:

$$(5.72) \quad F_0^k \cdot \frac{\beta \cdot l}{m} \cdot \left(1 + r_d^{01}\right) \cdot \left(1 + \hat{r}_K^{12}\right) + K_0^{l,opt} \cdot \left(1 + \hat{r}_K\right)^2$$

$$= E_2 + F_0^k \cdot \frac{\beta \cdot l}{m} \cdot \left(1 + r_d^{01}\right) \cdot \left(1 + r_d^{12}\right) + F_0^l \cdot \left(1 + r_d\right)^2$$

Diese Bilanzgleichung hilft uns bei der Beantwortung der Frage, welche Rückflüsse im Zeitpunkt t=2 an die Eigenrefinanziers und die langfristigen Fremdrefinanziers (zusammen: Langfristrefinanziers) des Kreditinstitutes gehen. Hierzu sind die beiden auf das kurzfristige Fremdkapital bezogenen Summanden zu saldieren. Aufgrund des Zinsszenarios ergibt sich dann selbst bei Strategie 1 bereits ein Ergebnisbeitrag aus der Liquiditätstransformation. Ferner ist zu berücksichtigen, dass es sich bei den langfristigen Kreditauslagen (zweiter Summand auf der Aktivseite) nur um den rechnerischen Anspruch aus dem langfristigen Kreditportfolio handelt („vor Wertberichtigung"). Was tatsächlich an das Kreditinstitut fließt, hängt davon ab, wie viele langfristige Kredite erfolgreich abgeschlossen werden können. Zudem sind wie bisher die Kosten der Kreditrisikoanalyse A und die in der Koalition erforderliche Subvention S abzuziehen. Insgesamt werden die in t=2 aus Sicht der Langfristrefinanziers zu erzielenden Rückflüsse des Kreditinstitutes K_2^{liq} also durch folgende Gleichung determiniert:

$$(5.73) \quad K_2^{liq}(k,l) =$$

$$\frac{\hat{K}_0 \cdot K_0^{l,opt}}{n} \cdot \left(1 + 2 \cdot \hat{r}_K + \hat{r}_K^2\right) \cdot (n-k) + \frac{K_0^{l,opt}}{n} \cdot \left(1 + 2 \cdot \hat{r}_K + \hat{r}_K^2\right) \cdot k$$

$$+ F_0^k \cdot \frac{\beta \cdot l}{m} \cdot \left(1 + r_d^{01}\right) \cdot \left(\hat{r}_K^{12} - r_d^{12}\right) - A - S; \quad \tilde{k} : B(n,\hat{p}) \; ; \; \tilde{l} : B(m,s)$$

Nach überwiegendem Verständnis dürfte mit Liquiditätstransformation und speziell mit Fristentransformation (Rn. 130) die Vorstellung verbunden sein, dass langfristige Anlagen (hier: K_0^l) nicht vollständig langfristig (hier: durch F_0^l und E_0), sondern zumindest teilweise auch kurzfristig (hier: durch F_0^k) refinanziert werden. Die umgekehrte Wirkungsrichtung wäre vom Begriff zwar ebenfalls abgedeckt, widerspricht aber sowohl dem Praxisverständnis als auch der von der Theorie erörterten Möglichkeit eines faktisch langfristigen Bodensatzes innerhalb der rechtlich kurzfristigen Sichteinlagen. Es wird folgender Liquiditätstransformationsindikator *LTI* vorgeschlagen:

$$(5.74) \quad LTI = \frac{K_0^l}{F_0^l + E_0} - 1$$

*169
Liquiditäts-
transformations-
indikator (LTI)*

In unserem Grundmodell der Finanzintermediation ist LTI stets gleich 0. Dort wird ja auch keine Liquiditätstransformation betrieben. Erweitert ein Finanzintermediär sein Tätigkeitsprofil jedoch um die Liquiditätstransformation in üblicher Wirkungsrichtung, wird der Indikator LTI echt positiv.

Aufgabe 5-12

Die Finanzintermediär AG hat eine Banklizenz erhalten, das Einlagengeschäft aufgenommen und in „BEF Bankhaus Easy & Free AG" umfirmiert. Frank hat eine verantwortungsvolle Position im Asset-Liability-Management des Hauses übernommen. In dieser Funktion hat er nun verschiedene Rechnungen durchzuführen. Die von der Finanzintermediär AG bekannten Parameter (n=2 etc.) gelten fort. Zusätzlich liegen folgende Angaben vor:

$$s = 0,6 \; ; \; \beta = 0,2 \; ; \; \lambda = 0,3 \; ; \; \hat{r}_K^{01} = \hat{r}_K^{12} = 0,03 \; ; \; r_d^{01} = r_d^{12} = 0,015$$

(1) Berechnen Sie für Frank, welche Beträge von den originären Finanziers gemäß ihrer Liquiditätspräferenz jeweils in „auf Sicht" kündbare Einlagen und in langfristige Termineinlagen investiert werden!

(2) Berechnen Sie, welche Beträge die BEF-Bank jeweils in kurzfristige und langfristige Kredite investiert, wenn sie Strategie 1 verfolgt!

(3) Gehen Sie von dem Fall aus, dass I=3 Sichteinleger ihre Depositen in t=1 teilweise prolongieren. Berechnen Sie hierfür die Rückflüsse, die die BEF-Bank in Abhängigkeit von der Anzahl k an erfolgreich abgewickelten langfristigen Kreditengagements erwirtschaftet! Berechnen Sie für diese drei Fälle ferner die Rückflüsse, die an die langfristigen Einleger und die Eigenrefinanziers pro Kopf gehen!

(4) (Nach der Lösung zu Aufgabenteil (3) erscheint eine Tabelle, in der die erwarteten Rückflüsse für variierendes I dargestellt sind.) Berechnen Sie die Erwartete Relative Rentabilität der Eigenrefinanzierung!

(5) Berechnen Sie den Liquiditätstransformationsindikator LTI!

Lösung:

Zu (1)

Gemäß Gleichung (5.66) in Verbindung mit Gleichung (5.65) erhalten wir:

$$F_0^k = \frac{\lambda}{1+\lambda} \cdot F_0 = \frac{0,3}{1+0,3} \cdot 0,96 = 0,2215384$$

Damit folgt nochmals aus Gleichung (5.65):

$$F_0^l = F_0 - F_0^k = 0,96 - 0,2215384 = 0,7384616$$

Zu (2)

Wir erhalten mittels der Gleichungen (5.70a) und (5.70b):

$$K_0^{k,opt} = F_0^k \cdot \frac{\left(1 + r_d^{01}\right)}{\left(1 + \hat{r}_K^{01}\right)} = 0,2215384 \cdot \frac{(1+0,015)}{(1+0,03)} = 0,218312$$

$$K_0^{l,opt} = 1 - 0,218312 = 0,781688$$

Nun sind alle Parameter bekannt, die in Gleichung (5.73) einzusetzen sind. Es ergibt sich:

$$
\begin{aligned}
K_2^{liq} &= \frac{0,9 \cdot 0,781688}{2} \cdot \left(1 + 2 \cdot 0,12 + 0,12^2\right) \cdot (2 - k) \\
&\quad + \frac{0,781688}{2} \cdot \left(1 + 2 \cdot 0,12 + 0,12^2\right) \cdot k \\
&\quad + 0,2215384 \cdot \frac{0,2 \cdot 3}{4} \cdot (1 + 0,015) \cdot (0,03 - 0,015) - 0,01 - 0,025 \\
&= 0,8480002 + 0,0490275 \cdot k
\end{aligned}
$$

Die zu berechnenden Rückflüsse sind in folgender Tabelle aufgelistet:

n	k	f (k)	K_2^{liq} (k)	F_2^{liq} (k)	E_2^{liq} (k)
2	0	0,09	0,8480002	0,8454646	0,0025356
	1	0,42	0,8970277	0,8454646	0,0515631
	2	0,49	0,9460551	0,8454646	0,1005905

Rückflüsse, Liquiditätstransformation, schlechtes Kreditportfolio; l=3, n=2 — **Tabelle 5-10**

Fixieren wir die Zahl der prolongierten Sichteinlagen nicht mehr, wird die Berechnung der Rückflüsse arbeitsaufwendig, da ja fünf Konstellationen (I=0,1,2,3,4) wahrscheinlichkeitsgewichtet aufzuaddieren sind. Im Hinblick auf Teilaufgabe (4) entnehme der Leser das Ergebnis folgender Tabelle:

n	k	f (k)	K_2^{liq} (k)	F_2^{liq} (k)	E_2^{liq} (k)
2	0	0,09	0,8478990	0,8454646	0,0024344
	1	0,42	0,8969265	0,8454646	0,0514619
	2	0,49	0,9459540	0,8454646	0,1004893

Rückflüsse, Liquiditätstransformation, schlechtes Kreditportfolio; wahrscheinlichkeitsgewichtete Summation über Fälle l=0,1,2,3,4; n=2 — **Tabelle 5-11**

Zu (4)

Für den Erwartungswert der Zahlungen an die Aktionäre ergibt sich:

$$
\begin{aligned}
E\left[E_2^{liq}\left(\tilde{k}\right)\right] &= 0,09 \cdot 0,0024344 + 0,42 \cdot 0,0514619 + 0,49 \cdot 0,1004893 \\
&= 0,0002190 + 0,0216139 + 0,0492397 = 0,0710726
\end{aligned}
$$

Im Hinblick auf den nachfolgenden Gliederungspunkt empfiehlt es sich, den Wert mit noch höherer Nachkommagenauigkeit zu berechnen, als es hier zu Papier gebracht wird. Der Erwartungswert beträgt dann 0,0710729. Für die Erwartete Relative Rentabilität ergibt sich also gemäß (3.12):

$$r^* = +\sqrt{\frac{0{,}0710729}{0{,}04}} - 1 = 0{,}332975$$

Zu (5)

Gemäß Formel (5.74) errechnen wir:

$$LTI = \frac{0{,}781688}{0{,}7384616 + 0{,}04} - 1 = 0{,}0041445$$

Nur rd. 0,4% der langfristigen Aktiva sind bei der BEF-Bank kurzfristig refinanziert. Dies ist ein sehr niedriger Wert. Aufgrund der äußerst vorsichtigen Strategie verwundert er jedoch nicht. Liquiditätstransformation betreibt sie nur deshalb, weil der Anlagezins am Geldmarkt über der Verzinsung der Sichteinlagen in der Refinanzierung liegt. Schon bei mittleren Strategien würde der LTI-Wert in die Höhe schnellen.

170

Bank Runs

Unsere Erklärung für einen hohen zwischenzeitlichen Einlagenabzug können wir noch leicht variieren. Bisher war es ein mit einer sehr geringen Wahrscheinlichkeit ausgestattetes Ereignis, dass viele, wenn nicht sogar alle Sichteinleger des Kreditinstitutes ihre Einlagen zwischenzeitlich abziehen. Der Grund dafür ist, dass in der Binomialen Struktur das Abzugsverhalten der Sichteinleger stochastisch unabhängig ist – eine für den Wirtschaftsalltag durchaus realistische Annahme. Ein Blick in die Wirtschaftsgeschichte lehrt jedoch, dass wir sie bei krisenhaften Zuspitzungen nicht mehr treffen dürfen. Sind die Wirtschaftssubjekte etwa durch depressive volkswirtschaftliche Entwicklungen erst einmal hinlänglich verunsichert, machen Informationen über Zahlungsschwierigkeiten von Banken schnell die Runde, und es spielt hierbei kaum eine Rolle, ob diese Informationen zutreffend sind oder nicht. Das Beispiel der Deflationsspirale der Jahre 1931 bis 1933 lehrt ferner, dass diese Ansteckungseffekte sowohl internationaler als auch nationaler Natur sein können.[247] Das Abzugsverhalten der Einleger wird dann hochgradig positiv korreliert, und es kann zu einem wahren Sturm auf die Bankschalter, einem Bank Run, kommen. Der ordnungspolitische Rahmen für das Bankgewerbe ist heute jedoch weitaus dichter gewebt als damals und weist beispielsweise mit den Einlagensicherungssystemen Regelungselemente auf, die ganz gezielt auch gegen Kassenstürme wirken.[248]

---

[247] Vgl. Kindleberger (1984), S. 371-380.
[248] Vgl. Kaiser (1996), S. 644.

5.4.7 Versicherungsunternehmen: Konditionierungstransformation

Wie zur Integration der Liquiditätstransformation (Rn. 165-170) eignet sich unser Modell der Finanzintermediation auch zur Berücksichtigung der von Versicherungsunternehmen charakteristisch vollzogenen Konditionierungstransformation. Versicherungsverträge (Rn. 8-10, 74f.), die in der Praxis mannigfaltige Ausgestaltungsformen haben, werden hierzu am Beispiel der Kapitallebensversicherung konkretisiert. Die Elemente der Zahlungsreihe F_t^v der Kapitallebensversicherung wollen wir zunächst für den Entscheidungs- und Kontrahierungszeitpunkt t=0 formulieren, dann für die verbleibenden Zeitpunkte t=1 und t=2. Im Zeitpunkt t=0 summieren sich die von den m Versicherungsnehmern jeweils eingezahlten Versicherungsprämien Z_0 bilanziell zum Passivum F_0^v auf. Wir können es tendenziell mit den versicherungstechnischen Rückstellungen[249], insbesondere mit der Deckungsrückstellung (Rn. 116), im handelsrechtlichen Jahresabschluss des Lebensversicherungsunternehmens assoziieren. Die Bilanzidentität des Lebensversicherungsunternehmens, deren Bilanzsumme für den Zeitpunkt t=0 wie bisher auf 1 normiert sein soll, lautet:

$$(5.75) \qquad E_0 + F_0^v \equiv K_0^k + K_0^l \equiv K_0 = 1$$

Dem Versicherungsunternehmen stehen Kapitalanlagen unterschiedlicher Laufzeit zur Verfügung. Der aktivseitige Index „k" signalisiert Kurzfristigkeit im Sinne von einperiodiger Laufzeit, aktivseitiges „l" Langfristigkeit im Sinne von zweiperiodiger. Passivseitig ist die Kapitallebensversicherung je nach Realisation des Zufallsphänomens „Erreichen der Vertragsdauer durch den Versicherungsnehmer" einperiodig oder zweiperiodig. (Schlagen wir die Brücke zwischen Praxis und Modell, sollten wir uns allerdings stets vor Augen halten, dass der Planungszeitraum eines Lebensversicherungsvertrages durchaus mehrere Jahrzehnte umspannen kann, während die für Kreditinstitute charakteristischen Refinanzierungsverträge, insbesondere Termineinlagen und Schuldverschreibungen, selten mehr als einige Jahre als Vertragsdauer umspannen.) Im Falle des vorzeitigen Ablebens in t=1 (Todesfall), ansonsten bei Erreichen der Vertragsdauer in t=2 (Erlebensfall), wird je Versicherungsvertrag eine feste Versicherungssumme $Z_1 = Z_2 = Z$ ausgezahlt, und zwar im Todesfall an die vom Versicherungsnehmer begünstigte Person, im Erlebensfall an den Versicherungsnehmer selbst.[250] Basierend auf Erfahrungswerten kann die versicherungsmathematische Kalkulation davon aus-

171
*Kapitallebens-
versicherung*

---

[249] Vgl. Farny (1992), S. 47.

[250] Diese vollständig fixierte Versicherungsleistung ist eine Vereinfachung gegenüber der Realität. Durch die noch ausstehende Überschussbeteiligung liegt die Todesfallleistung regelmäßig unter der Erlebensfallleistung; Rn. 116.

gehen, dass (1) eine Zahl m_1 von Versicherungsnehmern auf jeden Fall in t=1 verstirbt, (2) eine Zahl m_2 von Versicherungsnehmern auf jeden Fall t=2 erlebt und (3) für eine Zahl m_3 von Versicherungsnehmern unsicher ist, ob sie vorzeitig, also in t=1, ableben oder t=2 erleben. Die 3 genannten Gruppen addieren sich zur Gesamtzahl der Versicherungsnehmer des Lebensversicherungsunternehmens:

$$(5.76) \qquad m_1 + m_2 + m_3 = m$$

Die Wahrscheinlichkeit, dass ein einzelner der m_3 Versicherungsnehmer den Zeitpunkt t=2 erlebt, betrage u. (Im Sinne der Versicherungsmathematik sind in t=0 also alle Versicherungsnehmer gleich alt, gleich gesund, gleichen Geschlechts etc.). Ob ein einzelner Versicherungsnehmer den Zeitpunkt t=2 erlebt, sei zudem von der Entwicklung bei den anderen Mitgliedern des Kollektivs stochastisch unabhängig. Aus Sicht des Versicherungsunternehmens ergibt sich für die von ihm kontrahierte Kapitallebensversicherung F_t^v folgende Zahlungsreihe über die drei Modellzeitpunkte:

$$(5.77a) \qquad F_0^v = m \cdot Z_0$$

$$(5.77b) \qquad F_1^v = \left[m_1 + \left[m_3 - h \right] \right] \cdot Z$$

$$(5.77c) \qquad F_2^v = \left[m_2 + h \right] \cdot Z$$

$$(5.77d) \qquad \tilde{h} : B(m_3, u)$$

Für das Versicherungsunternehmen handelt es sich bei der Versicherungsprämie Z_0 um eine Einzahlung, bei der Versicherungssumme Z hingegen um eine Auszahlung. h ist die Zahl der Versicherungsnehmer aus der m_3-Gruppe, die t=2 erleben. Die korrespondierende Zufallsvariable $\tilde{h}$ ist eine BI-Variable (Rn. 136) mit der Verteilung B, welche durch Diversifikationsgrad m_3 und Elementarwahrscheinlichkeit u vollständig determiniert ist.

Die Geschäftstätigkeit eines Versicherungsunternehmens unterliegt ähnlich wie die eines Kreditinstituts also zwei fundamental unterschiedlichen Risiken. Während sich beide Arten von Finanzintermediären in durchaus ähnlicher Weise dem aktivischen Ausfallrisiko ausgesetzt sehen und es durch Diversifikation transformieren, unterscheidet sich das passivische, „versicherungstechnische" Risiko jedoch in der Praxis markant von der Unsicherheit, die die Einlagenabzüge bei einem Kreditinstitut überlagert. Dies resultiert zunächst aus der Dauer von Versicherungsverträgen, die bei Lebensversicherungen durchaus mehrere Jahrzehnte umspannen kann, während die charakteristische Refinanzierung von Kreditinstituten selten länger als für mehrere Jahre kontrahiert wird. Während Versicherungsunternehmen für Identifizierung und Selektion versicherungstechnischer Risiken in beachtlichem Umfang Ressourcen aufwenden, gilt Entsprechendes für Einlagenabzugsrisiken bei Kreditinstituten höchstens sekundär. Mit der Versicherungsmathematik hat sich zudem im Umfeld der Versicherungsunternehmen ein eigener Berufsstand etabliert, dessen Angehörige sich auf die Kalkulation versicherungstechnischer Risiken spezialisiert haben. Hierzu gibt es bei Kreditinstituten keine Parallele. Die Konditionierungstransformation der Versicherungsunternehmen unterscheidet sich fundamental von der Liquiditätstransformation der Kreditinstitute.

Zur Abfederung des versicherungstechnischen Risikos muss das Lebensversicherungsunternehmen seine Kapitalanlagen auf die in t=1 und t=2 möglichen Verpflichtungen aus Versicherungssummen abstimmen und auch kurzfristig investieren. Die Menge der zur Auswahl stehenden Strategien für sein Asset-Liability-Management (Rn. 117) können wir wie folgt eingrenzen:

- Bei STRATEGIE 1 wird so viel kurzfristig veranlagt, dass auch bei maximaler Sterblichkeit in t=1, das heißt bei $(m_1 + m_3)$ Todesfällen, verlässlich alle fälligen Versicherungssummen ausgezahlt werden können.

- Bei STRATEGIE 2 investiert das Lebensversicherungsunternehmen nur so viel in kurzfristige Anlagen, dass bei minimaler Sterblichkeit m_1 alle fälligen Versicherungssummen zuverlässig bedient werden können.

- Zwischen den Eckstrategien 1 und 2 ist eine Anzahl von $m_3 - 1$ MITTLEREN STRATEGIEN möglich, bei denen für moderate zwischenzeitliche Sterblichkeiten Vorsorge getroffen wird.

Gehen wir davon aus, das Versicherungsunternehmen verfolge Strategie 1, da dies den Zugang zu einer rechentechnisch einfachen Beantwortung der Fragen eröffnet, (1) welche Beträge $K_0^{k,opt}$ und $K_0^{l,opt}$ das Versicherungsunternehmen kurzfristig bzw. langfristig veranlagt und (2) welche Versicherungssumme Z^{opt} es auszahlt. Der Index „opt" kennzeichnet also die Lösung bei Umsetzung von Strategie 1. In der Praxis wird sich ein Versicherungsunternehmen allerdings kaum auf die maximal denkbare Sterblichkeit einstellen, weil es dann faktisch kaum noch langfristig investieren kann. (Wir sollten das Ergebnis, das wir bei Anwendung der Strategie 1 erhalten, deshalb noch hinterfragen.) Zur eindeutigen Bestimmung der drei genannten Größen sind drei Gleichungen notwendig. Als solche ziehen wir heran:

1. Die Aktivseite der Bilanz

   (5.75) $K_0^k + K_0^l = 1$

2. Die Bedeckung der maximalen Auszahlung an Versicherungssummen im Zeitpunkt t=1 (Strategie 1)

   (5.78) $K_0^k \cdot \left(1 + \hat{r}_K^{01}\right) = \left(m_1 + m_3\right) \cdot Z$

3. Arbitragegleichgewicht im Finanzdienstleistungssektor

Wir treffen die Annahme, dass potenzielle Eigenrefinanziers die Erbringung von Vorleistungen bei einem Kreditinstitut und bei einem Lebensversicherungsunternehmen als gleichwertige Investments betrachten und die Erwarteten Relativen Rentabilitäten beider Finanzierungsverträge sich deshalb auf dem gemeinsamen Niveau $\bar{r}^*$ einpendeln. Formal lautet diese Bedingung ganz allgemein:

$$E\left[E_2^{kon}\left(\tilde{k},\tilde{h}\right)\right] \overset{!}{=} \left(1+\bar{r}^*\right)^2 \cdot E_0$$

In dieser allgemeinen Form sind die an die Eigenrefinanziers gehenden Rückflüsse E_2^{kon} allerdings kaum handhabbar, da sich die - auch bei Versicherungsverträgen grundsätzlich relevante - Verteilungsregel (Rn. 140) manchem mathematischen Verfahren entzieht. Anders verhielte es sich, wenn die Versicherungsnehmer stets die ihnen vertraglich zustehende Versicherungssumme Z erhielten. Für diesen Fall ließe sich das Arbitragegleichgewicht wie folgt explizieren:

(5.79) $E\left[E_2^{kon}\left(\tilde{k},\tilde{h}\right)\right]$

$$= \hat{K}_0 \cdot K_0^l \cdot \left(1+2\cdot\hat{r}_K+\hat{r}_K^2\right) + \left(K_0^l - \hat{K}_0 \cdot K_0^l\right)\cdot\left(1+2\cdot\hat{r}_K+\hat{r}_K^2\right)\cdot\hat{p}$$
$$+ \left[K_0^k \cdot \left(1+\hat{r}_K^{01}\right) - \left[m_1 + \left(m_3 - m_3 \cdot u\right)\right]\cdot Z\right]\cdot\left(1+\hat{r}_K^{12}\right)$$
$$- \left[m_2 + m_3 \cdot u\right]\cdot Z - A - S$$
$$\overset{!}{=} \left(1+\bar{r}^*\right)^2 \cdot E_0$$

Der dritte Summand gibt den verzinsten erwarteten Überschuss an, der sich aus erneuter Veranlagung kurzfristiger Kapitalanlagen ergibt, die in t=1 nicht zur Auszahlung von Versicherungssummen benötigt werden.

Das Gleichungssystem (5.75), (5.78) und (5.79) hat folgendes Lösungstripel:

(5.80a) $K_0^{k,opt} =$

$$\frac{\begin{bmatrix}\left(1+\bar{r}^*\right)^2 \cdot E_0 - \hat{K}_0 \cdot \left(1+2\cdot\hat{r}_K+\hat{r}_K^2\right)- \\ \left(1-\hat{K}_0\right)\cdot\left(1+2\cdot\hat{r}_K+\hat{r}_K^2\right)\cdot\hat{p}+A+S\end{bmatrix}\cdot\left(m_1+m_3\right)}{\left\{\begin{matrix}\left[\left(\hat{K}_0-1\right)\cdot\left(1+2\cdot\hat{r}_K+\hat{r}_K^2\right)\cdot\hat{p}\cdot\left(m_1+m_3\right) - \hat{K}_0\cdot\left(1+2\cdot\hat{r}_K+\hat{r}_K^2\right)\cdot\left(m_1+m_3\right)\right] \\ + \left[\left(1+\hat{r}_K^{01}\right)\cdot\left(m_1+m_3\right) - \left[m_1+m_3-m_3\cdot u\right]\cdot\left(1+\hat{r}_K^{01}\right)\right]\cdot\left(1+\hat{r}_K^{12}\right) \\ - \left[m_2+m_3\cdot u\right]\cdot\left(1+\hat{r}_K^{01}\right)\end{matrix}\right\}}$$

(5.80b) $Z^{opt} = K_0^{k,opt} \cdot \dfrac{\left(1+\hat{r}_K^{01}\right)}{\left(m_1+m_3\right)}$

(5.80c) $K_0^{l,opt} = 1 - K_0^{k,opt}$

Sollte der Wunsch bestehen, die Lösung des Gleichungssystems nachzuvollziehen, gehe man wie folgt vor: Man forme zunächst Gleichung (5.75) in

Gleichung (5.80c) um. Sodann forme man Gleichung (5.78) in Gleichung (5.80b) um. Hierauf setze man die gemäß (5.80b) und (5.80c) erhaltenen Lösungen für Z^{opt} bzw. $K_0^{l,opt}$ in Bedingung (5.79) ein und forme nach $K_0^{k,opt}$ um. Man erhält Gleichung (5.80a). Wir wollen im Folgenden davon ausgehen, dass eine Lösung des Gleichungssystems existiert und dass sich insbesondere der Nenner des Bruches in (5.80a) von 0 verschieden realisiert. Auf der Grundlage dieser Lösung lautet die Bestimmungsgleichung für die Rückflüsse K_2^{kon}, die an die Versicherungsnehmer, die den Zeitpunkt t=2 erleben, und an die Eigenrefinanziers eines Konditionierungstransformation betreibenden Lebensversicherungsunternehmens gehen:

(5.81) $\quad K_2^{kon}(k,h)=$

$$\frac{\hat{K}_0 \cdot K_0^{l,opt}}{n} \cdot \left(1+2\cdot\hat{r}_K +\hat{r}_K^2\right)\cdot(n-k)+\frac{K_0^{l,opt}}{n}\cdot\left(1+2\cdot\hat{r}_K+\hat{r}_K^2\right)\cdot k$$

$$+\left[K_0^{k,opt}\cdot\left(1+\hat{r}_K^{01}\right)-\left[m_1+m_3-h\right]\cdot Z^{opt}\right]\cdot\left(1+\hat{r}_K^{12}\right)-A-S$$

$$\tilde{k}:B(n,\hat{p}) \qquad \tilde{h}:B(m_3,u)$$

Die Konditionierungstransformation schlägt sich beim Versicherungsunternehmen nur dann bilanziell nieder, wenn es neben dem Risikoausgleich im Kollektiv auch den über die Zeit praktiziert und entsprechend passiviert (Rn. 116). Für diesen Fall besteht die Passivseite der Versicherungsbilanz zum Teil aus konditionierten Finanzierungsverträgen, die Aktivseite hingegen durchweg aus unkonditionierten Kapitalanlagen. Bezogen auf t=0 bietet sich daher folgender Konditionierungstransformationsindikator (KTI) an:

(5.82) $\quad KTI = \dfrac{F_0^v}{K_0}$

Bei Unternehmen, die keine Konditionierungstransformation betreiben, also insbesondere bei Kreditinstituten, nimmt KTI den Wert 0 an. Bei Versicherungsunternehmen mit entsprechender bilanzieller Abbildung des Prozesses liegt er hingegen zwischen 0 und 1.

173
KTI: Konditionierungstransformationsindikator

Aufgabe 5-13

Die BEF Bankhaus Easy & Free AG und die JUL Junger Lloyd Lebensversicherung AG haben sich unter dem Dach der JUBEL Holding GmbH zu einem Bankassurance-Konzern zusammengeschlossen. Frank ist in den Vorstand des Lloyd gewechselt. Die Bilanzsumme seines Versicherungsunternehmens ist auf 1 normiert. Es wird nur an schlechte Kreditrisiken Geld ausgelegt. Weiterhin gilt auch beim Lloyd: $n=2$, $\hat{K}_0=0,9$, $\hat{p}=0,7$, $A=0,01$ und $S=0,025$. Die Refinanzierung setzt sich in t=0 aus Eigenrefinanzierung in Höhe von $E_0 = 0,04$ und Kapitallebensversicherungsverträgen auf den Todes- und den Erlebensfall mit einer summierten Versicherungsprämie in Höhe von $F_0^v = 0,96$ zusammen. Sämtliche Versicherungsprämien sind im Zeitpunkt t=0 fällig. Das Zinsszenario hat sich gegenüber Aufgabe 5-12 nicht verändert. Die JUBEL Holding hält alle $o = 4$ Aktien des Lloyd. Auf jede Aktie und auf jeden der $m = 4$ Versicherungsnehmer entfällt jeweils der gleiche Anteil an der Eigenrefinanzierung bzw. an der Fremdrefinanzierung. Die Mathematiker des Lloyd gehen davon aus, dass $m_1 = 1$ Versicherungsnehmer auf jeden Fall im Zeitpunkt t=1 ablebt und $m_2 = 2$ Versicherungsnehmer auf jeden Fall den Zeitpunkt t=2 erleben. Für $m_3 = 1$ Versicherungsnehmer ist unsicher, ob er das Ende der Vertragsdauer erlebt. Der Erlebensfall ist bei letzterem mit einer Wahrscheinlichkeit von $u = 0,6$ ausgestattet, der Todesfall mit der Gegenwahrscheinlichkeit von $(1-u) = 0,4$. Frank hat mit dem Leiter des Asset-Liability-Managements abgesprochen, Strategie 1 zu verfolgen.

(1)   Bestimmen Sie stellvertretend für den Lloyd die Höhe der kurzfristigen Kapitalanlage $K_0^{k,opt}$ und der langfristigen Kapitalanlage $K_0^{l,opt}$ sowie die Höhe der in den einzelnen Lebensversicherungsverträgen zu kontrahierenden Versicherungssumme Z^{opt} !

(2)   Weisen Sie nach, dass sich im JUBEL-Konzern tatsächlich für alle Aktionäre die gleiche Erwartete Relative Rentabilität ergibt!

Lösung:

Zu (1)

In Aufgabe 5-12 hatten wir für $\bar{r}^*$ einen Wert von 0,332975 errechnet. Damit liegen alle Werte vor, die zur Einsetzung in die Formeln (5.80a) bis (5.80c) erforderlich sind. Man erhält so folgendes Lösungstripel:

$K_0^{k,opt}$	0,4964005
Z^{opt}	0,2556463
$K_0^{l,opt}$	0,5035995

Um die in t=1 anfallenden Zahlungen von Versicherungssummen auch im Maximalfall abdecken zu können, muss der Lloyd mit rd. 49,6% also annähernd die Hälfte seiner Bilanzsumme in Kapitalanlagen mit kurzer Laufzeit investieren. Bezogen auf die von jedem einzelnen Versicherungsnehmer zu erbringende Versicherungsprämie in Höhe von 0,96/4=0,24 führt die Versicherungssumme in Höhe von rd. 0,2556 im Todesfall in t=1 zu einer Erwarteten Relativen Rentabilität in Höhe von rd. 6,5%. Im Erlebensfall wird die Versicherungssumme erst in t=2 fällig, sodass wir eine Erwartete Relative Rentabilität von rd. 3,2% errechnen. Der von der BEF-Bank gebotene Langfristzins von 7% wird vom Lloyd also in keinem der beiden Fälle erreicht. Dieses Resultat ist keineswegs überraschend: Die niedrigere Rentabilität ist der Preis für die Übernahme wirtschaftlicher Konsequenzen des Sterblichkeitsrisikos durch das Lebensversicherungsunternehmen im Rahmen seiner Konditionierungstransformation.

Zu (2)

Um die Erwartete Relative Rentabilität für die von den Aktionären des Lloyd gezeichneten Aktien zu berechnen, müssen wir die an sie gehenden Rückflüsse berechnen. Diese hängen nicht nur von der Anzahl k erfolgreich abgeschlossener Kreditengagements ab, sondern auch von der Anzahl h an Versicherungsnehmern der dritten Gruppe, die den Zeitpunkt t=1 erleben. Zwei Fälle sind möglich: $h = 0$ und $h = 1$. Berechnen wir zunächst die Rückflüsse für jeden dieser beiden Fälle, um sie dann wahrscheinlichkeitsgewichtet aufzuaddieren. (Teilweise ergeben sich nachfolgend Rundungsdifferenzen im Text durch erhöhte Nachkommagenauigkeit in den Tabellen.)

Rückflüsse, Konditionierungstransformation, schlechtes Kreditportfolio, h=0, n=2 | *Tabelle 5-12*

---

n	k	f (k)	K_2^{kon} (k)	F_2^{kon} (k)	E_2^{kon} (k)
2	0	0,09	0,5335437	0,5112925	0,0222512
	1	0,42	0,5651294	0,5112925	0,0538369
	2	0,49	0,5967152	0,5112925	0,0854227

Die Wahrscheinlichkeiten, mit denen die Fälle k=0, k=1 und k=2 für h=0 ausgestattet sind, haben sich gegenüber unseren Berechnungen zur Liquiditätstransformation nicht verändert. h=0 ist gegeben. Für den mit einer Wahrscheinlichkeit von 0,42 ausgestatteten Fall k=1 wurde zum Beispiel wie folgt gerechnet:

$$K_2^{kon}(k = 1, h = 0) =$$
$$\frac{0,9 \cdot 0,5035995}{2} \cdot \left(1 + 2 \cdot 0,12 + 0,12^2\right) \cdot (2-1) + \frac{0,5035995}{2} \cdot \left(1 + 2 \cdot 0,12 + 0,12^2\right) \cdot 1$$
$$+ \left[0,4964005 \cdot (1 + 0,03) - [1 + 1 - 0] \cdot 0,2556463\right] \cdot (1 + 0,03) - 0,01 - 0,025$$
$$= 0,2842718 + 0,3158576 + 0,0000000 - 0,01 - 0,025$$
$$= 0,5651294$$

Aus diesen Rückflüssen hat der Lloyd für $m_2 = 2$ verstorbene Versicherungsnehmer die vertraglich versprochenen Versicherungssummen zu zahlen, also:

$$F_2^{kon}(k = 1) = 2 \cdot 0,2556463 = 0,5112925$$

Damit verbleibt aus Sicht der JUBEL Holding folgender Residualanspruch:

$$E_2^{kon}(k = 1) = 0,5651294 - 0,5112925 = 0,0538369$$

Nun entsprechend für h=1:

Rückflüsse, Konditionierungstransformation, schlechtes Kreditportfolio, h=1, n=2

n	k	f (k)	K_2^{kon} (k)	F_2^{kon} (k)	E_2^{kon} (k)
2	0	0,09	0,7968593	0,7669388	0,0299206
	1	0,42	0,8284451	0,7669388	0,0615063
	2	0,49	0,8600309	0,7669388	0,0930921

Tabelle 5-13 liegt die gleiche Rechensystematik zugrunde wie Tabelle 5-12, sodass weiterer Erläuterungsbedarf kaum bestehen dürfte. Als Grundlage für die Erwartete Relative Rentabilität der Eigenrefinanzierung sind die Rückflüsse aus beiden Tabellen nun wahrscheinlichkeitsgewichtet aufzusummieren. Wir erinnern uns, dass „$h = 0$" mit einer Wahrscheinlichkeit von 0,4 zu gewichten ist, „$h = 1$" mit einer Wahrscheinlichkeit von 0,6:

Rückflüsse, Konditionierungstransformation, schlechtes Kreditportfolio, wahrscheinlichkeitsgewichtete Summation über Fälle h=0 und h=1; n=2

n	k	f (k)	K_2^{kon} (k)	F_2^{kon} (k)	E_2^{kon} (k)
2	0	0,09	0,6915331	0,6646803	0,0268528
	1	0,42	0,7231188	0,6646803	0,0584386
	2	0,49	0,7547046	0,6646803	0,0900243

Im Fall k=1 liegt der Berechnung der Rückflüsse an die Eigenrefinanzierung exemplarisch folgende Berechnung zugrunde:

$$E_2^{kon}(k = 1) = 0,4 \cdot 0,0538369 + 0,6 \cdot 0,0615063 = 0,0584386$$

Damit folgt unmittelbar:

Relative Rentabilitäten und Risiken, Konditionierungstransformation, n=2

n=2	K_2^{kon} (k)	F_2^{kon} (k)	E_2^{kon} (k)
$E[...]$	0,7357531	0,6646803	0,0710729
$r^*(...)$	0,2087136		0,3329748
$Var[\bar{r}^*(...)]$	0,0002853		0,0439329
$SD[\bar{r}^*(...)]$	0,0168913		0,2096017

Aus Sicht der Fremdrefinanzierung macht hier die Berechnung der Erwarteten Relativen Rentabilität und des Relativen Risikos keinen Sinn, da ja die

Zahl der betroffenen Versicherungsnehmer nicht konstant bleibt. Für die Erwartete Absolute Rentabilität der Eigenrefinanzierung ergibt sich:

$$E\left[E_2^{kon}\left(\tilde{k};\tilde{h}\right)\right] = 0,09 \cdot 0,026853 + 0,42 \cdot 0,058439 + 0,49 \cdot 0,090024 = 0,0710729$$

Beziehen wir diesen Erwartungswert auf den von den Eigenrefinanziers insgesamt vorgeschossenen Betrag in Höhe von 0,04, erhalten wir tatsächlich die geforderte Erwartete Rentabilität:

$$r^* = \sqrt{\frac{0,0710729}{0,04}} - 1 = 0,3329748$$

Unser Beispiel stellt also tatsächlich ein Arbitragegleichgewicht im Finanzdienstleistungssektor dar.

Denken wir noch etwas über unseren Modellrahmen hinaus. Wir hatten angenommen, das Lebensversicherungsunternehmen verfolge bei der Abstimmung seiner Aktiva mit den Passiva die vorsichtigste Politik, die möglich ist, also Vorsorge für die maximal denkbare Sterblichkeit (Strategie 1). In einem großen Kollektiv von Versicherungsnehmern mit ausgewogener Altersmischung wäre eine solche Politik verfehlt. Das Unternehmen könnte hierdurch zu keinem Zeitpunkt signifikant langfristig veranlagen und hätte Rentabilitätseinbußen zu verkraften, die seine Versicherungsnehmer wohl kaum zu akzeptieren bereit wären. Auch wenn versicherungsmathematische Kalkulation von Risiken vorsichtige Kalkulation ist, stellt sie nicht auf den Maximalbelastungsfall ab. Versicherungsunternehmen investieren in der Praxis ausgeprägter langfristig, als es Strategie 1 erwarten lässt.

174
Kumulrisiken

Bei Versicherungsunternehmen besteht zum anderen die Gefahr, dass eine stochastische Unabhängigkeit der versicherten Risiken in Sondersituationen nicht mehr unterstellt werden darf. Das Erscheinungsbild dieser so genannten Kumulrisiken unterscheidet sich allerdings von den Bank Runs auf Kreditinstitute (Rn. 170). Während dort willentlich getroffene Kündigungsentscheidungen in Extremsituationen hochgradig positiv korrelieren, ist es hier ein der menschlichen Entscheidung entzogenes Ereignis, das bei einer Vielzahl von Verträgen die Fälligkeit der Versicherungssumme auslöst.[251] Bei Schadens- und Unfallversicherungsunternehmen sind Wirbelstürme und Hagelschauer einprägsame Beispiele. Bei Lebensversicherungsunternehmen könnte eine bisher unbekannte, tödliche Seuche zu einer kumulierten Fälligkeit von Versicherungssummen führen.

Gerade der Abgleich von Bank Runs und Kumulrisiken zeigt deutlich, dass die Finanzintermediation der Kreditinstitute und die der Versicherungsun-

---

[251] Vgl. Koch/Umann/Weigert (2002), S. 73.

ternehmen zwar einen gemeinsamen theoretischen Kern aufweisen, sich aber auch in ganz charakteristischer Weise unterscheiden. Es sind insbesondere die Unterschiede in der täglichen Handhabung des versicherungstechnischen Risikos und des Liquiditätsrisikos, die zu dem sich signifikant unterscheidenden Erscheinungsbild von Versicherungsunternehmen und Kreditinstituten in der Praxis führen. Im Lichte dieser Erkenntnis überrascht es uns nicht mehr, dass das Aufsichtsrecht das gleichzeitige Betreiben von Versicherungsgeschäften und Bankgeschäften bei ein und demselben Rechtssubjekt grundsätzlich nicht zulässt. Es käme ansonsten zu einer Vermischung fundamental unterschiedlicher Risiken. Die institutionelle Separierung des Versicherungsgeschäfts und des Bankgeschäfts (Rn. 120f.) ist wohl begründet.

6 Antworten, die sich ergeben - und wohin nun?

6.1 Zusammenfassung mit Leitsystem

Zu Beginn dieser Untersuchung hatten wir uns Fragen gestellt (Rn. 1): Warum gibt es Finanzintermediäre? Und warum werden sie in der Praxis der Hoheitlichen Beaufsichtigung (Rn. 119) in die beiden zentralen Grundtypen Kreditinstitut und Versicherungsunternehmen geschieden? So lautete im Wesentlichen deren Inhalt.

Das theoretische Modell des Finanzintermediärs lässt sich eindeutig und im Hinblick auf die Wirtschaftspraxis auch operabel definieren. Es handelt sich um eine Institution, die durch Abschluss gegenläufiger Finanzierungsverträge für eigene Rechnung zwischen potenzielle originäre Parteien von Finanzierungsverträgen tritt (Rn. 118). Zur Beantwortung unserer Fragen liegt es also mehr als nahe, die Argumentationskette bei den Finanzierungsverträgen zu beginnen. Es sind dies Tauschverträge, die durch ein zeitliches Auseinanderfallen von Vorleistung und Gegenleistung gekennzeichnet sind (Rn. 6), wobei das Medium der Erbringung von Vorleistung und Gegenleistung regelmäßig Geld ist (Rn. 25). Auch die Vorleistung in einen Finanzierungsvertrag ist damit eine Investitionsentscheidung (Rn. 28), die jedoch gegenüber Realinvestitionen 3 beachtliche Sonderaspekte zeigt:

1. Realinvestitionen lassen sich zwischenzeitlich, also vor Ende der Nutzungsdauer, nicht „kündigen". Ein Handel bereits realisierter Realinvestitionen ist ferner wenig üblich. Bei Finanzierungsverträgen ist eine Kündigung hingegen grundsätzlich darstellbar, ein Handel an Sekundärmärkten je nach Marktsegment durchaus gebräuchlich. Durch beide Faktoren können Finanzierungsverträge ausgesprochen liquide werden, sodass sie sich vom Finanzier auch vor Ende der ex ante intendierten Vertragsdauer problemlos wieder zu Geld machen lassen (Rn. 45, 79-86). Der Finanzierte wird durch ein gläubigerseitiges Kündigungsrecht spiegelbildlich dem Risiko ausgesetzt, aufgrund dieser willentlichen Entscheidung des Finanziers Zahlungsmittel aufbringen zu müssen.

2. Eine autonome Durchführung eröffnet bei einer Realinvestition die ausgeprägtesten Verfügungs- und Informationsrechte, die unsere Rechts-

ordnung kennt. Die Kontrahierung von Finanzierungsverträgen erlaubt es demgegenüber, diese Rechte in mannigfaltiger Weise zu stufen und hierdurch auf die individuellen Vorstellungen verschiedener Finanziers einzugehen. Verfügungs- und Informationsrechte (Rn. 44, 77f.) ebnen dem Finanzier den Weg zu einer Einflussnahme auf den weiteren Verlauf bereits realisierter Investitionen. Ist der Finanzierungsvertrag zudem liquide, verbessern sie ferner die informationspolitische Basis des Finanziers für eine zwischenzeitliche Revision seiner ursprünglichen Investitionsentscheidung im Wege des Ausstiegs. Diesen beiden attraktiven Eigenschaften steht regelmäßig der Nachteil gegenüber, dass die Wahrnehmung von Verfügungs- und Informationsrechten Kosten verursacht.

3. Bestimmte stochastische Entwicklungen („Tod", „Feuer" etc.) können für ein Wirtschaftssubjekt oder von ihm versorgte Personen das Risiko eines erheblichen Vermögensverlustes bedeuten. Wird die Gegenleistung aus einem Finanzierungsvertrag aber dem Grunde und der Höhe nach präzise auf eine bestimmte stochastische Entwicklung konditioniert (Rn. 10, 46, 74-76), werden der Finanzier bzw. die von ihm versorgten Personen insofern vom Vermögensrisiko freigestellt. Da die Gegenleistung aus einem solchen Versicherungsvertrag grundsätzlich nicht von willentlichen Entscheidungen des Finanziers abhängig ist, darf die Versicherungssumme den Betrag der zuvor erbrachten Versicherungsprämien je nach Vertragsverlauf auch deutlich übersteigen. Die Konditionierung kann für einen Finanzier eine attraktive Eigenschaft seiner Investition darstellen, setzt den gegebenenfalls zur Gegenleistung Verpflichteten jedoch an seiner Stelle dem Risiko aus, Zahlungsmittel aufbringen zu müssen.

176
Allgemeine
Intermediär-
funktionen

Diese 3 im Kontext der Investitionsentscheidungen von der Wirtschaftstheorie (Rn. 28-42) bis heute kaum (und eher schon von der bodenständigen kaufmännischen Ausbildung) berücksichtigten Besonderheiten von Finanzierungsverträgen weisen den Weg zu einer integrierten Theorie der Finanzintermediation durch Kreditinstitute und Versicherungsunternehmen. Hat man erst einmal die Entscheidungskriterien für Investitionen in Finanzierungsverträge erfasst, folgt die Systematisierung der von Finanzintermediären finanzierungsspezifisch erbrachten Leistungen quasi „von selbst". Auf dem Weg dorthin ist zunächst aber zu konstatieren, dass Intermediationsphänomene keineswegs auf den gegenläufigen Abschluss von Finanzierungsverträgen beschränkt sind. Der Abschluss gegenläufiger Tauschverträge für eigene Rechnung ist ebenfalls im Zusammenhang mit Kassaverträgen und Terminverträgen zu beobachten (Rn. 98-101). Ganz allgemein transformieren Intermediäre Tauschverträge hinsichtlich wesentlicher entscheidungsrelevanter Kriterien. Dies bezieht sich auf den Ort und den Zeitpunkt der Erbringung von Leistung und Gegenleistung wie auch auf den Betrag dieser beiden Vertragsbestandteile (Rn. 104-106). Entsprechend fassen wir die Räumliche Transformation, die Zeitliche Transformation und die Betragstransformation zur Gruppe der Allgemeinen Intermediärfunktionen zusammen (vgl. nachfolgende Abbildung 6-1).

Zu den Funktionen von Intermediären gehört weiterhin die Selektion und Transformation von Risiken. Allerdings unterscheiden sich die Risiken bei Kassaverträgen, Finanzierungsverträgen und Terminverträgen systematisch (Rn. 62-73). Aus diesem Grund wird das Management finanzierungsvertraglicher Risiken hier bereits den Finanzierungsspezifischen Intermediärfunktionen zugeschlagen. Bei nicht perfekt positiver Korrelation kann ein Finanzintermediär das Risiko, dem seine einzelnen aktivischen Auslagen ausgesetzt sind, herunterschleusen und so seinen Refinanziers Gegenleistungen auf niedrigerem Risikoniveau in Aussicht stellen (Rn. 109, 162f.). Im engen sachlichen Zusammenhang mit dieser Risikotransformation fällt auch das Argument an, warum Finanzierungsverträge indirekt über eine zwischengeschaltete Institution statt direkt zwischen originären Vertragsparteien kontrahiert werden: Stellvertretend für Gruppen von Refinanziers kann der Finanzintermediär kosteneffizient Aufgaben wie die Selektion guter und schlechter Kreditrisiken übernehmen. Die zugehörige modelltheoretische Argumentation lässt sich auf das intuitiv besonders plausible Entscheidungskriterium der Stochastischen Dominanz stützen (Rn. 148-161).

177
Finanzierungs-
spezifische
Intermediär-
funktionen

Um eine Finanzierungsspezifische Intermediärfunktion handelt es sich weiterhin bei der Zentralisierten Ausübung der Verfügungs- und Informationsrechte, die Finanzierungsverträge in einzigartig gestufter Weise verbriefen können (Rn. 111, 164). Sie ergänzt sich schlüssig mit anderen Funktionen von Finanzintermediären, denen ja aus ihrem Aktivgeschäft besondere, nicht allgemein verfügbare Informationen und Einflusspotenziale zuwachsen. Wie das Risikomanagement kann die Zentralisierte Ausübung von Verfügungs- und Informationsrechten gleichermaßen von Kreditinstituten und Versicherungsunternehmen wahrgenommen werden. Beide Funktionen bilden deshalb den Gemeinsamen Kern der Finanzintermediation (vgl. Abb. 6-1).

178
Gemeinsamer
Kern

Diesem Gemeinsamen Kern stehen Finanzierungsspezifische Funktionen gegenüber, die Kreditinstitute und Versicherungsunternehmen jeweils charakteristisch ausüben. Den Zugang zu deren Verständnis eröffnen Liquidität und Konditionierung. Sichteinlagen sind ein grundsätzlich den Kreditinstituten vorbehaltenes Instrument der Refinanzierung. Aufgrund ihrer äußerst kurzfristigen Kündigungsmöglichkeit und damit besonders hohen Liquidität setzen sie das Kreditinstitut dem passivischen Risiko aus, seinen Refinanziers Zahlungsmittel zwischenzeitlich bereitstellen zu müssen. Ist das Abzugsverhalten der Einleger allerdings voneinander stochastisch unabhängig, kommen wie bei der Risikotransformation Diversifikationseffekte

179
Charakteristische
Funktionen

zum Tragen. Durch einen breit gestreuten Kreis an Einlegern kann ein Kreditinstitut das Einlagenabzugsrisiko herunterschleusen und trotz rechtlich kurzfristiger Refinanzierung langfristige Kredite auslegen. Hierdurch betreibt es Liquiditätstransformation (Rn. 112-114, 165-170).

Aus der Konditionierung von Versicherungsverträgen resultiert demgegenüber das passivische Risiko der Versicherungsunternehmen. Hier sind es stochastische Entwicklungen statt willentlicher Entscheidungen, die zwischenzeitliche Auszahlungen induzieren können. Streut das Versicherungsunternehmen aber seine Refinanzierung auf eine Vielzahl stochastisch unabhängiger Versicherungsnehmer, immunisiert es sich innerhalb gewisser Grenzen von diesem versicherungstechnischen Risiko. Hierdurch vermag es unkonditioniert Kapital zu veranlagen und Konditionierungstransformation zu betreiben (Rn. 115f., 171-174). Betrachten wir zu den Funktionen von Finanzintermediären abschließend folgende Abbildung:

Abbildung 6-1 | *Funktionen von Finanzintermediären im Überblick*

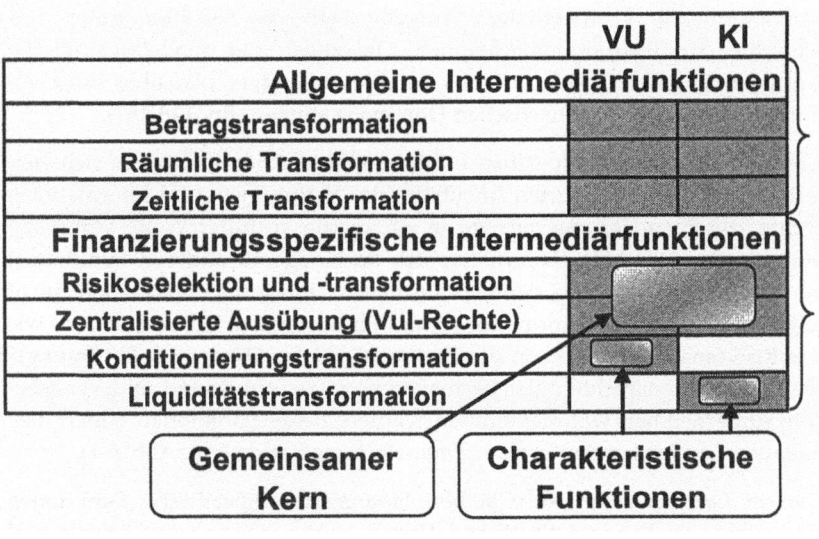

Damit gelangen wir zu der Feststellung, dass sich die Finanzierungsspezifische Intermediationstätigkeit von Kreditinstituten und die von Versicherungsunternehmen in mancher Hinsicht stark ähneln, in anderer Hinsicht aber auch fundamental voneinander unterscheiden: Bei Kreditinstituten wie auch bei Versicherungsunternehmen muss sich das Asset-Liability-Management auf die Möglichkeit eines hohen zwischenzeitlichen Zahlungsmittelbedarfs einstellen, dessen Anfall stochastisch, also nicht mit Sicherheit vorherzusagen ist. Versicherungsunternehmen vermögen es jedoch, im Rahmen ihres Geschäftsprozesses anhand identifizierter Merkmale Gruppen ähnlicher Versicherungsnehmer zusammenzustellen und hieraus Prognosen zur Lebenserwartung, Schadenserwartung etc. abzuleiten. Die Kündigung von Einlagen bei Kreditinstituten resultiert hingegen unmittelbar aus einer willentlichen Entscheidung des Einlegers. Dass diese Entscheidung mittelbar durch überlagernde stochastische Entwicklungen wie die Konjunktur verursacht werden kann, ist unerheblich. Sie ist einer Identifizierung kaum zugänglich.

Dieser konstitutive Unterschied im Transformationsprozess dürfte ein zentrales Argument für die institutionelle Trennung des Versicherungsgeschäftes vom Bankgeschäft in unserer Rechtsordnung darstellen. Die Abschichtung durch getrennte Rechtssubjekte erlaubt eine klare Separierung der zum Gläubigerschutz vorgehaltenen Vermögensmassen. Die unterschiedlichen Instrumente des jeweiligen Hoheitlichen Aufsichtssystems können so ohne das Erfordernis einer vorherigen Trennung unmittelbar greifen.

Synergiepotenziale bestehen gleichwohl. Expertise, die Kreditinstitute und Versicherungsunternehmen im Aktivgeschäft bei der Erkennung attraktiver Investitionsmöglichkeiten jeweils gewonnen haben, ist grundsätzlich auch für den anderen Finanzintermediär von Wert. Bündeln beide ferner ihre Investitionsvolumina, bauen sie hierdurch Marktmacht auf und verbessern tendenziell ihre Konditionen. Hinzu kommt, dass die Banken bis heute im Vertrieb stark auf die Filiale fokussiert sind, die Versicherungsunternehmen auf den Außendienst. Grundsätzlich können aber auch Versicherungsverträge in der Bankfiliale und Termineinlagen vom Versicherungsvertreter vertrieben werden usw. Es kann sich also anbieten, die jeweiligen Vertriebsorganisationen miteinander zu verzahnen und den Kunden ein breites Sortiment an Finanzdienstleistungen im Wege einer Multi-Channel-Strategie anzubieten. So, wie die Märkte zusammenwachsen, könnten auch die Bankassurance-Projekte und die sie begleitende Hoheitliche Aufsicht mehr und mehr unter einem europäischen Stern stehen.

6.2 Die Theorie der Finanzintermediation: To Do

181
Integratives Denken, Kunstlehre

Die Theorie der Finanzintermediation ist zurzeit durch einen hohen Innovationsgrad gekennzeichnet und entwickelt sich zu einem faszinierenden Teilgebiet der Wirtschaftstheorie. Kreditinstitute und Versicherungsunternehmen als deren wichtige Erkenntnisobjekte sehen sich aber aktuell höchstens aus der Ferne. Ein gemeinsames wissenschaftliches Vorgehen beider theoretischen Teildisziplinen wäre zur Zeit wohl auch ein noch zu weit gehendes Petitum. Einer Schärfung des Bewusstseins für den Gemeinsamen Kern der Finanzintermediation braucht dies aber nicht entgegenzustehen.

Das Walrasianische Paradigma (Rn. 19) hat für die Zukunft wissenschaftlich nicht ausgedient. Es bedarf aber einer geeigneten Flankierung. Das Forschungsleitbild laufend neu zuströmender Information (Rn. 49-52) bietet sich im positiven wie im normativen Bereich hierzu an. Es ermöglicht gänzlich neue Erklärungsmuster für Phänomene des Wirtschaftsalltags und die Fundierung neuer Kriterienkataloge für Entscheidungssituationen. Das in dieser Untersuchung entwickelte Modell der Finanzintermediation basiert auf diesem Leitbild. Die Herleitung optimaler Diversifikationsgrade und Finanzierungsmixe aus einem mikroökonomischen Optimalitätskalkül könnte eine lohnende Modellerweiterung zu normativen Zwecken darstellen und uns näher zur Fragestellung der Steuerung des „Systems" Finanzintermediär bringen (Rn. 4).

Schwierige Entscheidungssituationen, wie sie etwa die Steuerung von Finanzintermediären mit sich bringt, sind und bleiben der Lackmustest für die Wirtschaftswissenschaft. Gibt sie hierzu überzeugende Handlungsempfehlungen ab, dann ist sie Kunstlehre[252] im Schmalenbachschen Sinne und entlässt ihre Absolventen mit einem nachhaltigen Fertigkeitsvorsprung wie auch mit frischem Wissensdurst in die Praxis. Sollte dies der Theorie der Finanzintermediation gelingen, wäre es keineswegs überraschend, wenn sie im Wirtschaftsleben ähnlich tiefe Spuren hinterlässt wie etwa zuvor das Finanzmarktmodell CAPM oder die Optionsbewertung nach Black und Scholes[253].

---

[252] Vgl. Schmalenbach (1911/1912), S. 305.
[253] Vgl. Black/Scholes (1973), S. 637.

Rechtsquellenverzeichnis

Aktiengesetz (AktG)

Aktiengesetz vom 6. September 1965 (BGBl. I S. 1089), zuletzt geändert durch Art. 5 Gesetz vom 15.12.2004 (BGBl. I S. 3408).

Anlageverordnung (AnlV)

Verordnung über die Anlage des gebundenen Vermögens von Versicherungsunternehmen vom 20. Dezember 2001 (BGBl. I S. 3913), zuletzt geändert durch Art. 13 Gesetz vom 22.05.2005 (BGBl. I S. 1373).

Bausparkassengesetz (BausparkG)

Gesetz über Bausparkassen in der Fassung der Bekanntmachung vom 15. Februar 1991 (BGBl. I S. 454), zuletzt geändert durch Art. 7 Gesetz vom 05.04.2004 (BGBl. I S. 502).

Bürgerliches Gesetzbuch (BGB)

Bürgerliches Gesetzbuch (BGB) in der Fassung der Bekanntmachung vom 2. Januar 2002 (BGBl. I S. 42, 45, bereinigt S. 2909, erneut bereinigt BGBl. I 2003, S. 738).

Genossenschaftsgesetz (GenG)

Gesetz betreffend die Erwerbs- und Wirtschaftsgenossenschaften vom 19. August 1994 (BGBl. I S. 2202), zuletzt geändert durch Art. 2 Gesetz vom 27.12.2004 (BGBl. I S. 3846).

GmbH-Gesetz (GmbHG)

Gesetz betreffend die Gesellschaften mit beschränkter Haftung vom 20. April 1892 (RGBl. S. 477) in der Fassung der Bekanntmachung vom 20. Mai 1898 (RGBl. S. 846), zuletzt geändert durch Art. 12 Gesetz vom 22.03.2005 (BGBl. I S. 837).

Handelsgesetzbuch (HGB),

Handelsgesetzbuch (ohne Seehandel) vom 10. Mai 1897 (RGBl. S. 219), zuletzt geändert durch Art. 1 Gesetz vom 03.08.2005 (BGBl. I S. 2267).

Insolvenzordnung (InsO)

Insolvenzordnung vom 5. Oktober 1994 (BGBl. I S. 2866), zuletzt geändert durch Gesetz vom 22.03.2005 (BGBl. I S. 837).

Investmentgesetz (InvG)

Investmentgesetz vom 15. Dezember 2003 (BGBl. I S. 2676), zuletzt geändert durch Art. 8 Abs. 8 Gesetz vom 04.12.2004 (BGBl. I S. 3166).

Kreditwesengesetz (KWG)

Gesetz über das Kreditwesen in der Fassung der Bekanntmachung vom 9. September 1998 (BGBl. I S. 2776), zuletzt geändert durch Art. 4a Gesetz vom 22.09.2005 (BGBl. I S. 2809).

Pfandbriefgesetz (PfandBG)

Gesetz zur Neuordnung des Pfandbriefrechts vom 22. Mai 2005 (BGBl. I S. 1373).

Versicherungsaufsichtsgesetz (VAG)

Gesetz über die Beaufsichtigung der Versicherungsunternehmen in der Fassung der Bekanntmachung vom 17. Dezember 1992 (BGBl. 1993 I S. 2), zuletzt geändert durch Art. 3 Gesetz vom 22.05.2005 (BGBl. I S. 1373).

Versicherungsvertragsgesetz (VVG)

Gesetz über den Versicherungsvertrag vom 30. Mai 1908 (RGBl. S. 263), zuletzt geändert durch Art. 6 Gesetz vom 02.12.2004 (BGBl. I S. 3102).

Literaturverzeichnis

AKERLOF, G. A.: The Market for Lemons. Quality Uncertainty and the Market Mechanism, QJoE 84 (1970), S. 488 - 500.

ALBRECHT, P.: Zur Risikotransformationstheorie der Versicherung. Grundlagen und ökonomische Konsequenzen, Karlsruhe: VVW (1992).

ALCHIAN, A. A.: The Rate of Interest, Fisher's Rate of Return over Costs and Keynes' Internal Rate of Return, AER 65 (1955), S. 938-43.

ALLEN, F. / GALE, D.: Financial Markets, Intermediaries, and Intertemporal Smoothing, JoPE 105 (1997), S. 523-546.

ALLEN, F. / GALE, D.: Innovations in Financial Services, Relationships, and Risk Sharing, MS 45 (1999), S. 1239-1253.

ALLEN, F. / SANTOMERO, A. M.: The Theory of Financial Intermediation, JoBF 21 (1998), S. 1461-1485.

ARNOLD, H.: Risikentransformation, in: BÜSCHGEN, H. E. (Hrsg.): Handwörterbuch der Finanzwirtschaft, Stuttgart: Poeschel (1976), Sp. 1506-1516.

ARROW, K. J.: Alternative Approaches to the Theory of Choice in Risk-Taking Situations, Econometrica 19 (1951), S. 404-437.

BAGEHOT, W.: Lombard Street. A Description of the Money Market, New and Revised Edition, London: Kegan Paul, Trench, Trübner & Co. (1906).

BARCLAY, M. J. / HOLDERNESS, C. G.: Private Benefits from Control of Public Corporations, JoFE 25 (1989), S. 371-395.

BARTHEL, C. W.: Unternehmenswert: Die zuschlagsorientierten Bewertungsverfahren, DB 49 (1996), S. 1349-1358.

BAUMANN, J.: Einführung in die Rechtswissenschaft, 6., überarbeitete Auflage, München: Beck (1980).

BEIKE, R. / BARCKOW, A.: Risk-Management mit Finanzderivaten. Steuerung von Zins- und Währungsrisiken, 3., aktualisierte und erweiterte Auflage, München / Wien: Oldenbourg (2002).

BENSTON, G. J. / SMITH, C. W.: A Transactions Cost Approach to the Theory of Financial Intermediation, JoF 31 (1976), S. 215-231.

BERGER, A. N. / UDELL, G. F.: Relationship Lending and Lines of Credit in Small Firm Finance, JoB 68 (1995), S. 351-381.

BERLIN, M. / LOEYS, J.: Bond Covenants and Delegated Monitoring, JoF 43 (1988), S. 397-412.

BERNING, R.: Grundlagen der Produktion. Produktionsplanung und Beschaffungsmanagement, Berlin: Cornelsen (2001).

BERNOULLI, D.: Exposition of a New Theory on the Measurement of Risk, Econometrica 22 (1954), S. 23-36; im Original: Specimen Theoriae Novae de Mensura Sortis, Commentarii Academiae Scientiarum Imperialis Petropolitanae 5 (1738), S. 175-192.

BERNOULLI, J.: Wahrscheinlichkeitsrechnung (Ars conjectandi). I., II., III. und IV. Theil (1713) mit dem Anhange: Brief an einen Freund über das Ballspiel (Jeu de Paume), Thun / Frankfurt am Main: Deutsch (1999).

BESTER, H.: Screening vs. Rationing in Credit Markets with Imperfect Information, AER 75 (1985), S. 850-855.

BHATTACHARYA, S. / THAKOR, A. V.: Contemporary Banking Theory, JoFI 3 (1993), S. 2-50.

BITZ, M.: Investition, in: BITZ, M. ET AL. (Hrsg.): Vahlens Kompendium der Betriebswirtschaftslehre, Band 1, 2., überarbeitete und erweiterte Auflage, München: Vahlen (1989), S. 423 - 481.

BITZ, M.: Finanzdienstleistungen, 7. unwesentlich veränderte Auflage, München / Wien: Oldenbourg (2005).

BIZ (Hrsg.): Dreiundfünfzigster Jahresbericht. 1. April 1982 – 31. März 1983, Basel (1983).

BLACK, F. / SCHOLES, M.: The Pricing of Options and Corporate Liabilities, JoPE 81 (1973), S. 637-654.

BLOHM, H. / LÜDER, K.: Investition: Schwachstellenanalyse des Investitionsbereichs und Investitionsrechnung, 8., aktualisierte und ergänzte Auflage, München: Vahlen (1995).

BÖHM-BAWERK, E. V.: Genauere Erläuterungen und Beweise für die Regel von der Mehrergiebigkeit der kapitalistischen Produktionsumwege, Exkurs I, in: DERS. (Hrsg.): Kapital und Kapitalzins, Band II, Positive Theorie des Kapitales, 4. Auflage, Jena: Fischer (1921), S. 1-41.

BOOT, A. W. A.: Relationship Banking: What Do We Know?, JoFI 9 (2000), S. 7-25.

BOOT, A. W. A. / THAKOR, A. V.: Moral Hazard and Secured Lending in an Infinitely Repeated Credit Market Game, IER 35 (1994), S. 899-920.

BOULDING, K. E.: Time and Investment, Economica N.S. 3 (1936), S. 196-220.

BRAUMÜLLER, P.: Versicherungsaufsichtsrecht, Wien / New York: Springer (1999).

BRONSTEIN, I. N. / SEMENDJAJEW, K. A., Taschenbuch der Mathematik, 21. Auflage, Thun / Frankfurt am Main: Deutsch (1981).

BÜSSELMANN, E.: Bankenaufsicht und marktbezogenes Eigenkapital, Wiesbaden: Gabler (1993), zugleich Dissertation, Frankfurt am Main: Johann-Wolfgang-Goethe-Universität (1992).

CHAN, Y.-S. / GREENBAUM, S. I. / THAKOR, A. V.: Information Reusability, Competition and Bank Asset Quality, JoBF 10 (1986), S. 243-253.

COASE, R. H.: The Nature of the Firm, Economica 4 (1937), S. 386-405.

DANTZIG, G. B.: Maximization of a Linear Function of Variables Subject to Linear Inequalities, in: KOOPMANS, T. C. (Hrsg.): Activity Analysis of Production and Allocation, New York: Wiley (1951), S. 339-347.

DEBREU, G.: Representation of a Preference Ordering by a Numerical Function, in: THRALL, R. M. ET AL. (Hrsg.): Decision Processes, New York / London: Wiley (1954), S. 159-165.

DEBREU, G.: Theory of Value. An Axiomatic Analysis of Economic Equilibrium, New Haven / London (1959).

DEUTSCHE BUNDESBANK (Hrsg.): Der Markt für deutsche Bundeswertpapiere, 3. Auflage, Frankfurt am Main (2000).

DEUTSCHE BUNDESBANK (Hrsg.): Geschäftsbericht 2002, Frankfurt am Main (2003).

DEUTSCHE BUNDESBANK (Hrsg.): Die Aufsicht über Finanzkonglomerate in Deutschland, Monatsbericht 57 (2005), Heft 4, S. 39-57.

DEWATRIPONT, M. / TIROLE, J.: The Prudential Regulation of Banks, Cambridge / London: MIT Press (1993).

DIAMOND, D. W.: Financial Intermediation and Delegated Monitoring, REStud 51 (1984), S. 393-413.

DIAMOND, D. W.: Monitoring and Reputation: The Choice between Bank Loans and Directly Placed Debt, JoPE 99 (1991), S. 689-721.

DIAMOND, D. W.: Financial Intermediation as Delegated Monitoring: A Simple Example, Federal Reserve Bank of Richmond Economic Quarterly 82 (1996), Heft 3, S. 51-66.

DIAMOND, D. W. / DYBVIG, P. H.: Bank Runs, Deposit Insurance, and Liquidity, JoPE 91 (1983), S. 401-419.

EISENHARDT, U.: Gesellschaftsrecht, 12., ergänzte und überarbeitete Auflage, München: Beck (2005).

ELSAS, R. / KRAHNEN, J. P.: Is Relationship Lending Special? Evidence from Credit-file Data in Germany, JoBF 22 (1998), S. 1283-1316.

ENNSFELLNER, K. / GASSNER-MÖSTL, E.: Versicherungsprodukte in Österreich, Wien: Linde (2000).

EUCKEN, W.: Grundsätze der Wirtschaftspolitik, Bern / Tübingen: Francke / Mohr (1952).

EUROPÄISCHE ZENTRALBANK (Hrsg.): Die Notwendigkeit umfassender Reformen angesichts einer alternden Bevölkerung, Monatsbericht 5 (2003), Heft 4, S. 45-59.

FAMA, E. F. / MILLER, M. H.: The Theory of Finance, Hinsdale: Dryden (1972).

FARNY, D.: Buchführung und Periodenrechnung im Versicherungsunternehmen, 4., durchgesehene Auflage, Wiesbaden: Gabler (1992).

FARNY, D.: Konzern-Jahresabschlussanalyse 1999 deutscher Versicherungskonzerne, VW 56 (2001), S. 378-386 (Teil I), S. 452-457 (Teil II).

FISCHER, R.: Einführung, §§ 23, 23a, 24b, 31-43, in: BOOS, K.-H. / FISCHER, R. / SCHULTE-MATTLER, H. (Hrsg.): Kreditwesengesetz. Kommentar zu KWG und Ausführungsvorschriften, 2. Auflage, München: Beck (2004), S. 113-152, 659-691, 754-762, 981-1140.

FISCHER-ERLACH, P.: Handel und Kursbildung am Devisenmarkt, 5., überarbeitete und erweiterte Auflage, Stuttgart / Berlin / Köln: Kohlhammer (1995).

FISHER, I.: The Theory of Interest: As Determined by Impatience To Spend Income and Opportunity To Invest It, New York: Macmillan (1930), Nachdruck: New York: Kelley (1970).

FRANKS, J. / MAYER, C.: Ownership and Control of German Corporations, RFStud 14 (2001), S. 943-977.

FRIEDMAN, M. / SAVAGE, L. J.: The Utility Analysis of Choices Involving Risk, JoPE 56 (1948), S. 279-304.

FÜHRER, C. / GRIMMER, A.: Einführung in die Lebensversicherungsmathematik, Karlsruhe: VVW (2006).

FÜLLBIER, A.: §§ 1 – 96, in: BOOS, K.-H. / FISCHER, R. / SCHULTE-MATTLER, H. (Hrsg.): Kreditwesengesetz. Kommentar zu KWG und Ausführungsvorschriften, 2. Auflage, München: Beck (2004), S. 153-305.

GALE, D.: Informational Capacity and Financial Collapse, in: MAYER, C. / VIVES, X. (Hrsg.): Capital Markets and Financial Intermediation, Cambridge / New York / Melbourne: Cambridge University Press (1993), S. 117-148.

GERSCHENKRON, A.: Economic Backwardness in Historical Perspective, Cambridge: Harvard University Press (1962).

GIES, H.: Möglichkeiten und Grenzen von Allfinanzkonzepten aus der Sicht eines Allfinanzunternehmens, in: GIES, H. / MÜLLER, H. / KUNTZE, W.: Möglichkeiten und Grenzen von Allfinanzkonzepten, Karlsruhe: VVW (1990), S. 1-19.

GOLDSCHMIDT, L.: Handbuch des Handelsrechts, Band I, Erlangen: Enke (1864).

GOLLIER, C.: Economic Theory of Risk Exchanges: A Review, in DIONNE, G. (Hrsg.): Contributions to Insurance Economics, Boston / Dordrecht / London: Kluwer Academic Publishers (1992), S. 3-23.

GOODHART, C. H. E.: Money, Information and Uncertainty, 2. Auflage, Basingstoke / London: MacMillan (1989).

GREVE, V.: Aufsicht über Kapitalanlagen, in: MÜLLER, H. ET AL. (Hrsg.): 100 Jahre materielle Versicherungsaufsicht in Deutschland, Band 1, Bonn: Bundesaufsichtsamt für das Versicherungswesen (2001), S. 283-292.

GRILL, W. / PERCZYNSKI, H.: Bank- und Sparkassenkaufleute: Bankwirtschaft und Recht in Frage und Antwort, 10., überarbeitete Auflage, Wiesbaden: Gabler (1989).

GURLEY, J. G. / SHAW, E. S.: Money in a Theory of Finance, Washington: Brookings (1960).

GUTENBERG, E.: Grundlagen der Betriebswirtschaftslehre. Erster Band. Die Produktion, 24., unveränderte Auflage, Berlin / Heidelberg / New York: Springer (1983).

HABERSTOCK, L. / BREITHECKER, V.: Einführung in die Betriebswirtschaftliche Steuerlehre, 13., neu bearbeitete Auflage, Berlin: Schmidt (2005).

HAHN, H. J.: Währungsrecht, München: Beck (1990).

HANSEN, R. S. / TORREGROSA, P.: Underwriter Compensation and Corporate Monitoring, JoF 47 (1992), S. 1537-1555.

HAX, H.: Investitions- und Finanzplanung mit Hilfe der linearen Programmierung, ZfbF 16 (1964), S. 430-446.

HAX, H.: Investitionstheorie, korrigierter Nachdruck der 5., bearbeiteten Auflage, Würzburg / Wien: Physica (1993).

HAYEK, F. A. V.: Wirtschaftstheorie und Wissen, in: DERS. (Hrsg.): Individualismus und wirtschaftliche Ordnung, Erlenbach-Zürich: Rentsch (1952), S. 49-77; Vortrag gehalten als Präsident vor dem London Economic Club am 10. November 1936; deutscher Wiederabdruck aus Economica N.S. 4 (1937), S. 33-54.

HAYEK, F. A. V.: The Use of Knowledge in Society, AER 35 (1945), S. 519-530.

HENRICH, A.: Makellos, Wirtschaftswoche, o. J. (2003), Heft 24, S. 108f.

HELLWIG, M.: Asymmetric Information, Financial Markets, and Financial Institutions, EER 33 (1989), S. 277-285.

HICKS, J. R.: A Suggestion for Simplifying the Theory of Money, Economica N.S. 2 (1935), S. 1-19.

HICKS, J. R.: Value and Capital, Oxford: Oxford University Press (1939).

HICKS, J. R.: Liquidity, EJ 72 (1962), S. 787-802.

HILDENBRAND, W. / KIRMAN, A. P.: Equilibrium Analysis, Amsterdam: North-Holland (1988).

HIRSCHMAN, A. O.: Exit, Voice, and Loyalty. Responses to Decline in Firms, Organizations, and States, Cambridge: Harvard University Press (1970).

HIRSHLEIFER, J.: On the Theory of Optimal Investment Decisions, JoPE 66 (1958), S. 329-352.

HIRSHLEIFER, J.: Investment Decisions under Uncertainty: Applications of the State-Preference-Approach, QJoE 80 (1966), S. 252-277.

HÜBNER, O.: Die Banken, Leipzig: Hübner (1854).

IDW (Hrsg.): Grundsätze zur Durchführung von Unternehmensbewertungen (IDW S 1), Wpg 53 (2000), S. 825-842.

ISSING, O. ET AL.: Zinsgewichtete Geldmengenaggregate und M 3 - ein Vergleich, KuK 26 (1993), S. 1-21.

JEIDELS, O.: Das Verhältnis der deutschen Großbanken zur Industrie mit besonderer Berücksichtigung der Eisenindustrie, Leipzig: Duncker & Humblot (1905), zugleich Dissertation, Berlin: Universität (1905).

JEVONS, W. S.: Money and the Mechanism of Exchange, 19. Auflage, London: Kegan Paul, Trench, Trübner (1908).

JEVONS, W. S.: Die Theorie der politischen Ökonomie. Aus dem englischen Original, und zwar nach der vierten, von H. Stanley Jevons besorgten, den Text letzter Hand enthaltenden Auflage ins Deutsche übertragen, Jena: Fischer (1879/1923).

KAISER, D.: Neuere Entwicklung in der Theorie der Kreditrationierung, WiSt 21 (1992), S. 529-532.

KAISER, D.: Finanzintermediäre am Markt für Unternehmenskontrolle: USA und Bundesrepublik Deutschland im Vergleich, Wiesbaden: Gabler (1994), zugleich Dissertation, Hagen: Fernuniversität (1994).

KAISER, D.: Einlagensicherung und Lender of Last Resort: Theorie und Institutionelle Rahmenbedingungen, WiSt 25 (1996), S. 641-645.

KEMPF, A.: Was messen Liquiditätsmaße? DBW 58 (1998), S. 299-311.

KEYNES, J. M.: The General Theory of Employment Interest and Money, London: MacMillan (1936).

KINDLEBERGER, C. P.: A Financial History of Western Europe, London / Boston / Sydney: George Allen & Unwin (1984).

KLOOS, U.: Kreditderivate als geeignete Finanzinstrumente für Versicherungsunternehmen? Regelungsansätze in Deutschland, Österreich und der Schweiz, VW 56 (2001), S. 902-908.

KNIES, C.: Geld und Credit, Zweite Abteilung, Der Credit, Zweite Hälfte, Das Wesen des Zinses und die Bestimmgründe für seine Höhe. Wirkungen und Folgen des Creditverkehres. Die Creditinstitute, Berlin: Weidmannsche Buchhandlung (1879).

KNIGHT, F.: Risk, Uncertainty and Profit, Boston / New York: Houghton Mifflin (1921), Nachdruck: New York: Kelley (1964).

KOCH, M. / UMANN, S. / WEIGERT, M. M. (Hrsg.): Lexikon der Lebensversicherung, München / Wien: Oldenbourg (2002).

KOCH, P.: Der Weg zur einheitlichen Staatsaufsicht über Versicherungsunternehmen in Deutschland, in: MÜLLER, H. ET AL. (Hrsg.): 100 Jahre materielle Versicherungsaufsicht in Deutschland, Band 1, Bonn: Bundesaufsichtsamt für das Versicherungswesen (2001), S. 5-24.

KRAUSE, W.: Investitionsrechnungen und unternehmerische Entscheidungen, Berlin: Schmidt (1973).

KRUSCHWITZ, L.: Investitionsrechnung, 10., überarbeitete und erweiterte Auflage, München / Wien: Oldenbourg (2005).

KUNTZE, W.: Möglichkeiten und Grenzen von Allfinanzkonzepten aus der Sicht des Kreditaufsichtsrechts, in: Gies, H. / MÜLLER, H. / KUNTZE, W. (Hrsg.): Möglichkeiten und Grenzen von Allfinanzkonzepten, Karlsruhe: VVW (1990), S. 37-51.

KUOSMANEN, T. / POST, T.: Nonparametric Efficiency Analysis under Price Uncertainty: A First-Order Stochastic Dominance Approach, JoPA 17 (2002), S. 183-200.

LANDES, D. S.: Der entfesselte Prometheus. Technologischer Wandel und industrielle Entwicklung in Westeuropa von 1750 bis zur Gegenwart, Köln: Kiepenhauer & Witsch (1973).

LAUX, H.: Kapitalkosten und Ertragsteuern, Köln et al.: Heymanns (1969).

LELAND, H. E. / PYLE, D. H.: Informational Asymmetries, Financial Structure, and Financial Intermediation, JoF 32 (1977), S. 371-387.

LENENBACH, M.: Kapitalmarkt- und Börsenrecht, Köln: RWS-Verlag Kommunikations-forum (2002).

LINTNER, J.: The Valuation of Risk Assets and the Selection of Risky Investments in Stock Portfolios and Capital Budgets, REStat 47 (1965), S. 13-37.

MANDL, G. / RABEL, K.: Unternehmensbewertung. Eine praxisorientierte Einführung, Wien: Ueberreuther (1997).

MARKOWITZ, H. M.: Portfolio Selection, JoF 7 (1952), S, 77-91.

MARKOWITZ, H. M.: Portfolio Selection. Efficient Diversification of Investments, New Haven / London: Yale University Press (1959).

MARSCHAK, J.: Money and the Theory of Assets, Economica N.S. 6 (1938), S. 311-325.

MASSÉ, P. / GIBRAT, R.: Application of Linear Programming to Investments in the Electronic Power Industry, MS 3 (1957), S. 149-166.

MAYER, C.: New Issues in Corporate Finance, EER 32 (1988), S. 1167-1189.

MENGER, C.: Grundsätze der Volkswirthschaftslehre, Wien: Braumüller (1872).

MISES, L. v.: Die Gemeinwirtschaft. Untersuchungen über den Sozialismus, 2., umgearbeitete Auflage, Jena: Gustav Fischer (1932).

MISES, L. v.: Grundprobleme der Nationalökonomie. Untersuchungen über Verfahren, Aufgaben und Inhalt der Wirtschafts- und Gesellschaftslehre, Jena: Fischer (1933).

MISES, L. v.: Human Action. A Treatise on Economics, New Haven: Yale University Press (1949).

MOSSIN, J.: Equilibrium in a Capital Asset Market, Econometrica 34 (1966), S. 768-783.

MOULTON, H. G.: Commercial Banking and Capital Formation III, JoPE 26 (1918), S. 705-731.

MÜLLER, H.: Möglichkeiten und Grenzen von Allfinanzkonzepten aus der Sicht des Versicherungsaufsichtsrechts, in: GIES, H. / MÜLLER, H. / KUNTZE, W. (Hrsg.): Möglichkeiten und Grenzen von Allfinanzkonzepten, Karlsruhe: VVW (1990), S. 20-36.

MUNSCH, M. / WEIß, B.: Externes Rating. Finanzdienstleistung und Entscheidungshilfe, Berlin: Deutscher Industrie- und Handelstag (2002).

NEUMANN, J. v. / MORGENSTERN, O.: Theory of Games and Economic Behavior, Princeton: Princeton University Press (1944).

OBERPARLEITER, K.: Funktionen und Risiken des Warenhandels, 2., neubearbeitete und erweiterte Auflage, Wien: Springer (1955).

O. V.: Kapitallebensversicherung schlägt Fonds: DAV: Im Risiko-Rendite-Verhältnis überlegen, VW 56 (2001), S. 623.

PAUL. S. / STEIN, S.: Rating, Basel II und die Unternehmensfinanzierung, Köln: Bank-Verlag (2002).

POHL, M.: Einführung in die deutsche Bankengeschichte. Die Entwicklung des gesamten deutschen Kreditwesens, Frankfurt am Main: Fritz Knapp (1976).

POULLAIN, L.: Fristentransformation, in: BÜSCHGEN, H. E. (Hrsg.): Handwörterbuch der Finanzwirtschaft, Stuttgart: Poeschel (1976), Sp. 658-665.

PRÄVE, P.: Das Altersvorsorgeverträge-Zertifizierungsgesetz (AltZertG), VW 56 (2001), S. 796-811.

PRÄVE, P.: §§ 1-14a VAG, in: KÖLSCHBACH, J. ET AL (Bearb.): Prölss. Versicherungsaufsichtsgesetz, 12., völlig neu bearbeitete Auflage, München: Beck (2005), S. 21-371.

PUTZO, H.: §§ 433-515, 607-630 BGB, in: BASSENGE, PETER ET AL. (Bearb.): Palandt. Bürgerliches Gesetzbuch, 63., neubearbeitete Auflage, München: Beck (2004), S. 621-705, 859-922.

RAMAKRISHNAN, R. T. S. / THAKOR, A. V.: Information Reliability and a Theory of Financial Intermediation, REStud 51 (1984), S. 415-432.

REINBOTH, H.: Schuldscheindarlehen, in: BÜSCHGEN, H. E. (Hrsg.): Handwörterbuch der Finanzwirtschaft, Stuttgart: Poeschel (1976), Sp. 1593-1603.

RICARDO, D.: On the Principles of Political Economy and Taxation. 3. Auflage, London: John Murray (1821), in: SRAFFA, P. (Hrsg.): The Works and Correspondences of David Ricardo, Volume 1, On the Principles of Political Economy and Taxation, Cambridge: The University Press for the Royal Economic Society (1951).

RIESSER, J.: Die deutschen Großbanken und ihre Konzentration im Zusammenhange mit der Entwicklung der Gesamtwirtschaft in Deutschland, Jena: Fischer (1910).

RIESSER, J.: Von 1848 bis heute. Wesentlich gekürzte Ausgabe des Buches: „Die deutschen Großbanken und ihre Konzentration im Zusammenhang mit der Entwicklung der Gesamtwirtschaft in Deutschland, Jena: Fischer (1912).

RITTERSHAUSEN, H.: Industrielle Finanzierungen. Systematische Darstellung mit Fällen aus der Unternehmenspraxis, Wiesbaden: Gabler (1964).

ROLFES, B.: Marktzinsorientierte Investitionsrechnung, ZfB 63 (1993), S. 691-713.

ROSENSTEIN-RODAN, P. N.: Das Zeitmoment in der mathematischen Theorie des wirtschaftlichen Gleichgewichtes, Zeitschrift für Nationalökonomie 1 (1930), S. 129-142.

RUDOLPH, B.: Kreditsicherheiten als Instrumente zur Umverteilung und Begrenzung von Kreditrisiken, ZfbF 36 (1984), S. 16-43.

RUDOLPH, B.: Das effektive Bankeigenkapital. Zur bankaufsichtsrechtlichen Beurteilung stiller Neubewertungsreserven, Frankfurt am Main: Knapp (1991).

SALOMON, E.: The Arithmetic of Capital-Budgeting Decisions, JoB 29 (1956), S. 124-129.

SCHMALENBACH, E.: Die Privatwirtschaftslehre als Kunstlehre, ZfhF 6 (1911/1912), S. 304-316.

SCHMALENBACH, E.: Pretiale Wirtschaftslenkung, Band 1, Die optimale Geltungszahl, Bremen: Dorn (1947).

SCHMALENBACH, E.: Pretiale Wirtschaftslenkung, Band 2, Pretiale Lenkung des Betriebes, Bremen: Dorn (1948).

SCHMALENBACH, E.: Kapital, Kredit und Zins in betriebswirtschaftlicher Betrachtung, 3. verbesserte Auflage, Köln / Opladen: Westdeutscher Verlag (1951).

SCHMIDT, R. H. / HACKETHAL, A. / TYRELL, M.: Disintermediation and the Role of Banks in Europe: An International Comparison, JoFI 8 (1999), S. 36-67.

SCHNEEWEIß, H.: Entscheidungskriterien bei Risiko, Berlin / Heidelberg / New York: Springer (1967).

SCHNEIDER, D.: Betriebswirtschaftslehre, Band 4, Geschichte und Methoden der Wirtschaftswissenschaft, München / Wien: Oldenbourg (2001).

SCHÖNFELD, P.: Methoden der Ökonometrie, Band I: Regressionsmodelle, Berlin / Frankfurt am Main: Vahlen (1969).

SCHRADIN, H. R.: Kollektivbildung und zeitliche Risiko-Glättung werden schwieriger, VW 58 (2003), S. 1081.

SCHUMPETER, J. A.: Das Wesen und der Hauptinhalt der theoretischen Nationalökonomie, Leipzig: Duncker & Humblot (1908).

SCHUMPETER, J. A.: Business Cycles. A Theoretical, Historical, and Statistical Analysis of the Capitalist Process, Volume I, New York / London: McGraw-Hill (1939).

SHALIT, H. / YITZHAKI, S.: Marginal Conditional Stochastic Dominance, MS 40 (1994), S. 670-684.

SHARPE, W. F.: A Simplified Model for Portfolio Analysis, MS 9 (1963), S. 277-293.

SHARPE, W. F.: Capital Asset Prices: A Theory of Market Equilibrium under Conditions of Risk, JoF 19 (1964), S. 424-442.

ŠIK, O.: Bürokratisierung oder Humanisierung? Ein Gespräch mit George R. Urban über die Zukunft einer Gesellschaft jenseits von Kapitalismus und Kommunismus, Achberg: Edition Dritter Weg (1973).

SMITH, C. W. / WARNER, J. B.: On Financial Contracting: An Analysis of Bond Covenants, JoFE 7 (1979), S. 117-161.

SMITH, B. D. / STUTZER, M. J.: Adverse Selection and Mutuality: The Case of the Farm Credit System, JoFI 1 (1990), S. 125-149.

SPANOS, A.: Statistical Foundations of Econometric Modelling, Cambridge et al.: Cambridge University Press (1986).

STIGLER, G. J.: The Development of Utility Theory, JoPE 58 (1950), S. 307-327, 373-396.

SWOBODA, P.: Finanzierung I.: Theorie, in: ALBERS, W. ET AL. (Hrsg.): Handwörterbuch der Wirtschaftswissenschaft, Stuttgart / New York: Fischer (1981), S. 18-31.

THAKOR, A. V.: The Design of Financial Systems: An Overview, JoBF 20 (1996), S. 917-948.

THIEME, H. J.: Wirtschaftspolitik in der Sozialen Marktwirtschaft, Hamburg: Deutsche Volkswirtschaftliche Gesellschaft (1974).

THIEME, H. J.: Geldtheorie: Stand, neuere Entwicklungen und geldpolitische Konsequenzen, WiSt 22 (1993), S. 171-180.

THIEME, H. J.: Finanzinnovationen und Geldmengensteuerung, in: SIEBKE, J. / THIEME, H. J. (Hrsg.): Geldpolitik. Zwanzig Jahre Geldmengensteuerung in Deutschland, Baden-Baden: Nomos (1995).

TOBIN, J.: Liquidity Preference as Behavior towards Risk, REStud 25 (1958), S. 65-86.

TOBIN, J. / BRAINARD, W. C.: Financial Intermediaries and the Effectiveness of Monetary Controls, in: HESTER, D. D. / TOBIN, J. (Hrsg.): Financial Markets and Economic Activity, New York / London / Sydney: Wiley (1967), S. 55-93.

TUCKER, G.: The Theory of Money and Banks Investigated, Boston: Charles C. Little and James Brown (1839), Nachdruck: London: Routledge / Thoemmes Press (1996).

WAGNER, A.: Beiträge zur Lehre von den Banken, Leipzig: Leopold Voss (1857).

WALRAS, L.: Éléments d'Économie Politique Pure, Lausanne: Corbaz (1874), in: DOCKES, P. ET AL. (Hrsg.): Auguste et Léon Walras. Œuvres Économiques Complètes, Tome 8, Éléments d'Économie Politique Pure ou Théorie de la Richesse Sociale, Paris: Economica (1988).

WEIGEL, H.-J.: Vor § 15, §§ 15-53b, 112-116, Nach § 116, §§ 117, 118 VAG, in: KÖLSCHBACH, J. ET AL. (Bearb.): Prölss. Versicherungsaufsichtsgesetz, 12., völlig neu bearbeitete Auflage, München: Beck (2005), S. 372-598, 1140-1205.

WEINGARTNER, H. M.: Mathematical Programming and the Analysis of Capital Budgeting Processes, 2. Auflage, Englewood Cliffs: Prentice Hall (1963).

WERNER, T. / PADBERG, T.: Ein Eigenkapitalvergleich deutscher und internationaler Großbanken, FB 4 (2002), S. 151-158.

WIESER, F. V.: Die Oesterreichische Schule und die Werttheorie, in: HAYEK, F. A. V. (Hrsg.): Friedrich Freiherr von Wieser. Gesammelte Abhandlungen, Tübingen: Mohr (1929), S. 35-51; Rückübersetzung aus dem Englischen nach dem im Economic Journal (1891) unter dem Titel „The Austrian School and the Theory of Value" erschienenen Aufsatz.

WILSON, J.: Capital, Currency, and Banking; Being a Collection of a Series of Articles Published in the Economist in 1845, on the Principles of the Bank Act of 1844, and in 1847, on the Recent Monetarial and Commercial Crisis; Concluding with a Plan for a Secure and Economical Currency, London: The Office of the Economist (1847).

Sachwortverzeichnis

Hinweis: Es werden Seitenzahlen angegeben, keine Randnummern.

Bank und Börse einfach erklärt

Die wichtigsten Grundbegriffe für den Erfolg im Beruf und Studium

Finanzgeschäfte begleiten uns alle täglich, angefangen beim einfachen Bezahlen mit einer Bank- bzw. Sparkassenkarte bis hin zur Geldanlage in Aktien und Fonds. Doch wie behält man angesichts des rasanten Innovationstempos in der Finanzwelt noch den Überblick?

Das Gabler Kompakt-Lexikon Bank und Börse hilft Ihnen bei der Orientierung in allen Geldangelegenheiten. In mehr als 2.000 Stichwörtern erfahren Sie alles über Kontoführung, Kredite, Geldanlagen und Wertpapiergeschäfte. Auch die Auswirkungen neuer gesetzlicher Regelungen finden Sie einfach und verständlich erklärt.

Damit ist das Lexikon für Bankkaufleute, für Auszubildende im Finanzdienstleistungssektor und für alle, die sich mit Bankgeschäften auseinander setzen, ein perfektes Nachschlagewerk im Finanzalltag.

Dr. Günter Wierichs und **Stefan Smets** sind Lehrer im Bankbereich einer Berufsschule. Dr. Günter Wierichs ist darüber hinaus Herausgeber der Fachzeitschrift Bankfachklasse und Autor erfolgreicher Lehrbücher für Berufsschulen.

„Klein, aber kompakt! Zwar wird eine Vielzahl von Begriffen der Finanzbranche [...] beschrieben, aber dennoch so hinreichend, dass der Leser sich gut informiert fühlen kann." Geld & Brief, 05/2005

Günter Wierichs / Stefan Smets
Gabler Kompakt-Lexikon Bank und Börse
2.000 Begriffe nachschlagen, verstehen, anwenden
3. Aufl. 2005. VI, 247 S.
Br. EUR 22,90
ISBN 3-409-31738-4

Änderungen vorbehalten. Stand: Januar 2006.

Gabler Verlag · Abraham-Lincoln-Str. 46 · 65189 Wiesbaden · www.gabler.de

GABLER

Mehr wissen – weiter kommen

Kompakte Einführung in die Bankbetriebslehre

„Neue Bankbetriebslehre" trägt dem tief-
greifenden Strukturwandel im Banken-
sektor Rechnung und stellt einen zeitge-
mäßen Ansatz des Bankgeschäftes vor.

Volker Tolkmitt führt zunächst in Banken-
systeme und Finanzmärkte ein und
geht dann systematisch und kompakt
auf alle wichtigen Finanzprodukte und
Finanzdienstleistungen ein. Die gleich-
rangige Aufnahme von Versicherungs-
dienstleistungen spiegelt den Allfinanz-
gedanken wider. Der Autor verknüpft
theoretische Grundlagen mit praktischem
Wissen und fördert dadurch wesentlich
das Verständnis dieses komplexen
Fachgebietes.

Volker Tolkmitt
Neue Bankbetriebslehre
Basiswissen zu
Finanzprodukten und
Finanzdienstleistungen
2004. XVIII, 365 S.
Br. EUR 24,90
ISBN 3-409-12645-7

Änderungen vorbehalten. Stand: Januar 2006.

Gabler Verlag · Abraham-Lincoln-Str. 46 · 65189 Wiesbaden · www.gabler.de

GABLER

The manufacturer's authorised representative in the EU is Springer
Nature Customer Service Centre GmbH, Europaplatz 3, 69115 Heidelberg,
Germany. If you have any concerns regarding our products, please
contact ProductSafety@springernature.com

Printed and bound by CPI Group (UK) Ltd, Croydon, CR0 4YY
28/04/2026
02098494-0005